ENNEAGRAMM-HOMÖOPATHIE

HEILUNG AUF DER TIEFSTEN EBENE DES MENSCHSEINS / KRANKSEINS

DETLEF RATHMER

AF215570

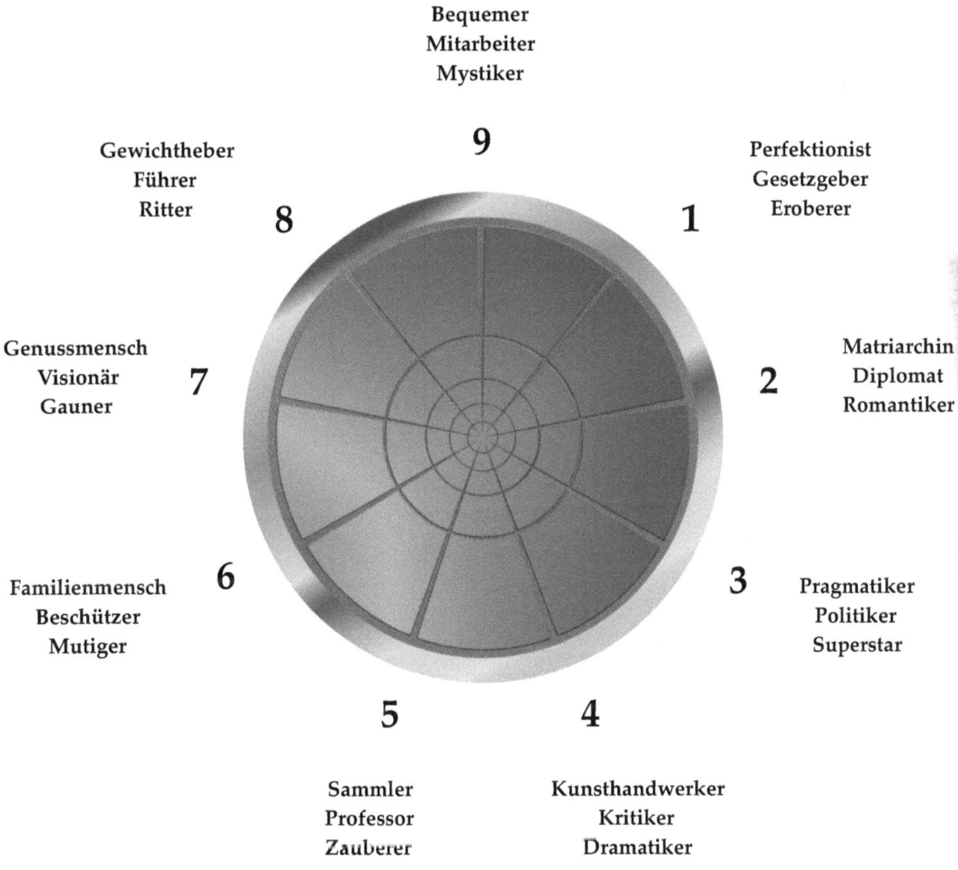

Bequemer
Mitarbeiter
Mystiker

9

Gewichtheber
Führer
Ritter

8

Perfektionist
Gesetzgeber
Eroberer

1

Genussmensch
Visionär
Gauner

7

Matriarchin
Diplomat
Romantiker

2

Familienmensch
Beschützer
Mutiger

6

Pragmatiker
Politiker
Superstar

3

5

4

Sammler
Professor
Zauberer

Kunsthandwerker
Kritiker
Dramatiker

1. AUFLAGE MAI 2019

Bibliographische Information der Deutschen Nationalbibliothek

Die Deutsche Nationalbibliothek verzeichnet diese Publikation in der Deutschen Nationalbibliografie; detaillierte bibliographische Daten sind im Internet über **www.dnb.de** abrufbar.

Wichtiger Hinweis: Medizin als Wissenschaft ist ständig im Fluss. Forschung und Erfahrung erweitern unsere Kenntnisse, insbesondere was Behandlung und medikamentöse Therapie anbelangt. Soweit in diesem Werk eine Dosierung oder Applikation erwähnt wird, darf der Leser zwar darauf vertrauen, dass Autoren, Herausgeber und Verlag große Sorgfalt darauf verwandt haben, dass diese Angabe genau dem Wissensstand bei Fertigstellung des Werkes entspricht. Dennoch ist jeder Benutzer aufgefordert, die Beipackzettel der verwendeten Präparate zu prüfen, um in eigener Verantwortung festzustellen, ob die dort gegebene Empfehlung für Dosierungen oder die Beachtung von Kontraindikationen gegenüber der Angabe in diesem Buch abweicht. Dies gilt nicht nur bei selten verwendeten oder neu auf den Markt gebrachten Präparaten, sondern auch bei denjenigen, die vom Bundesgesundheitsamt (BGA) oder Paul-Ehrlich Institut (PEI) in ihrer Anwendbarkeit eingeschränkt worden sind. Geschützte Warennamen (Warenzeichen) werden nicht besonders kenntlich gemacht. Aus dem Fehlen eines solchen Hinweises kann also nicht geschlossen werden, dass es sich um einen freien Warennamen handelt.

QR-Code Verlagshaus Rathmer:

Herstellung und Verlag: Books on Demand, Norderstedt
ISBN: 978-3-7494-5153-1

Lektorat, Endkorrektorat, mediale Gesamtgestaltung: Detlef Rathmer
Kreative Unterstützung: David L. Rathmer
Technische Unterstützung: Jonah S. Rathmer
Homepage Verlagshaus Rathmer: www.verlagshaus-rathmer.com

Detlef Rathmer
Molkereiweg 9
48727 Billerbeck
Tel.: 02543/931 85 07
Email: 9Rathmer@gmail.com

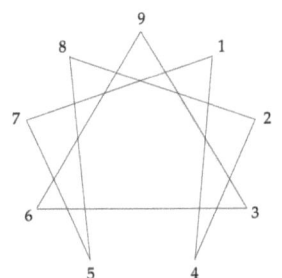

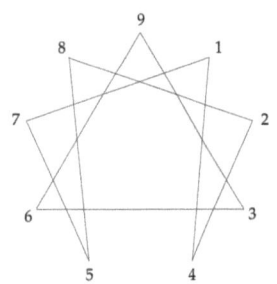

Jeder Mensch
besitzt im Kern
seiner Persönlichkeit
eine vorherrschende,
aber ihm in aller Regel
verborgene Grundleidenschaft.

Diese ist die wahre Ursache
für seine Krankheit und sein Leid,
denn sie ist die unbewusste Leidenschaft,
die Leiden (für sich selbst und andere) schafft.

Die Enneagramm-Homöopathie ermöglicht Heilung auf
dieser tiefsten Ebene des Menschseins/Krankseins,
indem sie durch die Gabe eines homöopathischen
Einzelmittels die verborgene Grundleidenschaft
des Patienten und damit auch seine
individuelle Lebenskraft wieder
ins Gleichgewicht bringt.

Detlef Rathmer

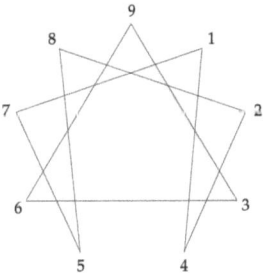

Wichtige Begriffsbestimmungen/Abkürzungen/Hinweise

Enneagramm (von altgriechisch ἐννέα, *ennea*, „neun", und γράμμα, *gramma*, „das Geschriebene, das Zeichen, der Buchstabe") bezeichnet ein neunspitziges Symbol, das als grafisches Strukturmodell neun grundsätzliche Qualitäten bzw. Urprinzipien des Universums unterscheidet, ordnet und miteinander in Beziehung setzt (siehe auch die Vorderseite des Buchcovers).

Enneagramm-Fixierung (auch Charakterfixierung) bedeutet, dass jeder Enneagrammtyp von einem Ideal ausgeht, einem charakterlichen Fixpunkt, an dem sich seine Lebensgestaltung ausrichtet und auf den er fixiert ist. Es macht geradezu das Verhaltensmuster des beschriebenen Typs aus, trotz aller Widrigkeiten an seinem Ideal, an seinem Vorstellungen, Meinungen etc. festzuhalten.

Flügel: Ein Typ weist meist auch Eigenschaften seiner beiden direkten Nachbarn auf, welche als Flügel (engl. „wings") bezeichnet werden (**Typ 1** hat z.B. die benachbarten **Flügel 9** und **2**).

Kontratyp (Abk. „KT"): Die entsprechenden Eigenschaften *(vor allem die sog. intrinsische Motivation der jeweiligen Grundleidenschaft)* drücken sich bei diesem Typ tendenziell **entgegengesetzt** aus, trotzdem ist und bleibt die Grundmotivation dieselbe genauso wie bei den anderen Typen, weil sie aber (unbewusst) negiert/versteckt wird, ist sie häufig nur sehr schwer erkennbar.

kp = kontraphobisch (= ein *gegen die Angst gerichtetes entgegengesetztes, angstabwehrendes Verhalten*, welches gekennzeichnet ist durch *Demonstration von Stärke, Schönheit, Mut und Verwegenheit*), siehe **Typ S 6**.

Normaltyp: Die entsprechenden Eigenschaften *(vor allem die sog. intrinsische Motivation der jeweiligen Grundleidenschaft)* drücken sich bei diesem Typ **in normaler Form** aus.

SE = **Selbsterhaltungsuntertyp** des jeweiligen Typs, also z.B. **SE 1** ist der *selbsterhaltende Einser*.
SO = **Sozialer Untertyp** des jeweiligen Typs, also z.B. **SO 1** ist der *soziale Einser*.
S = **Sexuell-aggressiver Untertyp** des jeweiligen Typs, also z.B. **S 1** ist der *sexuell-aggressive Einser*.

Stress- und Entspannungspunkte: In dem Enneagramm-Symbol hat jeder der 9 Enneagrammpunkte zwei Verbindungslinien. Diese sind Pfeile, deren einer auf eine *„schlechte" Entwicklung* des jeweiligen Typs hinweist (= Desintegration, Devolution, Stresspunkt) und deren anderer die *„gute" positive Entwicklungslinie* des Enneatyps darstellt (= Integration, Evolution, Entspannungspunkt).

Triaden: Nach der enneagrammatischen Persönlichkeitstypologie verfügt jeder Mensch über drei Intelligenzzentren: *Kopf (Verstand/Ratio)*, *Herz (Emotionen)* und **Bauch** *(Instinkt)*. Diese Zentren nennt man auch *Triaden*. Die *Kopftriade (= Denk-Zentrum mit dem Kennzeichen „Angst")* umfasst die Enneagramm-Muster **5**, **6** und **7**, die *Herztriade (= Gefühls-Zentrum mit dem Kennzeichen „Image")* die Muster **2**, **3** und **4**, die *Bauchtriade (= Instinkt-Zentrum mit dem Kennzeichen „Aggression")* die Enneagrammpunkte **8**, **9** und **1**.

Typentwicklung im Lauf des Lebens: Der jeweilige Enneatyp entwickelt sich in der *1. Lebenshälfte tendenziell mehr in Richtung seines entsprechenden Stresspunktes (erster Höhepunkt dieser Phase ist die Pubertät)* und nimmt dabei oft dessen typische Eigenschaften, auch in Form entsprechender allgemeiner Unbewusstheit dem Leben gegenüber, an. Etwa ab Beginn der *2. Lebenshälfte (ca. ab dem 35 - 45 Lebensjahr)* entwickelt sich der Mensch dann *tendenziell mehr in Richtung seines entsprechenden Entspannungspunktes (der Mensch kommt in ein gesetzteres Alter und nimmt seine in der ersten Lebenshälfte aufgebaute persönliche Identität, sein fiktives Selbst im besten Falle nicht mehr so absolut wichtig!)* und nimmt *dessen typische Qualitäten an*, tendiert dann mehr in Richtung *Bewusstheit und Ganzheit*. Diese Tatsache ist bei der Typbestimmung entsprechend zu berücksichtigen indem man schaut, *in welcher Phase seines Lebens der zu typisierende Mensch sich gerade befindet.* Ansonsten kann es bei der Typbestimmung schnell zu Verwechslungen und damit zu falschen Resultaten kommen.

Ü = Übersichten - Die *seitlichen Markierungen in Form von schwarzen Balken* weisen auf die inhaltlich *korrespondierenden Übersichten* zu Beginn *(Übersichten auf den Seiten 10, 13, 15, 22, 24, 29, 30)* und am Ende des Buches *(Übersichten auf den Seiten 120 - 132)* hin. Die *Zahlen in den schwarzen Balken* weisen auf *die jeweiligen Seitenzahlen hin, auf denen man die entsprechenden Übersichten* finden kann.

Ü
10
13
15
22
24
29
30
120
121
122
123
124
125
126
127
128
129
130
131
132

Untertypen (27): Innerhalb eines Enneagramm-Musters existieren jeweils drei *sog. Untertypen*, **1. der selbsterhaltende Untertyp (Abkürzung: SE)**, der den Fokus seiner Aufmerksamkeit immer zunächst auf sich selbst und das eigene Überleben richtet, **2. der soziale Untertyp (Abkürzung: SO)**, der seinen Aufmerksamkeitsfokus primär auf die Gemeinschaft mit anderen Menschen richtet und **3. der sexuell-aggressive oder Beziehungstyp (Abkürzung: S)**, der sich selbst immer fokussiert und definiert in Bezug auf einen Partner oder eine andere ihm vertraute Person im privaten Bereich. Jeder Mensch hat Anteile von allen drei Untertypen, aber zu unterschiedlichen prozentualen Anteilen. Meistens besitzen zwei dieser noch unterhalb des eigentlichen Enneatyps liegenden Instinktvarianten eine deutlich stärkere Dominanz im Gegensatz zum drittstärksten Instinkt, der oft erheblich weniger ausgeprägt ist. Sind die beiden ersten Untertypenausprägungen etwa gleich stark vorhanden, erschwert dies eine genaue Bestimmung des letztlich vorherrschenden primären Instinkts in der Praxis.

1. **Enneagrammtyp 1** mit primär selbsterhaltendem Instinkt *(SE 1 = Normaltyp)*
2. **Enneagrammtyp 1** mit primär sozialem Instinkt *(SO 1 = Verstärkungstyp)*
3. **Enneagrammtyp 1** mit primär sexuell-aggressivem Instinkt *(S 1 = Kontratyp)*

4. **Enneagrammtyp 2** mit primär selbsterhaltendem Instinkt *(SE 2 = Kontratyp)*
5. **Enneagrammtyp 2** mit primär sozialem Instinkt *(SO 2 = Verstärkungstyp)*
6. **Enneagrammtyp 2** mit primär sexuell-aggressivem Instinkt *(S 2 = Normaltyp)*

7. **Enneagrammtyp 3** mit primär selbsterhaltendem Instinkt *(SE 3 = Kontratyp)*
8. **Enneagrammtyp 3** mit primär sozialem Instinkt *(SO 3 = Verstärkungstyp)*
9. **Enneagrammtyp 3** mit primär sexuell-aggressivem Instinkt *(S 3 = Normaltyp)*

10. **Enneagrammtyp 4** mit primär selbsterhaltendem Instinkt *(SE 4 = Kontratyp)*
11. **Enneagrammtyp 4** mit primär sozialem Instinkt *(SO 4 = Verstärkungstyp)*
12. **Enneagrammtyp 4** mit primär sexuell-aggressivem Instinkt *(S 4 = Normaltyp)*

13. **Enneagrammtyp 5** mit primär selbsterhaltendem Instinkt *(SE 5 = Verstärkungstyp)*
14. **Enneagrammtyp 5** mit primär sozialem Instinkt *(SO 5 = Normaltyp)*
15. **Enneagrammtyp 5** mit primär sexuell-aggressivem Instinkt *(S 5 = Kontratyp)*

16. **Enneagrammtyp 6** mit primär selbsterhaltendem Instinkt *(SE 6 = Verstärkungstyp)*
17. **Enneagrammtyp 6** mit primär sozialem Instinkt *(SO 6 = Normaltyp)*
18. **Enneagrammtyp 6** mit primär sexuell-aggressivem Instinkt *(S 6 = Kontratyp)*

19. **Enneagrammtyp 7** mit primär selbsterhaltendem Instinkt *(SE 7 = Normaltyp)*
20. **Enneagrammtyp 7** mit primär sozialem Instinkt *(SO 7 = Kontratyp)*
21. **Enneagrammtyp 7** mit primär sexuell-aggressivem Instinkt *(S 7 = Verstärkungstyp)*

22. **Enneagrammtyp 8** mit primär selbsterhaltendem Instinkt *(SE 8 = Normaltyp)*
23. **Enneagrammtyp 8** mit primär sozialem Instinkt *(SO 8 = Kontratyp)*
24. **Enneagrammtyp 8** mit primär sexuell-aggressivem Instinkt *(S 8 = Verstärkungstyp)*

25. **Enneagrammtyp 9** mit primär selbsterhaltendem Instinkt *(SE 9 = Normaltyp)*
26. **Enneagrammtyp 9** mit primär sozialem Instinkt *(SO 9 = Kontratyp)*
27. **Enneagrammtyp 9** mit primär sexuell-aggressivem Instinkt *(S 9 = Verstärkungstyp)*

Verstärkungstyp: Die entsprechenden Eigenschaften *(vor allem die sog. intrinsische Motivation der jeweiligen Grundleidenschaft)* drücken sich bei diesem Typ **verstärk**t aus.

Einführung

Das **Enneagramm** ist ein *uraltes, universelles System der Selbsterkenntnis*, um auf diesem Wege als Mensch inneres Wachstum, mehr Bewusstheit und ganzheitliche Heilung zu erfahren. Danach lässt sich jeder Mensch *neun unterschiedlichen Persönlichkeitsmustern* zuordnen, die jeweils eine ganz eigene Weltsicht, typische Verhaltensweisen und vor allem einen typischen inneren Antrieb (die *sog. intrinsische Motivation, siehe dazu die einführende Übersicht auf Seite 10*) aufweisen, der alle Lebensumstände tiefgreifend durchdringt und damit auch bestimmt. Durch die *Bestimmung des eigenen Enneagrammtyps* und die *Beschäftigung* mit diesem *einen* von *neun möglichen Persönlichkeitsmustern* werden die eigenen Lebenszusammenhänge bewusster und klarer, man erkennt mitunter schlagartig, warum man selbst in dieser Welt immer auf ähnliche Weise agiert und reagiert und wird sich zunehmend auch der *Verhaltens- und Motivationsmuster* anderer Menschen deutlich bewusster. Die Stärke der Enneagrammlehre liegt vor allem darin, dass sie dem Menschen ein *wirksames Instrument der Selbsterkenntnis* zur Verfügung stellt, damit dieser auf einer *tieferen, unterhalb der Persönlichkeit liegenden Seinsebene* seine *ursprünglichen Kapazitäten* und *kreativen Ausdrucksmöglichkeiten* erkennen kann. Schafft man es, mit Hilfe des Enneagramms hinter die *Maske der eigenen Persönlichkeit* zu schauen, erkennt man seine wirklichen Möglichkeiten und Chancen für ein erfülltes, zufriedenes und glückliches Leben. Wäre das nicht schon genug? Nun, das Enneagramm kann *in Verbindung mit der Homöopathie* noch deutlich mehr, wenn es darum geht, kranke Menschen wieder gesund zu machen, was man **Heilung** nennt. Es dient im Rahmen der sog. **Enneagramm-Homöopathie** als Instrument, als Werkzeug oder Tool, um das passendste homöopathische Einzelmittel nach den *Grundsätzen der sog. Klassischen Homöopathie* herauszufinden, wie wir im Laufe dieses Buches noch eindrücklich erfahren werden. Im Rahmen der *sog. homöopathischen Erstanamnese* wird hierbei der Enneagrammtyp eines Menschen bestimmt, um diesem dann das wirklich *passendste homöopathische Heilmittel* für eine *ganzheitliche homöopathische Heilung* verordnen zu können. Gerade mithilfe des Enneagramms ist das Auffinden des passendsten homöopathischen Heilmittels, des sog. Simillimums, besonders effektiv möglich, ansonsten findet der Homöopath oft ganz gut passende homöopathische Heilmittel, die *sog. Similes*, die im Einzelfall durchaus Verbesserungen bewirken können, aber zu oft leider keine grundlegende, tiefgreifende Heilung. Um diese ganzen Zusammenhänge aber wirklich verstehen zu können, begeben wir uns nachfolgend zunächst auf die Reise zum Verständnis wichtiger, oft nicht bekannter Zusammenhänge, seien sie nun dem *Enneagramm* als *Selbsterkenntnistool* und *universeller Menschentypenlehre* entlehnt oder aber auch der *wunderbaren Therapieform der Homöopathie*, über die viel Halbwissen kursiert, aber wenig wirklich logisch nachvollziehbares Wissen existiert. Im letzten 5. Kapitel dieses Buches geht es dann um die *praktische Anwendung der Enneagramm-Homöopathie* anhand von *Patientenbeispielen aus meiner Praxis*, um diese neue Homöopathieform praktisch begreifbar, nachvollziehbar und erlebbar darzustellen. Am Ende sollte die Frage „Wie werde ich wieder gesund?" klar und einleuchtend wie folgt beantwortet werden können: *„Natürlich und ganzheitlich durch die neue Enneagramm-Homöopathie!"*

Detlef Rathmer im Mai 2019

Inhaltsverzeichnis

Die 9 Persönlichkeiten und ihre wahren Antriebe*

Dieser wahre innere Antrieb eines Menschen wird
auch die „intrinsische Motivation" genannt!

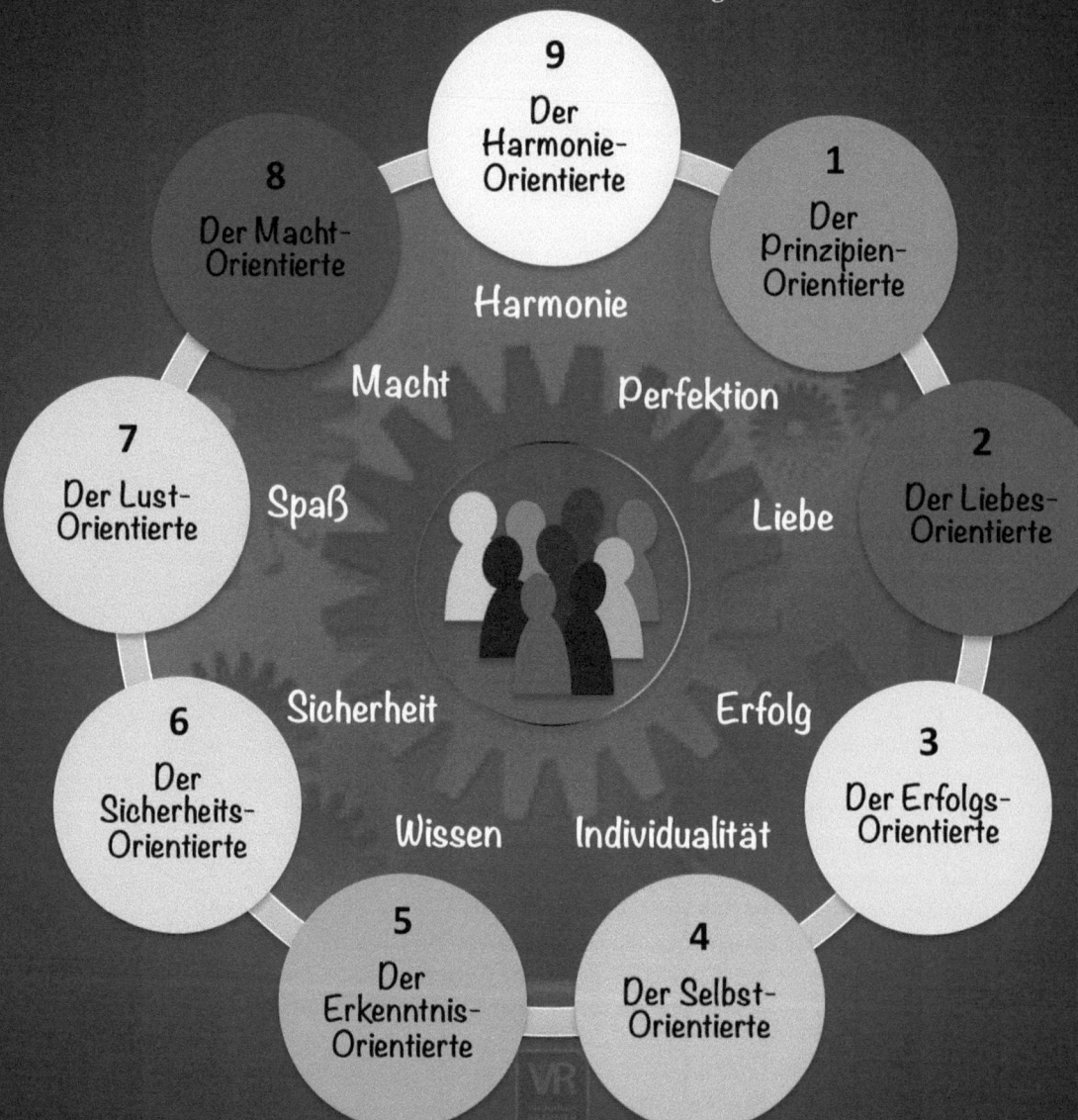

* Diese Antriebe stellen *die wahren Beweggründe eines Menschen* dar, nach denen er sich automatisch verhält, was ihm selbst aber nicht bewusst ist. Der jeweilige Enneatyp versucht dadurch einen Mangel, der tief in seinem Inneren versteckt ist, zu befriedigen, was kurzfristig auch oft gelingt. In der Wirklichkeit hält die Wirkung dieser Lebensstrategie auf Dauer aber nicht an und nur Selbsterkenntnis über den eigenen Enneatyp und dessen wahrem Antrieb kann zu einer Befreiung durch Bewusstheit führen.

1. Die Enneagramm-Homöopathie

Ü
10
13
15
22
24
29
30
120
121
122
123
124
125
126
127
128
129
130
131
132

1.1 Die Kombination von Homöopathie und Enneagramm

Sowohl in einer lebendigen Homöopathie als auch beim Enneagramm steht der Mensch in seinem Menschsein, in seinem Gesundsein und auch in seinem Kranksein im Mittelpunkt der Betrachtungen - was läge da nicht näher, als beide Systeme miteinander zu verbinden, um die Werte und Einsichten beider Systeme sinnvoll zu kombinieren, so wie man die Sonne mit einem Brennglas kombiniert, um Feuer zu machen. Die Enneagramm-Homöopathie (Abkürzung „EH") ist eine solche Kombination der ca. 5000 Jahre alten Menschentypenlehre des Enneagramms mit der über 200 Jahre alten Homöopathie nach Dr. Samuel Hahnemann in der weiterentwickelten Form der sog. gemütsorientierten Homöopathie, bei der man einzig den Gemütszustand, also den psychischen Zustand eines Patienten zur Grundlage der Verordnung eines homöopathischen Heilmittels zugrunde legt. In der gemütsorientierten Homöopathie geht es darum, vor allem das Verhaltensmuster eines Patienten im Rahmen seiner Erkrankung genau zu bestimmen, um dann ein entsprechend dazu passendes homöopathisches Einzelmittel verordnen zu können, was die Gesamtheit des Verhaltens eines Patienten in seiner Krankheit umfasst bzw. berücksichtigt. Bei der Enneagramm-Homöopathie gehen wir aber noch einen bedeutenden Schritt weiter, denn wir wissen bereits aus unserer allgemeinen Lebenserfahrung, dass wenn zwei Menschen dasselbe Verhalten zeigen, also auch dasselbe Verhalten in einer möglichen Krankheitsphase, dann kann dieses selbe Verhalten sehr unterschiedliche Ursachen und Beweggründe haben. Hinter oder unterhalb dieser meist unbewussten intrinsischen Motivationen liegen eben die Grundleidenschaften von Menschen verborgen und da gibt es nach der Enneagrammlehre genau 9 dieser Leidenschaften, die auch Hauptlaster und in religiösen Kreisen manchmal sogar Todsünden genannt werden, wobei dieser Begriff wohl heutzutage nicht mehr zeitgemäß ist, da er in uns zu viele falsche Vorstellungen über Schuld und Sünde hervorruft. Aber „Sünde" bedeutet eben jenseits vieler religiöser Vorstellungen neutral ausgedrückt „das Ziel des menschlichen Daseins zu verfehlen". Diese Grundleidenschaften sind nach der Enneagramm-Homöopathie zugleich auch die wahre, tief im Innersten eines Menschen bzw. Patienten liegende und meistens für den Betroffenen nicht bewusste wahre Ursache von Krankheit. Menschen leben eben ihre ihnen zum größten Teil unbewussten Laster und Leidenschaften zu einseitig aus und erkranken auf Dauer genau daran, ohne dass ihnen diese Zusammenhänge jemals bewusst würden. Nach der Enneagramm-Homöopathie sind also diese Grundleidenschaften die wirkliche, wahre und essenzielle Ursache von Krankheit und damit auch der Schlüssel zur Gesundheit, denn wenn man die wahre Ursache von Krankheit erkannt hat, dann kann man auch ein entsprechendes homöopathisches Heilmittel je nach Blickrichtung gegen die krankmachende Ursache oder auch für den kranken Menschen verordnen. Ein Beispiel soll deutlich machen, wie unterschiedlichste Grundleidenschaften des Menschen diesen sich ähnlich verhalten lässt: Manche Menschen haben das Problem, dass sie z.B. schnell ausfallend werden und, wenn sie dann ganz aus der Fassung geraten, ihre Mitmenschen womöglich beleidigen oder gar beschimpfen. Dennoch kann der eine Zeitgenosse das z.B. aus einem Gefühl von Unsicherheit oder Angst heraus tun, während ein anderer Mensch aus der Haut fährt, weil er seine Aggressionen nicht mehr kontrollieren kann, eine dritte Person fährt unter Umständen schnell aus der Haut, weil sie emotional total überfordert ist, ein anderer viel-

leicht, weil er sich nicht geliebt fühlt und wieder ein anderer könnte schnell ausfallend werden, weil er nach Harmonie strebt und Konflikte ihn einfach rasend machen. Das sollte an Beispielen an dieser Stelle zunächst genügen, um zu zeigen, dass letztlich genau diese Grundleidenschaften das Verhalten eines Menschen sehr stark bestimmen und damit auch die eigentlichen, wahren Ursachen für Krankheit sind bzw. der verschiedendsten Ausprägungen von Krankheit, wie wir im Verlauf des Buches noch ausführlich untersuchen werden. Wir benutzen dann den Plural und nennen diese Ausprägungen des Krankseins eines Menschen im Allgemeinen Erkrankung**en**, seien diese auch mehr psychisch oder mehr physisch, akut, subakut oder chronisch gelagert. Gleich im Kapitel 1.4 werden wir noch einmal genau auf die verschiedenen Formen und Ebenen homöopathischer Heilung zu sprechen kommen, aber das nur kurz vorab zum allgemeinen Verständnis.

Nach dem Enneagramm gibt es also primär neun grundlegende Leidenschaften der Menschheit, die wir nachfolgend unter 1.3 in einer anschaulichen Übersicht dargestellt finden. Diese sind der Zorn, der Stolz, die Eitelkeit, der Neid, der Geiz, die Angst, die Maßlosigkeit, die Gier sowie die Trägheit. Am Ende des Buches im 8. Kapitel gibt es dazu noch eine weitere umfassendere Übersicht, welche noch viele weitere Aspekte des Menschseins der einzelnen Enneagrammtypen für ein vertiefendes Studium umfasst, als zunächst für unsere Zwecke hier notwendig ist. Wir werden im Verlauf auch diese weiteren Aspekte behandeln und daher immer wieder auf diese dort dargestellten grundlegenden Prinzipien des Menschseins bzw. Krankseins zurückkommen. Die einzelnen Grundleidenschaften des Menschen, die es im Rahmen der Enneagramm-Homöopathie zu behandeln gilt, finden wir also im nachfolgenden Schaubild unter 1.3.

1.2 Übersicht über die Grundleidenschaften (Hauptabhängigkeiten) von Menschen

Ü

13
122
123
126

Der Begriff der Leidenschaften bedarf hier einer genaueren Definition, denn heutzutage versteht man darunter primär ja z.B. eine emotional sehr starke Begeisterung für ein bestimmtes Thema, Hobby, eine Arbeit oder sonstige Aktion, mitunter eine Schwärmerei oder gar Verliebtheit. Im heutigen sprachlichen Alltagsgebrauch ist ein Zusammenhang mit dem „Leiden", von dem das Wort ja ursprünglich abgeleitet ist, kaum noch präsent. Leidenschaften werden also heute wertfrei, meist sogar positiv konnotiert. Der Begriff der Leidenschaften im Sinne der Enneagrammlehre ist allerdings ursprünglicher, nämlich im Sinne von tendenziell negativen Eigenschaften oder Charaktermerkmalen zu verstehen, manchmal auch im Sinne einer das Gemüt vollkommen ergreifenden Emotion. Die antike Philosophie der Stoa sah in der Beherrschung der Leidenschaften (Affektkontrolle) ein wichtiges Lebensziel. Leidenschaften in diesem Sinne sind also Charakterfixierungen im Sinne von mentalen Haltungen, eine Art fixer und daher verzerrter Idee darüber, wie das Leben zu organisieren sei, um das durch den Seinsmangel hervorgerufene Gefühl der Leere zu überwinden (siehe Übersicht 17. Abschnitt). Diese Ego-Perspektiven der einzelnen Enneagrammtypen sind letztlich die Illusionen eines getrennten Ich`s, wo in Wahrheit doch alles mit der Ganzheit des Seins verbunden ist. Der Mensch oder Patient lebt in diesem Seinsmangel seine spezifische Enneagrammfixierung unbewusst als spezifische Leidenschaft im Rahmen eines psychologischen Abwehrmechanismus einseitig aus, was in der Folge zu Krankheit führt. Diese Leidenschaften der 9 Enneagrammtypen werden in religiöser Terminologie wie schon zuvor bereits erwähnt „Die 9 Todsünden (Hauptlaster oder Hauptabhängigkeiten) des Menschen" genannt, wie nachfolgende Abbildung deutlich macht:

1.3 Übersicht:
Die 9 Todsünden * (Hauptlaster oder Hauptabhängigkeiten) des Menschen

Die 9 Todsünden werden etwas neutraler ausgedrückt auch als Leidenschaften bezeichnet.

Jeder Mensch kann zwar untergeordnet Anteile verschiedener Abhängigkeiten besitzen, aber nur *eine* Hauptabhängigkeit bestimmt maßgeblich sein Leben.

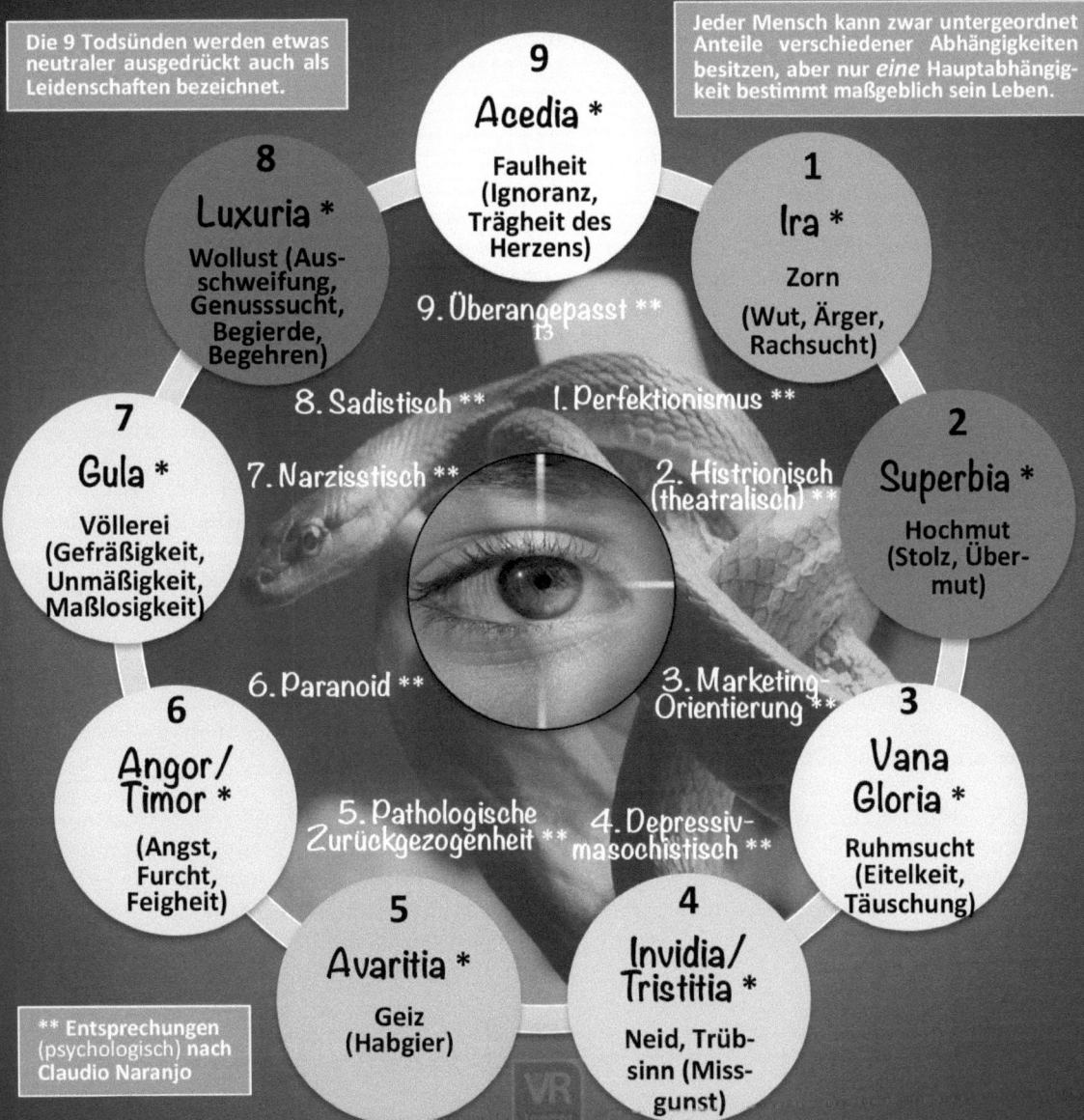

9
Acedia *
Faulheit (Ignoranz, Trägheit des Herzens)

8
Luxuria *
Wollust (Ausschweifung, Genusssucht, Begierde, Begehren)

1
Ira *
Zorn (Wut, Ärger, Rachsucht)

7
Gula *
Völlerei (Gefräßigkeit, Unmäßigkeit, Maßlosigkeit)

2
Superbia *
Hochmut (Stolz, Übermut)

6
Angor/ Timor *
(Angst, Furcht, Feigheit)

3
Vana Gloria *
Ruhmsucht (Eitelkeit, Täuschung)

5
Avaritia *
Geiz (Habgier)

4
Invidia/ Tristitia *
Neid, Trübsinn (Missgunst)

9. Überangepasst **
1. Perfektionismus **
8. Sadistisch **
2. Histrionisch (theatralisch) **
7. Narzisstisch **
6. Paranoid **
3. Marketing-Orientierung **
5. Pathologische Zurückgezogenheit **
4. Depressiv-masochistisch **

** Entsprechungen (psychologisch) nach Claudio Naranjo

Der Sündenkatalog der klassischen Theologie umfasste ursprünglich nur **7 Todsünden**, die sog. SALIGIA, ein im Mittelalter entstandenes Akronym aus den Anfangsbuchstaben der lateinischen Bezeichnungen für die 7 Hauptlaster des Menschen: **Superbia, Avaritia, Luxuria, Ira, Gula Invidia, Acedia,** denen auch entsprechende Dämonen zugeordnet wurden. Später wurden durch den Wüstenvater **Euagrios Pontikos** noch die **Vana Gloria** sowie die **Tristitia** hinzugefügt, letztere entsprach aber wie die **Invidia** dem Enneagrammpunkt 4, sodass man auf acht negative Eigenschaften des Menschen kam. Interessanterweise wurde die **Angst** als 9. Hauptlaster in diesem Zusammenhang nicht erkannt. Diese insgesamt also **9 Todsünden** treiben im Verborgenen (Unterbewusstsein) ihr unseliges „dämonisches" Spiel und sind dem Menschen nicht bewusst (sog. **„blinder Fleck"**).

Hier finden wir nun „unsere alten allzu menschlichen Bekannten", die sog. Grundleidenschaften, die uns in unserem menschlichen Dasein nur zu Genüge bekannt sein dürften. Vor allem erkennen wir sie nur allzu oft bei unseren Mitmenschen, deutlich weniger häufig bei uns selbst, vor allem unsere Haupt-Grundleidenschaft in Form unserer eigenen sog. Enneagrammfixierung (auch Charakterfixierung genannt), weil diese als blinder Fleck uns selbst größtenteils unbewusst ist und uns damit im Alltag meistens verborgen bleibt: Hier finden wir also den Zorn, den Stolz, die Eitelkeit, den Neid, den Geiz, die Angst, die Maßlosigkeit, die Gier und die Trägheit. Diese Leidenschaften bestimmen unser Leben wesentlich mehr, als wir es allgemein vermuten würden, denn sie sind ja wie gesagt uns selbst nur in Ausnahmefällen bewusst, treiben sozusagen in einer Art Schattendasein, das ist psychologisch ausgedrückt der sog. Schatten des Menschen, in unserem Unterbewusstsein ihr fragwürdiges Spiel. Diese 9 Aspekte des Menschseins sind nebenbei erwähnt nicht nur Ursache für sämtliche Beschwerden des Menschen, sondern auch für sämtliche zwischenmenschliche Probleme und letztlich für alle Probleme, mit denen Menschen im Alltag konfrontiert werden. Dem geschulten Enneagramm-Homöopathen allerdings bleiben diese Grundleidenschaften des Menschen nicht verborgen, denn sie dienen ihm als Diagnosemodelle, um tiefgründig sowie umfassend die inneren Beweggründe, Denkmuster, emotionalen Strukturen und die grundlegenden Überzeugungen eines Patienten erkennen zu können, um diesem im Anschluss daran ein möglichst passendes homöopathisches Heilmittel zu verordnen. Denn aus den jeweiligen menschlichen Leidenschaften resultieren die grundlegenden Antriebs- und Motivationsmuster von Menschen. Werden diese Leidenschaften und die damit einhergehenden Motivationen dauerhaft und zu einseitig gelebt, dann kommt es homöopathisch ausgedrückt zur „Verstimmung der Lebenskraft" eines Patienten und eine gestörte, aus dem Gleichgewicht geratene Lebenskraft ist eben die energetische Ursache dafür, dass ein Mensch erkrankt. Die Enneagramm-Homöopathie kann mit ihren 9 spezifischen Heilmitteln (sie wird daher auch 9-Mittel-Therapie genannt) genau auf diese Grundleidenschaften eines Menschen wirksam **ein**wirken und damit Heilung auf einer sehr tiefen, ja wohl der tiefsten Ebene des Menschen oder allgemein des Menschseins und damit auch des Krankseins **be**wirken, auf der sog. essenziellen Ebene von Heilung.

Ü
10
13
29
122
123
126
127

Beide Systeme, das psychologische System des Enneagramms und die gemütsorientierte Homöopathie werden hier also wie schon bereits anfangs erwähnt brennglasartig miteinander kombiniert. Darin liegt die wesentliche Stärke und das große Potenzial der Enneagramm-Homöopathie. Im übrigen gelten auch bei dieser Homöopathie-Methode die Grundsätze der sog. Klassischen Homöopathie, die hier umfassend und regelmäßig zur Anwendung kommen.

Werfen wir abschließend noch einen Blick auf die verschiedenen Ebenen homöopathischer Heilung, damit das Gesagte auch homöopathisch betrachtet noch ein wenig klarer werden kann:

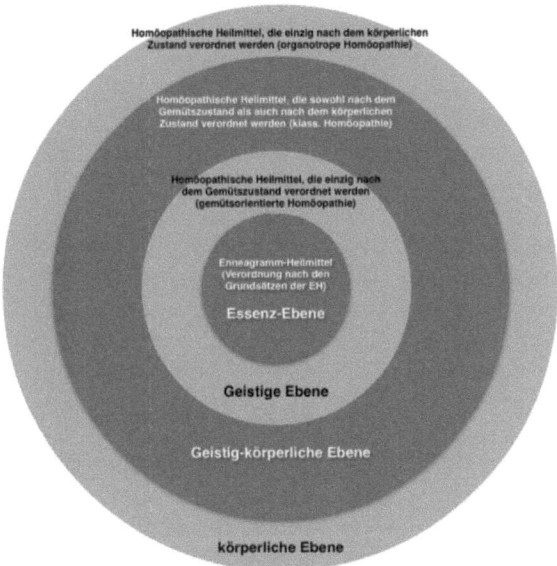

Wir sehen in dieser Übersicht an der Peripherie, also auf dem Außenkreis (Außenring) dieses Schaubildes die Ebene der sog. körperlichen Heilung auf der rein körperlichen Ebene des Menschen. Diese Art von Homöopathie ist wohl immer noch die gängigste und auf dieser äußeren Heilungsebene werden homöopathische Heilmittel einzig oder zumindest überwiegend nach dem körperlichen Zustand eines Patienten verordnet. Man nennt diese Art von Homöopathie auch die sog. organotrope, also organbezogene Homöopathie. Sie entspricht dem rein analytisch-wissenschaftlichen Denken in Ursache-Wirkungs-Mechanismen, gilt allerdings bereits seit vielen Jahren als überaltert, daher nicht mehr zeitgemäß und ist auch die am wenigsten wirksame Methode in der Homöopathie, weil sie an den Endzuständen von Krankheit in Form der äußeren Symptomatik ansetzt, nicht aber an deren wahrer energetischer Ursache. Einzelne körperliche Beschwerden können hier zwar manchmal sehr überzeugend „wegtherapiert" werden, viele kennen sicherlich z.B. die wunderbare Wirkung von Arnika bei bestimmten Verletzungen, die dann mitunter überraschend schnell und eindrücklich verschwinden. Aber diese rein symptomatische Behandlung hat letztlich nichts mit ganzheitlicher und wirklich ursächlicher homöopathischer Therapie gerade von chronischen Erkrankungen zu tun. Auf dieser eher peripheren Ebene von Heilung oder besser gesagt von Symptombehandlung kommen ca. 3000 - 5000 homöopathische Einzelmittel zur Anwendung, weil sich eben auch die Krankheit eines Menschen in zigtausendfachen einzelnen Krankheitsendzuständen manifestieren kann. Für schnelle kurzfristige „Erfolge" mag diese Art von Homöopathie funktionieren, länger- bis langfristig wird man mit dieser Methode immer wieder gegen Windmühlen ankämp-

fen, weil man lediglich die Symptome als Endzustände, nicht aber die tieferliegenden Ursachen der Krankheit behandelt.

Eine Ebene tiefer, auf der geistig-körperlichen Ebene, werden homöopathische Heilmittel sowohl nach dem Geistes- oder Gemützzustand als auch nach dem körperlichen Zustand eines Patienten verordnet. Diese Art der Homöopathie ist auch landläufig als sog. Klassische Homöopathie bekannt und als solche auch die vorherrschende in homöopathischen Fachkreisen. Auf dieser schon wesentlich tieferen Ebene von Heilung kommen für gewöhnlich ca. 100 - 500 homöopathische Heilmittel zur Anwendung. Sowohl die körperlichen als auch die psychischen Symptome werden auf dieser Ebene von Heilung gleichermaßen berücksichtigt, was zunächst einmal sehr logisch und nachvollziehbar klingt, denn darunter leiden Patienten ja regelmäßig: Entweder ist die Symptomatik wie immer noch in den meisten Fällen vordergründig körperlich oder aber primär vorherrschend psychisch. Diese Art oder Sichtweise der Homöopathie ist also schon deutlich umfassender, auch in ihrer Tiefenwirkung, als die rein organotrope, rein symptombekämpfende Homöopathie auf dem Außenkreis der Abbildung über die verschiedenen Ebenen homöopathischer Heilung.

Noch eine Ebene tiefer, auf der sog. rein geistigen Ebene, werden homöopathische Heilmittel ausschließlich nach dem Geistes- oder Gemützzustand eines Patienten verordnet. Diese Art der Homöopathie bezeichnen wir als sog. gemütsorientierte Homöopathie und auf dieser schon recht ursächlich tiefen Ebene benötigt der Homöopath noch ca. 80 - 100 verschiedene homöopathische Arzneimittel. Auf dieser Ebene herrscht das sog. Primat des Psychischen, also die Vorstellung, dass alle Symptome, seien sie nun primär körperlich oder auch psychisch, ihre Grundursache im Gemüt des Menschen finden. Schon der Begründer der Homöopathie, Dr. Samuel Hahnemann, erkannte vor über 200 Jahren, dass der Schlüssel zur Heilung seiner Patienten im Gemüt zu finden ist, indem er postulierte: „Das Gemüt ist der Schlüssel zur Heilung des Patienten." Die gemütsorientierte oder auch psychologische Homöopathie genannt zeigt gerade in chronischen Fällen eine deutlich überzeugendere, tiefergehende Wirkung und länger andauernde Heilungsverläufe als die rein klassisch angewandte Homöopathie, denn der Geisteszustand eines Menschen hat in gewisser Weise eine zentrale, übergeordnete Bedeutung für sämtliche Lebensvorgänge im Gesamtorganismus Mensch. Auf dieser tiefen Ebene des Menschseins/Krankseins wird vor allem das sog. Handlungs- und Verhaltensmuster eines Patienten bei der Mittelwahl berücksichtigt, also die Frage gestellt, wie sich der Patient im Rahmen seiner Erkrankung verändert verhält? Manchmal findet man bei der Anwendung der gemütsorientierten Homöopathie auch hier und da gewisse tiefere Motivationen des Krankheitsverhaltens eines Patienten heraus, aber das ist bei der gemütsorientierten Homöopathie immer noch eher die Ausnahme. Der Fokus bei dieser Art von psychologischer Homöopathie liegt ganz klar und auch gewollt auf dem Krankheitsverhalten, nicht auf der Ebene der noch tieferen essenziellen Ursachen für dieses Verhalten im Rahmen der neuen Enneagramm-Homöopathie, die wir gleich ausführlich und umfassend kennenlernen wollen. Die Ergebnisse der gemütsorientierten Homöopathie sind jedenfalls deutlich beeindruckender als die der reinen Klassischen Homöopathie, weil die psychologische Erkenntnis über den Patienten eben auch an zentralerer Stelle des Gesamtorganismus ansetzt. Der Geist regiert eben den Körper, die Psyche des Menschen den somatischen Apparat namens Körper, nicht umge-

kehrt. Diese Tatsache lässt sich immer wieder in der empirischen Praxis beobachten und be-stätigen. Stellen Sie sich, liebe Leserin, lieber Leser, jetzt einmal vor, wie sie herzhaft in eine saure Zitrone beißen, dann werden diese Zusammenhänge zwischen psychischer Haltung, Gemüt, Bewusstsein, Vorstellungskraft auf der einen Seite (Biss in die saure Zitrone) und körperlichen Reaktionen (vermehrter Speichelfluss) überaus deutlich und lebendig.

Jetzt kommen wir in die Mitte unseres Schaubildes, sozusagen an die zentralste Schaltstel-le eines Menschen, auf die sog. Essenzebene oder essenzielle Ebene. Dort angesiedelt sind die wie schon häufiger angesprochen tieferen Ursachen von Krankheit in Form der Grund-leidenschaften Zorn, Stolz, Eitelkeit, Neid, Geiz, Angst, Maßlosigkeit, Gier und Trägheit. Die Enneagramm-Heilmittel wirken auf dieser tiefsten Ebene des Menschseins direkt und eben essenziell. Und so merkwürdig und banal das auch zunächst klingen mag, entspre-chend dieser 9 Grundleidenschaften des Menschen gibt es auf dieser Ebene der homöopa-thischen Heilung auch nur noch neun sehr spezifisch und sehr tiefgreifend wirkende ho-möopathische Heilmittel je nach Enneagrammtyp. Diese sehr speziellen Heilmittel haben die Fähigkeit, direkt auf diese neun essenziellen Grundleidenschaften des Patienten als Ur-sache seiner Krankheit einzuwirken, sei diese Erkrankung nun akut, subakut oder auch wie in den meisten Patientenfällen in meiner Naturheilpraxis chronisch. Heilung erfolgt dann natürlich und gesetzmäßig nach den Grundsätzen der Natur des Menschen, eben aufgrund seiner spezifischen Charakter- oder Enneagrammfixierung infolge der Verordnung eines spezifischen Heilmittels aus dem Arzneimittelschatz der 9 zentralen homöopathischen Arzneimittel der Enneagramm-Homöopathie (siehe Übersicht 2.8 auf Seite 29).

Die Enneagrammfixierung in Form der Hauptleidenschaft des Patienten wird bei der neu-en Enneagramm-Homöopathie durch die Gabe des passendsten homöopathischen Heil-mittels nach und nach aufgelöst, bewusster gemacht und eben dadurch geschieht Heilung, nicht durch das oft planlose Herumdoktern an oberflächlichen Symptomen der Krankheit in Form zahlreicher sog. „Krankheiten" auf einer mehr oberflächlichen Ebene. Genauso wie es nur eine Gesundheit gibt, so gibt es auch nur eine Krankheit (= Verstimmung der Lebenskraft auf der essenziellen Ebene der Grundleidenschaft eines Menschen), die aller-dings auf der oberflächlicheren Ebene der symptomatischen Vielfalt unzählige Manifesta-tionen in Form von Symptomen körperlicher, geistiger und seelischer Art zeigen kann. Menschsein und Kranksein sind auf dieser tiefen Ebene des Menschseins also aufs Engste miteinander verknüpft, sind in dieser Tiefe letztlich eins. Ursache nach der Enneagramm-Homöopathie ist also stets die unbewusst einseitig ausagierte Grundleidenschaft eines Pa-tienten, die diesem allerdings nicht bewusst wird und daher auf den äußeren Ebenen des Menschseins bzw. Krankseins zur spezifischen Symptomatik des Patienten führt. Diese sich an der Oberfläche zeigenden Symptome jeglicher Art erscheinen solange dort, bis die wahre zugrundeliegende Ursache wieder ins energetische Gleichgewicht gekommen ist. Das kann man sich ähnlich wie bei einem PKW vorstellen. Die Ölwarnkontrollleuchte blinkt solange auf, bis die dahinterliegende Ursache, das Nachfüllen von Öl, geschehen ist. Und so macht es wenig Sinn, nur an den äußeren Symptomen von Krankheit zu therapie-ren, sondern es geht darum, die tieferen Ursachen zu erkennen, um sie dann wieder in ein relatives Gleichgewicht zu bringen. Heilung geschieht auf dieser tiefgreifenden, essenziel-len Ebene auch des Krankseins eines Patienten grundlegend nach den Regeln der Natur, indem die Selbstheilungskräfte und die Lebenskraft des Patienten durch spezifische ho-

Ü
10
13
15
29
30
120
121
122
123
125
126
127
128
129
131
132

möopathische Heilmittel direkt gestärkt werden. Und genau dadurch werden die Grundleidenschaften von Menschen wieder direkt ins Gleichgewicht gebracht. Das sind bei Typ 1 des Enneagramms der Zorn, bei Typ 2 der Stolz, bei Typ 3 die Eitelkeit, bei Typ 4 der Neid, bei Typ 5 der Geiz, bei Typ 6 die Angst, bei Typ 7 die Maßlosigkeit, bei Typ 8 die Gier und bei Typ 9 die Trägheit als Grundleidenschaft. Im Rahmen der Enneagramm-Homöopathie ist es demnach von entscheidender Bedeutung, den jeweiligen sog. Enneagrammtyp zuverlässig zu bestimmen, was im Einzelfall nicht immer ganz so leicht ist wie man das gemeinhin vielleicht vermuten würde. Hier gibt es zwar durchaus zwischendurch immer auch einfach zu typisierende Patienten, aber viele sind auf den ersten Blick nicht unbedingt immer sofort als ein bestimmter Enneagrammtyp zu erkennen. Es bedarf daher der genauen, umfassenden und gewissenhaften Erstanamnese, um hierbei ein Gespür für den Patienten zu bekommen. Im Anschluss verordnet der Enneagramm-Homöopath dem Patienten dann sein spezifisches homöopathisches Einzelmittel nach den homöopathischen Grundsätzen dieser Methode, in der passendsten Dosierung, homöopathische Potenz genannt. Diese dabei angewandten Grundsätze gehören zum unbedingten und notwendigen Fachwissen eines gut ausgebildeten Homöopathen allgemein und speziell zum Fachwissen des in dieser Methode ausgebildeten Enneagramm-Homöopathen. Diese zahlreichen Grundsätze umfassen z.B. Art und Umfang der Potenzwahl, die wiederum vom Krankheitsstadium des einzelnen Patienten abhängt, weiterhin das sog. Fall-Management, also wie man erkennt, dass das Heilmittel auch seine Wirkung aufgenommen hat, wie lange man nach der Mittelgabe abwarten muss, wie man akute, subakute und chronische Fälle im Einzelfall behandelt sowie sonstige Nuancen, Schattierungen, mögliche homöopathische Strategien und Finessen etc. Dieses homöopathische Fachwissen muss man für die professionelle Ausübung der Enneagramm-Homöopathie einfach grundlegend erlernen.

1.5 Allgemeine Betrachtungen zur Wirkweise der Homöopathie

Leider fehlt es heutzutage überwiegend an überzeugenden Versuchen, die Wirkmechanismen der Homöopathie sinnvoll und nachvollziehbar darzustellen. Ich würde Sie an dieser Stelle höflich bitten, möglichst vorurteilsfrei an das nun folgende Thema heranzugehen, denn wenn man ohnehin - aus welchen Gründen auch immer - gegen die Homöopathie eingestellt sein sollte, dann werden auch nachfolgende Überlegungen nicht überzeugen können. Anders liegt der Fall, wenn man möglichst objektiv, wertfrei und ohne Vorurteile, also so vorurteilsfrei wie möglich, den folgenden Ausführungen Aufmerksamkeit schenkt. Danach ist man womöglich ein wenig informierter in Bezug auf das für die Gesundheit so wichtige Thema der homöopathischen Wirkweise. Als Homöopath behandle ich meine Patienten mit Informationen immaterieller Natur, die allerdings an einen bestimmten Trägerstoff (das sind diese weißen Zuckerkügelchen) gebunden sind, also diese materiell sichtbaren allseits bekannten Globuli oder Streukügelchen. Als homöopathisch arbeitender Heilpraktiker erhebe ich in diesem Zusammenhang überhaupt nicht den leisesten Anspruch darauf, dass die von mir verordneten Kügelchen irgendeine materielle, chemische Wirkung besitzen, außer vielleicht die Wirkung des Trägerstoffes der gegebenen Information eben aus diesem aus Zucker oder Zuckeraustauschstoff bestehenden Globuli, auf die es einem Homöopathen allerdings sicher nicht ankommt. Denn als Homöopath möchte ich die Lebenskraft eines Menschen direkt mit der Information der spezifischen Globuli „informieren". Und diese materiellen Zuckerkügelchen sind genau auf dieser beabsichtigten im-

materiellen, also nichtstofflichen informativen Ebene besonders wirksam, weil sie eben als Trägerstoff für heilsame Informationen der jeweiligen homöopathischen Heilmittel dienen. Man geht auf diese Weise bei der Informationsübertragung nicht erst den (Um-)Weg über den materiellen Körper, so wie es bei chemisch wirkenden Arzneimitteln der Schulmedizin bekannt ist, sondern der Homöopath richtet die homöopathische letztlich immaterielle Information, die aber eben nur durch einen materiellen Trägerstoff in Form der Globuli übertragen werden kann, unmittelbar an die aus dem schon erwähnten Gleichgewicht geratenen immateriellen Lebenskraft eines Patienten. Wir sollten hier also genau zwischen den Begriffen „Information" und „Informationsträger" unterscheiden und diese bei einem so zentralen Thema wie dem der Homöopathie und ihre Wirkweise nicht verwechseln oder gar für dasselbe halten. Diese in jedem lebenden Menschen vorhandene immaterielle Lebenskraft, die diesen Zeit seines Lebens belebt und durchströmt, Hahnemann nannte sie häufig mit dem lateinischen Ausdruck „vis vitalis", ist ja bei den erklärten Gegnern der Homöopathie sehr umstritten. Meistens wird ihre Existenz sogar geleugnet. Da werden Chirurgen mit 50-jähriger Berufserfahrung zitiert, die überzeugend davon berichten, dass sie schon unzählige Patienten operiert hätten, aber nie eine Lebenskraft dabei entdecken konnten. Und doch ist man, egal welche Art von Therapie man denn nun auf dem weiten Feld der Medizin betreibt, stets angewiesen auf dieses wissenschaftlich nicht nachweisbare „Etwas", das Leben (bzw. die Lebenskraft) selbst, welches den menschlichen Organismus von der Wiege bis zur Bahre belebt. Jeder, der z.B. einmal einen Menschen sterben gesehen hat, weiß um diese Qualität, denn wenn diese immaterielle Lebenskraft, die wissenschaftlich betrachtet ja angeblich nicht existiert, weil sie nicht wissenschaftlich nachweisbar ist, wenn diese lebendige Kraft aus dem materiellen Körper entweicht, gibt es diesen Menschen in dieser Form jedenfalls garantiert nicht mehr. Denn augenblicklich tritt dann der sog. Tod ein. Vorher war der Mensch noch ein vom lebendigen Sein durchdrungener „ganzer" Mensch mit einer entsprechenden ihn belebenden Lebenskraft. Nach dem Tode ist die immaterielle Qualität seines Seins, also seine vis vitalis, von uns gegangen und aus dem materiellen Körper entwichen. Man beerdigt den leblosen Körper, der nun seine ihm innewohnende immaterielle Qualität und damit seine innere Ordnungsstruktur auf ewig und unwiderruflich eingebüßt hat, konsequent auf verschiedenste Art und Weise, denn die ihn belebende feinstoffliche Energie hat ihn nun dauerhaft „verlassen". Der tote, leblose Körper löst sich daher dann auch nach und nach in seine materiellen Bestandteile auf. Nach dem Tode hilft natürlich auch kein weißes Kügelchen mehr, denn was sollte man da noch informieren, den leblosen Körper? Unmöglich! Denn die für den Menschen Zeit seines Lebens notwendige zentrale Lebenskraft kann eben nach dessen Tod nicht mehr informiert werden, weil sie im Gesamtorganismus nicht mehr verfügbar, nicht mehr anwesend ist. In der Homöopathie informieren wir also die immaterielle Lebenskraft eines Menschen mit spezifischen immateriellen Informationen, die allerdings wie eben schon erklärt an einen materiellen Trägerstoff gebunden sein müssen, um sie transportieren zu können, um sie also übertragbar zu machen. Das „Transportmittel" ist aber nicht der „Fahrer" selbst, der letztlich die „Richtung der Heilung" in Form der spezifischen Information bewirkt. Vergleichbar ist das mit der Adresse auf einer Visitenkarte, die ebenfalls an einen materiellen Trägerstoff in Form von Papier und Druckerschwärze gebunden ist, um die auf ihr befindliche immaterielle Information übertragbar, transportierbar zu machen. Gehen wir aber z.B. mit einer solchen Visitenkarte in ein chemisches Labor und lassen diese Karte chemisch analysieren, wird am Ende der Analyse eines nicht mehr auftauchen: Die Informa-

tion an sich. Denn das chemische Gutachten wird allenfalls den prozentualen Papieranteil, den Tintenanteil etc., also alles Sichtbare und Materielle abbilden können, nicht aber die Information selbst (Name, Telefonnummer, Adresse etc.), die zuvor ohne Zweifel an den Trägerstoff gebunden und sichtbar und erfahrbar war, damit man sie weitergeben kann. Wir müssen also in der Homöopathie, um sie wirklich verstehen zu können, zwischen den beiden Begriffen der Information und des Informationsträgers genau differenzieren, erst dann wird es unserem Verstand möglich, die Wirkweise der Homöopathie korrekt zu erfassen. Und so wird auch das Handeln mancher Journalisten ziemlich sinnfrei, wenn diese alle paar Monate, um wieder einmal einen Zeitungsartikel über die umstrittene Wirkweise der Homöopathie zu veröffentlichen, sich - wenn sie sehr wissenschaftlich exakt vorgehen möchten - regelmäßig homöopathische Arzneimittel in Hochpotenzen besorgen und diese dann im Labor testen lassen, um dann alle Monate oder Jahre wieder in ihren Zeitungen Berichte über die Homöopathie zu veröffentlichen und selbstherrlich mitteilen, dass molekular wieder einmal nichts in den Mitteln drin gewesen sei und eine ganze Industrie sich dumm und dämlich an Zuckerkügelchen verdiene. Ja, wo der Geist fehlt, da herrscht mangels Bewusstsein für das Leben selbst Unkenntnis und Arroganz. Die Homöopathie ist und bleibt eine Informationstherapie, die direkt an der immateriellen Lebenskraft eines Patienten ansetzt und dort direkt auf die Selbstheilungskräfte des Menschen einwirkt, ohne den chemischen Umweg über den materiellen Körper nehmen zu müssen. Sie gehört damit zu den wenigen wirklich ursächlich wirksamen, also heilenden Therapiemethoden, die den Namen Heilmethode wirklich verdienen.

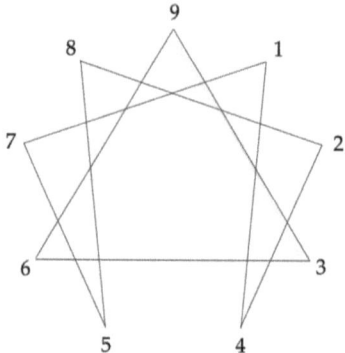

2. Die homöopathische Erstanamnese

2.1 Ein erster Überblick

Verschaffen wir uns nun gemeinsam einen ersten Überblick, was einen Patienten im Rahmen einer homöopathischen Erstanamnese bei einem gut ausgebildeten Homöopathen erwartet. Das kann im Einzelfall ein homöopathisch arbeitender Heilpraktiker oder auch ein entsprechend ausgebildeter Arzt sein, denn lediglich Ärzte und Heilpraktiker dürfen in Deutschland homöopathische Arzneimittel verordnen. Einen solchen Homöopathen sucht man in dessen homöopathisch ausgerichteten Praxis in aller Regel dann auf, wenn man schon sehr lange nach einer erfolgsversprechenden Heilungsmöglichkeit sucht, aber bislang noch keine Heilung der eigenen Beschwerden erfahren durfte. Was geschieht also nun, was erwartet einen Patienten genau im Rahmen einer solchen homöopathischen Erstanamnese in einer homöopathischen Naturheilpraxis? Zunächst lassen sich sämtliche Erkrankungen im Rahmen einer ganzheitlichen homöopathischen Therapie erfolgreich behandeln, wobei natürlich viele Jahre bestehende hochgradig chronische Erkrankungen in aller Regel nicht von heute auf morgen einfach so verschwinden, aber nach und nach kann man gerade mit der professionell angewandten Homöopathie die Lebenskraft eines Menschen, eines Patienten durch die Gabe von homöopathischen Arzneimitteln so gut behandeln, beeinflussen, informieren, dass die eigenen Selbstheilungskräfte wieder - oft nach vielen Jahren des Brachliegens - in Bewegung gebracht, mobilisiert, aktiviert werden, die Lebenskraft des Menschen also wieder ins Gleichgewicht kommt - Ganzheitliche Heilung geschieht dann natürlich, grundlegend, ursächlich und gesetzmäßig nach den Regeln der klassischen, traditionellen Homöopathie meistens in einem überschaubaren Zeitraum von wenigen Wochen bis Monaten.

Der Mensch kommt durch die homöopathische Mittelgabe des sog. Simillimums, das ist der lateinische Ausdruck für das passendste und ähnlichste homöopathische Heilmittel, wieder in sein energetisches Gleichgewicht und Heilung findet dann gesetzmäßig nach den Regeln und im Rahmen der natürlichen Ordnung des Lebens statt. Die Homöopathie ist eine der wenigen Heilmethoden, die den Namen „Heilkunst" oder „Heilmethode" wirklich verdienen, denn hier wird, wir wir schon eingangs herausgearbeitet hatten, nicht an Symptomen herumgedoktert, sondern die wahre Ursache für die tieferliegende eine Krankheit oder Verstimmung der Lebenskraft im Rahmen einer ausführlichen, relativ zeitintensiven Patientenbefragung von ca. 1,0 - 2,0 Stunden gründlich herausgearbeitet. Der Patient wird dabei ganzheitlich betrachtet, d.h. nicht nur seine komplette Symptomatik an der Oberfläche der Krankheitserscheinungen findet hier ausreichend Beachtung und Aufmerksamkeit. Denn diese krankhaften und zum Teil sehr gravierenden Endzustände der verstimmten Lebenskraft sind selbstverständlich insofern schon sehr wichtig, weil der Patient ja meistens aufgrund dieser vordergründig belastenden Schmerz- oder Leidenssymptomatik in die Praxis gekommen ist und primär diese Oberflächenphänomene geheilt sehen möchte. Darunter und tieferliegender liegen die zentraleren Wirkmechanismen, die die wahren Ursachen der Krankheit des Patienten darstellen. Diese für die Symptomatik ursächlichen Faktoren werden so in der Schulmedizin eben nicht berücksichtigt, weil man dort in aller Regel, Ausnahmen bestätigen hier erfreulicherweise in seltenen Fällen die Regel, an der Oberfläche der Symptomatik bleibt und mitunter kurzfristig auch sehr erfolg-

Ü
10
13
15
22
24
29
30
120
121
122
123
124
125
126
127
128
129
130
131
132

reich primär nur die Symptome auf dieser oberflächlichen Ebene der Erkrankung in Form der zahlreichen einzelnen Endzustände der jeweiligen Symptomatik mit gut und womöglich sehr stark chemisch wirkenden Arzneimitteln in Schach hält. Das ist eine, ja heute immer noch die am meisten verbreitete medizinische Vorgehensweise und eine durchaus manchmal zumindest vorübergehend sinnvolle und legitime Möglichkeit des Umgangs mit Krankheit oder besser Krankheiten oder einzelnen Symptomen. Dieses medizinische Vorgehen entspricht jedoch einem heute überholten medizinischen Denken, welches den Patienten mehr als ein zu reparierendes Objekt als ein ganzheitliches energetisches Wesen betrachtet. Doch diese Methode führt dauerhaft nicht zur Heilung, sondern längerfristig vielmehr zur Chronizität des Beschwerdebildes. In der Homöopathie findet im Gegensatz zur landläufigen Schulmedizin hingegen eine wesentliche, tiefgreifende und ganzheitliche Sichtweise des Krankheitsgeschehens Anwendung. Diese Sichtweise nenne ich die sog. energetische Sichtweise, die im übrigen nebenbei erwähnt im vollkommenen Einklang mit den Gesetzmäßigkeiten der modernen Physik der letzten ca. 100 Jahre und vielen weiteren heute aktuellen naturwissenschaftlichen Disziplinen steht. Einen kurzen Überblick über diese energetische Sichtweise des Krankheitsgeschehens beim Menschen / Patienten gibt das nachfolgende Schaubild über die drei Ebenen des menschlichen Krankseins:

2.2 Die energetische Sichtweise des Krankheitsgeschehens beim Menschen

Die energetische Sichtweise des Krankheitsgeschehens beim Menschen (Patienten)

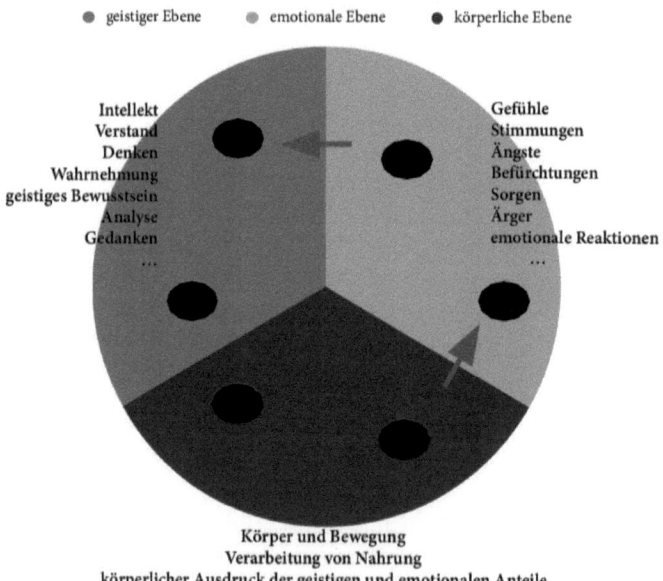

● geistiger Ebene ● emotionale Ebene ● körperliche Ebene

Intellekt
Verstand
Denken
Wahrnehmung
geistiges Bewusstsein
Analyse
Gedanken
...

Gefühle
Stimmungen
Ängste
Befürchtungen
Sorgen
Ärger
emotionale Reaktionen
...

Körper und Bewegung
Verarbeitung von Nahrung
körperlicher Ausdruck der geistigen und emotionalen Anteile

Die drei Ebenen des menschlichen Krankseins sind also die geistige Ebene (links oben dargestellt mit dem Intellekt, dem Verstand, der Wahrnehmung, dem geistigen Bewusstsein, der Analyse, den Gedanken etc.), die emotionale Ebene (rechts oben dargestellt mit Gefühlen, Stimmungen, Ängsten Befürchtungen, Sorgen, Ärger und sonstigen emotionalen Reaktionen etc.) sowie die körperliche Ebene (unten dargestellt mit dem materiellen Körper, dessen Bewegung, der körperlichen Verarbeitung von Nahrung, dem rein körperlichen Ausdruck der geistigen und emotionalen Anteile etc.). Alle dieser Ebenen greifen nach diesem Modell wechselseitig ineinander über. Die daraus resultierenden Bereiche des Denkens, Fühlens und Handelns eines Menschen in seiner Krankheit sind dementsprechend sehr vielschichtig und müssen vom Homöopathen im Rahmen einer umfassenden homöopathischen Anamnese gründlich erfragt und tiefgründig verstanden werden. Man kann also begleitend oder auch allein je nach Einzelfall durch eine homöopathische Therapie mit der neuen Enneagramm-Homöopathie einen anderen, neuen, alternativen Heilungsweg gehen, der primär viel tiefer bei den wahren Ursachen des Krankseins eines Patienten ansetzt und durch die homöopathische Mittelgabe eben direkt die Lebenskraft eines Menschen anspricht, diese mit der entsprechend notwendigen Information des Heilmittels wieder in ihr Gleichgewicht bringt und genau darauf abzielt, nicht auf die einseitige Vernichtung der auf der Oberfläche des Krankseins liegenden Symptome einer Erkrankung. Denn nach den Grundsätzen der Homöopathie hat ja jede Symptomatik eine tiefere Ursache, das Kranksein eines Menschen hat demzufolge sehr viel auch mit seinem Sosein als Mensch zu tun, also mit seinem Menschsein, welches seinen Ausdruck im Rahmen der neun Grundleidenschaften der Menschheit findet. Doch diese Zusammenhänge sind dem Patienten zu Beginn der homöopathischen Therapie im Allgemeinen nicht bewusst, werden natürlich auch allgemein nirgends gelehrt oder sonst in irgendeiner Weise dargestellt. Der psychologische Homöopath ist hingegen ein Fachmann, ein Spezialist auf diesem Gebiet der Menschenkenntnis, der Menschenkunde, des Menschseins und damit auch des Krankseins von Menschen. Die wahren Zusammenhänge zwischen Körper, Geist und Seele kann er aufgrund seines umfangreichen Wissens und seiner langjährigen Praxiserfahrung im Umgang mit seinen Patienten in jedem individuellen Patientenschicksal deutlich erkennen.

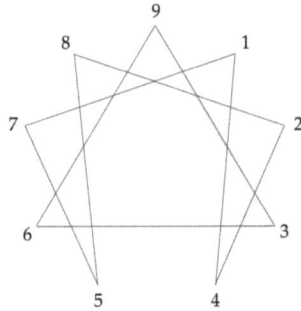

2.3 Die Ebenen des Menschseins im Rahmen der homöopathischen Erstanamnese

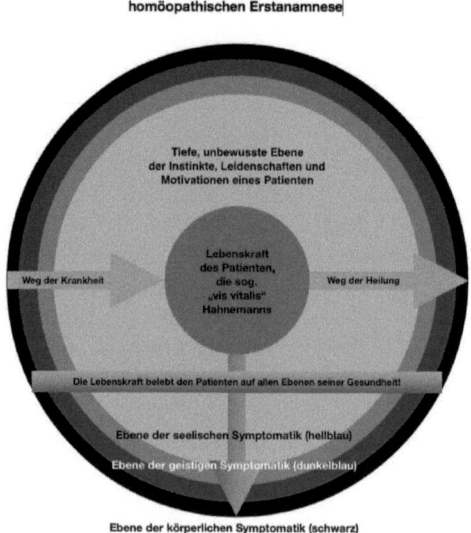

Die Ebenen des Menschseins im Rahmen der homöopathischen Erstanamnese

Dieses Schaubild zeigt noch einmal zusammenfassend die verschiedenen energetischen Ebenen des Menschseins und damit auch des Krankseins, die alle im Rahmen der homöopathischen Erstanamnese von wesentlicher Bedeutung sind. Gut zu erkennen ist hier vor allem, dass sich der wesentlichste, größte Anteil des Menschseins dem Bewusstsein des Patienten in aller Regel vollkommen entzieht. Das ist die tiefe unbewusste Ebene der Instinkte, Leidenschaften und intrinsischen Motivationen des Menschen. Erst im Laufe einer erfolgreichen homöopathischen Behandlung werden dem Patienten sämtliche tiefere Zusammenhänge zwischen Kranksein und Menschsein, zwischen Krankheit und Gesundheit, zwischen Symptomenbekämpfung und wahrer Heilung von innen heraus durch Stärkung der Lebenskraft und damit der körpereigenen Selbstheilungskräfte im Rahmen der homöopathischen Therapie und anschließenden Heilung durch Homöopathie nach und nach immer bewusster, transparenter und persönlich nachvollziehbarer.

2.4 Ablauf und Inhalt einer homöopathischen Erstanamnese

Es wird zunächst ein Termin vereinbart und die Erstanamnese dauert erfahrungsgemäß ein bis zwei Stunden je nach Lage und Umfang des individuellen Krankheitsfalles. Im Rahmen dieses sehr wichtigen Ersttermins berichtet der Patient anfangs zunächst einmal ausführlich selbst und ungestört über seine sämtlichen Beschwerden, was man als den sog. Spontanbericht des Patienten bezeichnet. Nachdem der Homöopath diesem Spontanbericht aufmerksam und voller Empathie gelauscht hat, beginnt er damit, gezielte Fragen zum Inhalt des Spontanberichtes zu stellen, damit er sich ein sehr präzises Bild von der Er-

krankung seines Patienten machen kann. Zu diesem genauen Bild gehören z.B. die Umstände der Erkrankung, wann die Symptome verstärkt auftreten, ob es zwischendurch krankheitsfreie Zeiten gibt, seit wann die Beschwerden bestehen, wie sich die Beschwerden im Laufe der Zeit entwickelt haben, ob und ggfs. welche Medikamente der Patient aktuell einnimmt, was der Patient denkt und fühlt, wenn er unter seinen Symptomen leidet, wie er sich auch psychisch betrachtet dazu in seiner Krankheit verhält, was er alles schon unternommen hat, um Heilung seiner Beschwerden zu erfahren, was er benötigt, um seine Symptome im Einzelfall zu lindern, ob er im Rahmen seiner Erkrankung eher Gesellschaft aufsucht oder lieber seine Ruhe haben möchte, wenn es ihm nicht gut geht und viele weitere Umstände des individuellen Krankheitsfalles. Der Homöopath macht sich also ein sehr präzises Bild von sämtlichen Begleitumständen der Erkrankung seines Patienten. Soweit ergeht es dem Patienten ähnlich wie bei einem normalen oder sagen wir lieber gewissenhaften schulmedizinisch arbeitenden Arzt, der sich viel Zeit nimmt und sehr gründlich die Krankheitsumstände seiner Patienten recherchiert.

Für den Homöopathen beginnt aber ab jetzt eigentlich erst die wirkliche, tiefergehende Arbeit, denn er steht jetzt, nachdem er sich ein umfassendes Bild über die allgemeine Symptomatik, den Krankheitszustand des Patienten machen konnte, vor der Aufgabe, die hinter dem Krankheitsgeschehen liegenden wahren Ursachen der Erkrankung zu erforschen, herauszufinden, um dann gezielt ein homöopathisches sog. Einzelmittel (bestehend aus nur einem Wirkstoff oder besser einer Wirkinformation) gegen genau diese tieferen Ursachen des Krankseins zu finden und dem Patienten anschließend erfolgreich verordnen zu können. Dazu bedarf es eben im Mindestmaß dieser 1 - 2 Stunden Zeit, in der der Homöopath sämtliche weitere physische und psychische Begleiterscheinungen der Erkrankung erfragt, erforscht, z.B. die familiären Verhältnisse und Umstände des Patienten, auch die sog. Familienanamnese, also ob Erkrankungen dieser Art familiär gehäuft auftauchen. Regelmäßig befragt der Homöopath seine Patienten auch über ihre sozialen und gesellschaftlichen Verhältnisse, ihren Beruf, ihre allgemeine Haltung zum Leben, ihre Vorlieben und Abneigungen in allen möglichen Lebensbereichen, ihre möglichen Beziehungsprobleme zu Partnern, Eltern, Kindern, Freunden und Bekannten, über ihre Hobbys und was sie allgemein glücklich macht, was sie unglücklich macht, sonstige Probleme und Herausforderungen in ihrem Leben, mögliche Süchte, Schicksalsschläge, Enttäuschungen, Todesfälle, sonstige Verluste materieller und/oder immaterieller Natur etc. So können im Rahmen einer ausführlichen homöopathischen Erstanamnese sämtliche Lebensumstände des Patienten für den Homöopathen von allergrößtem Interesse sein, denn das Kranksein seines Patienten hat immer auch etwas mit dessen Menschsein und auch mit dessen Konditionierung und Sozialisation zu tun, auch wenn dem Patienten selbst diese Zusammenhänge vielleicht gar nicht so wichtig erscheinen oder er die Zusammenhänge zu seiner Erkrankung zu diesem Zeitpunkt (noch) nicht erkennen kann. Gelegentlich wird er sich sogar - zumindest innerlich - so manches Mal die Frage stellen, was die ganze Befragung, diese vielen weiteren Umstände seines Daseins denn ehrlich gesagt mit seiner Erkrankung zu tun haben sollen? Denn viele dieser Zusammenhänge bleiben ihm in aller Regel größtenteils verborgen, manche aber werden auch gerade durch die Erstanamnese und die darauf folgende Mittelwirkung des typspezifischen homöopathischen Arzneimittels bewusster, greifbarer und eben persönlich nachvollziehbarer. So geht der Homöopath im Rahmen dieser so wichtigen homöopathischen Erstanamnese schrittweise von der Oberfläche der

Krankheitserscheinungen hin in die unbewussten Tiefen des Menschseins/Krankseins vor, lernt den Patienten wirklich auf allen möglichen Ebenen kennen, erforscht immer mehr seine unbewussten Labyrinthe und muss dabei den Patienten in seiner Ganzheitlichkeit, seiner Gesamtheit betrachten und einschätzen, um danach aus den vielen Einzelteilen, die er wie Puzzlestücke zusammengetragen hat, das Puzzle zusammenzufügen, sprich, sich ein ganzheitliches komplettes Bild des Patienten machen. Erst dann ist der Homöopath in der Lage, ein für diesen individuellen Patienten möglichst passendes homöopathisches Arzneimittel zu verordnen, welches sämtliche Informationen dieses Patienten, die er ja gerade im Rahmen der Erstanamnese erfahren durfte, mitberücksichtigt. Der Homöopath kennt seine homöopathischen Heilmittel und deren umfangreichen Anwendungsbereich durch viele Jahre seines Studiums und seiner Berufserfahrung im Rahmen seiner Naturheilpraxis sehr gut, aber er kennt eben den neuen Patienten noch nicht so gut, muss ihn erst im Rahmen der Patientenbefragung (Anamnese) in Bezug auf sämtliche gerade geschilderten Lebensbereiche kennen- und verstehen lernen. Erst dann ist es ihm möglich, ein spezifisches homöopathisches Heilmittel nach dem homöopathischen Grundsatz „Ähnliches heilt Ähnliches" (lat. Similia simillibus curentur - Ähnliches möge durch Ähnliches geheilt werden) aus seinem Arzneimittelfundus für seinen Patienten zu verordnen, welches sämtliche, also sowohl psychische als auch physische Symptome umfasst, ungeachtet dessen, ob der Patient ursprünglich eher wegen vorherrschend körperlicher, psychischer oder seelischer Probleme zu ihm in die Praxis gekommen war. Dieses am Ende passendste homöopathische Heilmittel (lat. Simillimum) wird dann dem Patienten in entsprechender Dosierung, der sog. homöopathischen Potenz, verordnet, um dessen Lebenskraft direkt zu aktivieren, zu informieren, zu beleben, damit diese seine individuelle Lebenskraft wieder ins Gleichgewicht kommt. Genau dann erfolgt auch die gewünschte gesetzmäßig homöopathische Heilung im ganzheitlichen energetischen Sinne von innen nach außen.

Homöopathisch bedeutet Krankheit mit den Worten des Begründers der Homöopathie Dr. Samuel Hahnemann nämlich eine „Verstimmung" der Lebenskraft des Patienten und nur durch die homöopathische Mittelgabe kann man dieses Ungleichgewicht auf der tiefsten Ebene des Menschen, auf der ursächlichen, essenziellen Ebene seiner ihm innewohnenden, ihn Zeit seines Lebens mehr oder weniger belebenden Lebenskraft, wieder ins Gleichgewicht bringen. Nichts anderes möchte der Homöopath. Und wenn dann Heilung geschieht, dann freut er sich, so wie sich ein Autobesitzer freut, dass die Ölwarnkontrollleuchte seines Autos ausgeht, wenn er die dahinterliegende Ursache, nämlich Motoröl nachzufüllen, behoben hat.

Natürlich geschieht im Rahmen einer solchen Erstanamnese noch deutlich viel mehr, vor allem auf der nonverbalen kommunikativen Ebene, u.a. auch auf der Ebene von Gestik und Mimik versucht der Therapeut den Patienten zu „lesen", wodurch klar geworden sein dürfte, dass ein gewisser Zeitaufwand einfach notwendig ist, um das entsprechende Heilmittel nach den Grundsätzen der Enneagramm-Homöopathie finden zu können. In schwierigeren Fällen bedarf es darüber hinaus auch einiger zusätzlicher sog. homöopathischer Folgeanamnesen innerhalb der darauffolgenden Wochen nach dem Erstkontakt.

Am Ende muss sich der Enneagramm-Homöopath klar werden, welchen Bezug die bislang ermittelten Informationen über den Patienten zu einer der neun Grundleidenschaften und

auch zu den entsprechenden Motivationen des Patienten besitzen. Genau das ist das eigentlich wirklich Neue, Heilsame und Erfolgversprechende an der Enneagramm-Homöopathie, nämlich die Herstellung eines sinnvollen Zusammenhangs zwischen dem psychischen und physischen Patientenverhalten mit einer der 9 möglichen Grundleidenschaften. Letztlich muss hier also die Frage nach dem tieferen Warum der Krankheit beantwortet werden. Ist die eigentliche Ursache der Erkrankung des vor einem sitzenden Patienten also am Ende auf essenzieller Ebene der Zorn, der Stolz, die Eitelkeit, der Neid, der Geiz, die Angst, die Maßlosigkeit, die Gier oder aber die Trägheit? Der Patient kann die Frage nach seiner Grundleidenschaft in aller Regel nicht beantworten, weil diese ihm als sog. blinder Fleck in Bezug auf die eigenen unbewussten Seelenanteile regelmäßig verborgen bleibt. Er selbst weiß nicht um diese ganzen Zusammenhänge, er weiß nur dass er krank ist, aber nicht, dass sein Kranksein mit seinem Menschsein und damit direkt auch mit seinem Enneagrammtyp im Zusammenhang steht. Wird seine Grundleidenschaft direkt durch das entsprechende homöopathische Heilmittel behandelt, also nach den Grundsätzen der Enneagramm-Homöopathie wieder ins Gleichgewicht gebracht, tritt Heilung in der Tat gesetzmäßig auf eine unglaublich sanfte natürliche Art ein. Daher ist die Typisierung des Patienten nach der Enneagrammlehre bei der Enneagramm-Homöopathie von so zentraler Bedeutung. Die Patientenbeispiele im 5. Kapitel dieses Buches werden die geschilderten Zusammenhänge am Ende praktisch noch stärker verdeutlichen können.

Ü
10
29
30
122
123
126
127
128
129
132

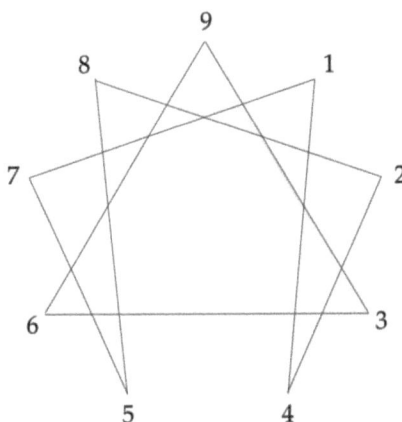

2.5 Die 9 homöopathischen Heilmittel der Enneagramm-Homöopathie

Die **homöopathischen Heilmittel** für die einzelnen Enneagrammtypen sind:

Typ 1 - **Platinum metallicum** (metallisches Platin in homöopathisch aufbereiteter Form)
Typ 2 - **Hyoscyamus niger** (schwarzes Bilsenkraut in homöopathisch aufbereiteter Form)
Typ 3 - **Tarentula hispanica** (spanische Tarentel in homöopathisch aufbereiteter Form)
Typ 4 - **Ignatia amara** (Ignatiusbohne in homöopathisch aufbereiteter Form)
Typ 5 - **Stramonium** (Stechapfel in homöopathische aufbereiteter Form)
Typ 6 - **Opium** (Schlafmohn in homöopathisch aufbereiteter Form)
Typ 7 - **Belladonna** (Tollkirsche in homöopathisch aufbereiteter Form)
Typ 8 - **Veratrum album** (weißer Germer in homöopathisch aufbereiteter Form)
Typ 9 - **Cannabis** (Hanf in homöopathisch aufbereiteter Form)

Siehe Übersicht Seite 29 (Homöopathische Signaturenlehre)

2.6 Die Grundenergien der einzelnen Enneagrammtypen innerhalb der Triaden

Man kann die 9 Enneagrammtypen in *drei Gruppen zu je drei Typen* einteilen, die man **Triaden** nennt. Die **Bauchtriade** umfasst die *Typen 1, 8 und 9*, die **Herztriade** umfasst die *Typen 2, 3 und 4* und die **Kopftriade** umfasst die *Typen 5, 6 und 7*. Bei der **Bauchtriade** ist die entsprechende **Bauch- oder Aggressionsenergie** entweder *blockiert* (Typ 9), *umfunktioniert* (Typ 1) oder *überentwickelt* (Typ 8). Bei der **Herztriade** ist die entsprechende **Herz- oder Gefühlsenergie** entweder *blockiert* (Typ 3), *umfunktioniert* (Typ 4) oder *überentwickelt* (Typ 2). Bei der **Kopftriade** ist die entsprechende **Kopf- oder Verstandesenergie** entweder *blockiert* (Typ 6), *umfunktioniert* (Typ 7) oder *überentwickelt* (Typ 5).

Siehe Übersicht Seite 30 (Seelischer Schattenanteil, Grundenergie & Depression)

2.7 Der seelische Schattenanteil der einzelnen Enneagrammtypen (innere Glaubenssätze)

Typ 1 - *Mit mir stimmt etwas nicht, ich habe einen wesentlichen Makel.*
Typ 2 - *Ich bin nicht liebenswert, bedeutungslos.*
Typ 3 - *Ich bin leer und substanzlos.*
Typ 4 - *Ich bin verlassen worden, abgetrennt von allem.*
Typ 5 - *Ich bin innerlich leer, isoliert.*
Typ 6 - *Ich bin schwach und unfähig, die Welt ist feindlich.*
Typ 7 - *Ich bin von der Quelle des Genusses abgeschnitten.*
Typ 8 - *Ich bin schwach, bedürftig, schlecht.*
Typ 9 - *Ich bin unwichtig, nicht liebenswert.*

Siehe Übersicht Seite 30 (Seelischer Schattenanteil, Grundenergie & Depression)

Homöopathische Signaturenlehre *

9. Cannabis (Hanf)

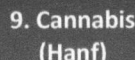

8. Veratrum album (weißer Germer)

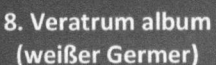

1. Platinum metallicum (Platin)

7. Belladonna (Tollkirsche)

2. Hyoscyamus (Bilsenkraut)

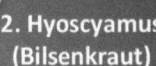

9. selbstvergessen, stoisch, träge, verwirrt, vergesslich, entspannt, tolerant, phlegmatisch, entscheidungsschwach, abhängig, ruhig, unscheinbar, angepasst, selbstentfremdet, anspruchslos

8. hochgewachsen, rücksichtslos, furchtlos, mächtig, expansiv, Duft sehr aufdringlich, weites Verbreitungsgebiet, sehr giftig, Bekämpfung, Lähmung

1. kühl, kalt, abweisend, wertvoll, exklusiv, Maßstab, hohe innere Spannung, Starre, unangreifbar, stiller Glanz, platonisch, unnahbar, anspruchsvoll

7. einzellige Köpfe, kugelig, rund, weich, pupillenvergrößernd, „alte Zauberpflanze", innerer Aufbau wie eine Tomate, saftig, süßlich, voll, oval, gefällig

2. stolz, schmeichelnd aufdringlich, erregbar, emotional, zugewandt, offen, empfänglich, verführerisch, üppig, bedürftig, beeinflussbar

6. Schlaf bringend, giftig, Schmerz stillend, geschwollen, ängstlich, schüchtern, unsicher, freundlich, schmeichelnd, bewusstlos

3. vortäuschen, Netz spinnen, giftig, einfallsreich, Effizienz, berechnend, Eigenwerbung, ehrgeizig, manipulativ, anziehend, skrupellos, wachsam, Jagdinstinkt, aussaugen

5. Behaarung lässt an älteren Pflanzen kreisförmig nach, Stengel sind kahl, isolierter Standort, stachelig, entfremdet, abgehoben, kopfbetont, duftet unangenehm, narkotisierend

4. krampfhaft, Kletterpflanze, Schlingpflanze, anhänglich, Bitterkeit, seelische Verkrampfung, Leid, attraktiv, haltlose Pflanze, betörender Duft, benebende Wirkung, Nervengift, „verhängnisvoller Liebeszauber"

6. Opium (Schlafmohn)

5. Stramonium (Stechapfel)

4. Ignatia (Ignatius-Bohne)

3. Tarentula (Tarantel)

* Die **homöopathische Signaturenlehre** ist der Auffassung, dass die *Merkmale des Ausgangsstoffes* eines homöopathischen Arzneimittels **Rückschlüsse** *auf ihre* **heilenden Eigenschaften** geben.

9er-Depression: gr. Akedia = Mattigkeit, Verdruss, Überdruss, Widerwillen, *„Angst des Herzens"* (lat. anxietas cordis), *unruhige oder angstvolle Bedrücktheit.*

4er und 5er-Depression: gr. Melancholia = Schwarzgalligkeit (Melancholie), beim *4er-Typ* dominieren *Schmerz, Traurigkeit, Schwermut + Verlassenheitsgefühle,* beim *5er-Typ Nachdenklichkeit, Leere + Isolation.*

9. Blockierte, verdrängte Bauchenergie **

8. Überentwickelte Bauchenergie **

1. Umfunktionierte, umgewandelte Bauchenergie **

7. Umfunktionierte, umgewandelte Kopfenergie **

2. Überentwickelte Herzenergie **

6. Blockierte, verdrängte Kopfenergie **

3. Blockierte verdrängte Herzenergie *

5. Überentwickelte Kopfenergie **

4. Umfunktionierte, umgewandelte Herzenergie **

9
„Ich bin unwichtig, nicht liebenswert."

8
„Ich bin schwach, bedürftig, schlecht."

1
„Mit mir stimmt etwas nicht, ich habe einen wesentlichen Makel."

7
„Ich bin von der Quelle (des Genusses) abgeschnitten."

2
„Ich bin nicht liebenswert, bedeutungslos."

6
„Ich bin schwach und unfähig, die Welt ist feindlich."

3
„Ich bin leer und substanzlos."

5
„Ich bin innerlich leer, isoliert."

4
„Ich bin verlassen worden, abgetrennt von allem."

9er-Depression tendenziell ohne Abkehr von Beziehungen (resignativ) ***

Aggressions-Dreieck

Anpassungs-Dreieck

5er-Depression mit tendenzieller Abkehr von Beziehungen (resignativ) ***

4er-Depression mit tendenzieller Abkehr von Beziehungen (hysterisch) ***

Depressions-Dreieck*

* Depressions-Dreieck: Die Enneatypen **4, 5 und 9** neigen häufiger als andere zu Depressionen, denn sie tendieren in ihren Reaktionen **zu entziehendem Rückzug**, indem sie sich im Zweifel allgemein *von Menschen abkehren* und *sich dadurch selbst unterdrücken.*
** Grundenergien der einzelnen Enneatypen
*** Depressionsarten von Typ 4, Typ 5 und Typ 9

2.10 Verschiedene Vorgehensweisen bei der Typbestimmung

In der Praxis haben sich bei der Typbestimmung im Rahmen der Enneagramm-Homöopathie unterschiedliche Vorgehensweisen bewährt, die alle ihre Berechtigung besitzen, weil sie die komplexe Wirklichkeit des zu bestimmenden Patienten auf unterschiedlichen Ebenen wahrnehmen und deuten. Diese verschiedenen Strategien bei der Typisierung des Patienten basieren auf eben dieser zu Anfang beschriebenen Vielschichtigkeit und Komplexität des menschlichen Daseins in allen seinen möglichen Ausprägungen. Im Folgenden werden Schritt für Schritt nun diese unterschiedlichen Vorgehensweisen genauer erklärt:

2.10.1 *Vorgehensweise Nr. 1:* Triadenzugehörigkeit - Untertypenzugehörigkeit - Leidenschaft

Ü

120
121
122
123
126

Die Zugehörigkeit zu einer der drei *Triaden (Kopftriade = Typen 5, 6, 7, Herztriade = Typen 2, 3, 4 oder Bauchtriade = Typen 1, 8, 9)* des Enneagramms sowie zu einem der drei *instinktiven Untertypen (selbsterhaltend, sozial oder sexuell-aggressiv)* ist im Prinzip noch grundlegender als die Eigenschaften des jeweiligen Enneagrammtyps, die sich genau betrachtet ja erst aus der Kombination von **Triadenzugehörigkeit**, **Untertypenzugehörigkeit** und *jeweiliger primär vorherrschender Leidenschaft der Enneatypen* (1. *Zorn, 2. Stolz, 3. Eitelkeit, 4. Neid, 5. Geiz, 6. Angst, 7. Maßlosigkeit/Völlerei, 8. Wollust, 9. Trägheit*) ergeben. Daher empfiehlt es sich bei der Bestimmung des Enneagrammtyps, zunächst in einem *ersten Schritt* festzustellen, ob primär die Eigenschaften eines *Kopftyps*, ein *Herztyps* oder ein *Bauchtyps* vorliegen, in einem *zweiten Schritt* den *instinktiven Antrieb im Rahmen des jeweiligen Untertyps* zu erkennen, um dann in einem *dritten Schritt* die dabei *gewonnenen Erkenntnisse mit der primär vorliegenden und für jedes Enneagramm-Muster typischen Leidenschaft in Einklang zu bringen.*

2.10.1.1 Schritt Nr. 1: Bestimmung der Triadenzugehörigkeit

Nach der *enneagrammatischen Persönlichkeitstypologie* verfügt jeder Mensch über **drei Intelligenzzentren: Kopf** (Verstand/Ratio), **Herz** (Emotionen) und **Bauch** (Instinkt). Diese *Zentren* nennt man auch **Triaden**. Die **Kopftriade** (*Denk-Zentrum mit dem Kennzeichen „Angst"*) umfasst die Enneagramm-Muster **5, 6** und **7**, die **Herztriade** (*Gefühls-Zentrum mit dem Kennzeichen „Image"*) die Muster **2, 3** und **4**, die **Bauchtriade** (*Instinkt-Zentrum mit dem Kennzeichen „Aggression"*) die Enneagrammpunkte **8, 9** und **1**. Es stellt sich hier also die Frage, welche Art von Mensch (*Kopfmensch, Herzmensch oder Bauchmensch*) man primär ist, d.h. welche der drei beschriebenen Ausprägungen man in dominanter (vorherrschender) Art und Weise im Alltag ausdrückt bzw. lebt? Diese Fragen sind vielleicht im Einzelfall schwer zu beantworten, dennoch müssen sie im Rahmen einer zuverlässigen enneagrammatischen Typisierung gestellt und letztlich auch zufriedenstellend beantwortet werden. Was kennzeichnet also nun *Kopf-, Herz- und Bauchmensch?*

2.10.1.1.1 Der Kopfmensch

Ein *Kopfmensch* entscheidet zu *ca. 80 %* nach seinem Verstand, zu *ca. 10 %* mit seinem Herzen aus dem Gefühl und zu weiteren *ca. 10 %* aus seinem Bauch heraus. Ist der *Kopfmensch* tendenziell eher *nach außen gerichtet* auf seine Mitmenschen in Hinblick auf seine Gedanken (*Leidenschaft der Völlerei, Unersättlichkeit, eine Energie, die tendenziell extrovertiert ist*), handelt

es sich um *Typ 7*, ist er eher *nach innen gerichtet* auf seine innere Gedankenwelt *(Leidenschaft des Geizes, der Habsucht, eine Energie, die tendenziell nach innen gerichtet ist)*, dann ist er *Typ 5*, ist er eher *neutral ausgerichtet* in Bezug auf seine Gedanken *(Leidenschaft der Angst, des Zweifels, eine Energie, die tendenziell neutral ist)*, dann haben wir es mit *Typ 6* zu tun.

2.10.1.1.2 Der Herzmensch

Ein *Herzmensch* trifft seine Entscheidungen zu *ca. 80 % nach seinen Gefühlen*, zu *ca. 10 % nach seinem Verstand* und zu weiteren *ca. 10 % aus seinem Bauch* heraus. Ist der *Herzmensch* tendenziell eher *nach außen gerichtet* auf seine Mitmenschen in Hinblick auf seine Emotionen *(Leidenschaft des Stolzes, Hochmuts, eine Energie, die tendenziell nach außen gerichtet ist)*, handelt es sich um *Typ 2*, ist er eher *nach innen gerichtet* auf seine innere Gefühlswelt *(Leidenschaft des Neids, der Missgunst, eine Energie, die tendenziell nach innen gerichtet ist)*, dann ist er *Typ 4*, ist er eher *neutral ausgerichtet* in Bezug auf seine Emotionen *(Leidenschaft der Eitelkeit, Täuschung, eine Energie, die tendenziell neutral ist)*, dann haben wir es mit *Typ 3* zu tun.

2.10.1.1.3 Der Bauchmensch

Ein *Bauchmensch* entscheidet interessanterweise nur *ca. 40 % aus seinem Bauch heraus, ca. 30 % nach seinem Verstand* und zu weiteren *30 % aus seinem Gefühl* heraus. Dadurch erklärt sich auch, warum ein Bauchmensch relativ lange für seine Entscheidungen benötigt. Er ist zwischen den einzelnen Varianten und den daraus resultierenden Ergebnissen oft hin- und hergerissen. *Spontaneität ist dem Bauchmenschen eher fremd, obwohl er* natürlich auch in Ausnahmefällen einmal recht schnell oder impulsiv agieren kann. Ist der Bauchmensch tendenziell eher *nach außen gerichtet in Hinblick auf seine Impulse (Leidenschaft der Gier, Wollust, Begierde, eine Energie, die tendenziell nach außen gerichtet ist)*, handelt es sich um **Typ 8**, ist er eher *nach innen gerichtet auf seine inneren Impulse (Leidenschaft des Zorns, Grolls, eine Energie, die tendenziell nach innen gerichtet ist)*, dann ist er **Typ 1**, ist er eher *neutral ausgerichtet in Bezug auf seine Impulse (Leidenschaft der Trägheit, Bequemlichkeit, die tendenziell neutral ist)*, dann haben wir es mit **Typ 9** zu tun.

2.10.1.2 Schritt Nr. 2: Bestimmung der Untertypenzugehörigkeit

Innerhalb jedes der 9 Enneagramm-Muster existieren jeweils *drei sog. Untertypen*, 1. der *selbsterhaltende Untertyp* (Abkürzung: SE), der den *Fokus seiner Aufmerksamkeit* immer zunächst *auf sich selbst und das eigene Überleben richtet*, 2. der *soziale Untertyp* (Abkürzung: SO), der *seinen Aufmerksamkeitsfokus primär auf die Gemeinschaft mit anderen Menschen richtet* und 3. der *sexuell-aggressive oder Beziehungstyp* (Abkürzung: S), der *sich selbst immer fokussiert und definiert in Bezug auf einen Partner oder eine andere ihm vertraute Person im privaten Bereich*. Jeder Mensch hat *Anteile von allen drei Untertypen*, aber *zu unterschiedlichen prozentualen Anteilen*. In aller Regel stehen dabei *zwei von drei Untertypen-Ausprägungen im Vordergrund (es kann zwischen diesen beiden manchmal schwer sein zu entscheiden, welcher Untertyp letztlich die vorherrschende Ausprägung hat und somit den tatsächlichen Schwerpunkt-Untertypen bildet)*, während die *dritte verbleibende Ausprägung* des jeweiligen Untertyps immer eine *rezessive, untergeordnete, weniger ausgeprägte Rolle* einnimmt. Genauso wie wir im *9er-System des Enneagramms* die Energiezentren *Kopfzentrum (Typen 5, 6, 7), Herzzentrum (Typen 2, 3, 4)* und *Bauchzentrum (Typen 8, 9, 1)* vorfinden, gibt es auch innerhalb eines Enneagrammtyps jeweils *drei energetisch sehr unterschiedliche Facetten von*

Energien, bei denen man genau diese *energetischen Unterschiede des Vorherrschens eines dieser drei energetischen Zentren* auch *innerhalb eines Enneagrammtyps* erkennen kann: Beim *selbsterhaltenden Untertyp* herrscht eine *physikalische, körperorientierte, ein wenig mechanische Energie* vor, beim *sozialen Untertyp* vornehmlich eine *intellektuelle, an mentalen Vorgängen orientierte Energie* und beim *sexuell (-aggressiven) Untertyp* primär eine *emotionale, anregende, unmittelbare und mitunter auch deutlich aggressive Form der energetischen Qualität.* Ähnlich also dem *Netz der Indra,* welches der indischen Mythologie entstammt und nachdem das *Leben als riesiges Netzwerk* beschrieben wird, *dass das ganze Universum umfasst, in dem alles mit allem verbunden ist und wo jeder Kristall in diesem Netzwerk auf seiner Oberfläche jeden anderen Kristall widerspiegelt,* finden wir diese Entsprechungen auch innerhalb des Enneagramms *auf allen Ebenen des menschlichen Daseins.* Vergegenwärtigt man sich das *enge Zusammenspiel zwischen den 9 noch zu erörternden Leidenschaften der Enneagrammtypen* sowie *den drei möglichen Grundinstinkten,* wird allein dadurch schon *sehr viel Grundlegendes deutlich in Bezug auf das spezifische Verhalten eines Untertyps. Im Folgenden noch einmal eine ausführlichere Beschreibung der drei zu bestimmenden möglichen Untertypen (= Instinktvarianten):*

2.10.1.2.1 Selbsterhaltender Untertyp/Instinkt

Es handelt sich hier um Menschen, die vor allem *primär* damit beschäftigt sind, ihre *Grundbedürfnisse sicherzustellen,* sogar in unserer Wohlstandsgesellschaft neigen sie dazu. Sie beschäftigen sich sehr mit Themen wie *Geld, Essen, Wohnen, Gesundheit, körperliche Sicherheit und Komfort. Sicher sein* und eine gewisse *körperliche Bequemlichkeit* sind ihre *bevorzugten Aufmerksamkeitsschwerpunkte.* Schnell erkennt dieser Untertyp anstehende Probleme, z.B. wenn im Zimmer das Licht zu dunkel ist oder die Stühle nicht bequem genug sind oder aber sie bemerken sofort, wenn die Raumtemperatur nicht angemessen ist. Vieles dreht sich beim *selbsterhaltenden Untertyp* um *Nahrung und Getränke,* entweder übertreiben sie es damit oder aber genau das Gegenteil, sie haben strenge Diätvorstellungen. Im *gesunden (sehr bewussten)* oder auch im *normalen Bewusstseinszustand,* also wenn sie nicht chronisch oder akut erkrankt sein sollten, sind diese Menschen *am meisten praktisch veranlagt* von allen drei Untertypen, z.B. in der Form, dass sie den *grundlegenden Notwendigkeiten des Lebens wie* Rechnungen bezahlen, sich um Wohnraum und Arbeitsplatz kümmern, nützliche Aufgaben erledigen etc. gut gerecht werden. Geht dieser *selbsterhaltende Untertyp* aber *in Richtung Unbewusstheit bzw. Krankheit,* dann neigt er dazu, nicht mehr ausreichend für sich selbst sorgen zu können. Ungesunde *selbsterhaltende Untertypen* essen und trinken dann mitunter zu wenig oder aber zu viel, schlafen zu wenig, vernachlässigen also auf *irgendeinem Gebiet der Grundbedürfnisse* genau diese und in Fragen der eigenen Gesundheit reagieren sie dann häufig zwanghaft. Schließlich bekommen sie dann Schwierigkeiten, mit ihrem Geld angemessen umzugehen und agieren unfreiwillig auf höchst destruktive Art und Weise. Tendenziell denkt der *selbsterhaltende Untertyp* schon ohnehin *immer zuerst an sich selbst,* vor allem in Phasen tiefer Unbewusstheit wird er aber bisweilen zu einem *enorm egoistischen Menschen,* der *nur noch seine eigenen Interessen verfolgt* und die *Interessen anderer dabei völlig ausblenden kann.* Der *selbsterhaltende Untertyp* stellt sich die Frage: *Was brauche ich um zu überleben?* Wenn der Selbsterhaltungsinstinkt eines Menschen *am stärksten ausgeprägt* ist, bemüht sich dieser Mensch *primär* durch die *intensive Beschäftigung mit dem Überleben* und *mit materieller Sicherheit, Glück und Erfolg zu finden.*

2.10.1.2.2 Sozialer Untertyp/Instinkt

Dieser *Grundtrieb* des Menschen ist *stark fokussiert auf das Zusammenspiel mit anderen Menschen*, häufig hat er das Thema *„Selbstwertgefühl"* und dieses bezieht er durch seine *Teilnahme an kollektiven Tätigkeiten*, z.B. im Bereich Arbeit, Familie, Hobby, gesellschaftliche Veranstaltungen etc. Es geht hier aber nicht zwingend nur um gesellschaftliche Treffen oder ähnliches, sondern eher allgemein darum, *zu einem bestimmten gemeinsamen Zweck mit anderen Menschen in Kontakt zu treten und sich nach Möglichkeit mit ihnen auszutauschen*. Im Kampf um das menschliche Überleben im Rahmen der Evolution war dieser *soziale Instinkt*, der diesem sozialen Verhalten zugrunde liegt, sehr wichtig. Menschen sind auf sich allein gestellt ziemlich schwache, verletzliche Geschöpfe und wurden schnell Opfer der feindlichen Umwelt. Indem sie lernten, zusammen zu leben und zu arbeiten, haben unsere Vorfahren nicht nur die Voraussetzung dafür geschaffen, das nackte Überleben sicherzustellen, sondern auch gemeinsam etwas Größeres aufzubauen, Erfolg zu haben, den Lebensstandard über die Grundbedürfnisse hinaus deutlich zu verbessern, indem sie *soziale, hierarchische Strukturen* aufbauten. Daher kann man *das Verlangen nach Aufmerksamkeit, Bestätigung, Verehrung, Erfolg, Ruhm, Würdigung, Respekt, Führung und auch das Besitzstreben als Manifestationen des sozialen Instinkts* ansehen. **Soziale Untertypen** interessieren sich für alles, was um sie herum abläuft und *wollen einen gewichtigen Beitrag leisten für die Entwicklung der Menschheit, bewusst oder auch unbewusst*. Ihnen ist *das Gemeinwohl wichtiger als Einzelinteressen*, so wie tendenziell eher dem *selbsterhaltenden Untertyp*. Aber obwohl dieser **soziale Untertyp** sich sehr für andere Menschen interessiert, *vermeidet er nach Möglichkeit intime Nähe zu anderen Menschen*, vor allem wenn er sich in einem Ungleichgewicht befindet. Dann *zieht er sich eigentümlicherweise eher von seinen Mitmenschen zurück, kann mitunter sogar antisoziale Tendenzen zeigen, verabscheut am Ende gar seine Mitmenschen und nimmt alles sehr schnell übel, was andere ihm mitteilen*. Sie können sich vor allem dann besonders daneben benehmen, wenn sie *in Richtung Krankheit und Unbewusstheit* gehen. Der **soziale Untertyp** stellt sich die Frage: *Welchen Wert habe ich in der Gesellschaft?* Herrscht der *soziale Instinkt* vor, ist der Mensch darauf ausgerichtet, *ein Zugehörigkeitsgefühl, einen Platz und einen Status in der Gemeinschaft* zu erlangen.

2.10.1.2.3 Sexueller Untertyp/Instinkt

Viele, die sich mit dem Enneagramm beschäftigen, identifizieren sich vorschnell mit diesem Instinkt oder Grundtrieb, wahrscheinlich wegen der Idee, dass sich dahinter sexuell besonders attraktive Menschen verbergen. Natürlich liegt die Attraktivität eines Menschen im Auge des Betrachters und es gibt zahlreiche Menschen, die wir als *„sexy"* bezeichnen würden in allen drei Untertypen-Kategorien. Allerdings sind *Angehörige dieses **sexuellen Untertyps** in der Tat oft sehr attraktiv und wirken auf ihre Mitmenschen sehr anziehend*. Vielleicht denkt man aber auch, dass dieser Untertyp eher *glanzvoll, zauberhaft oder schillernd* daherkommt, wer möchte sich nicht damit identifizieren? Im gesunden Zustand neigt der **sexuell (-aggressive) Untertyp** sehr stark dazu, *intensive Erfahrungen in seinem Leben zu machen, nicht nur sexueller Art, sondern allgemein*. Diese *Intensität* kann z.B. dadurch erreicht werden, dass man sehr intensiv mit einem anderen Menschen ins Gespräch kommt in einer langen Unterhaltung oder aber gern interessante Filme schaut, die einen intensiv berühren. Oft ist der *sexuelle Untertyp* auch sehr empfänglich für Musik. Dieser *sexuelle Untertyp* wird immer gern abgegrenzt vom *sozialen Untertyp*, indem man meint, dass letzterer sich eher in größeren Gruppen wohl fühlt und darin aufgeht, während der **sexuelle Untertyp** im Gegensatz dazu angeblich eher in Zweier-Gesprächen auf

seine Kosten käme. Doch es geht dabei weniger um die Anzahl der Gesprächsteilnehmer, sondern eher und vielmehr um die *Intensität der Unterhaltung, des Kontaktes,* denn alle Menschen mögen mehr oder weniger, wenn sie mit einem Gegenüber ins Gespräch kommen. Der *sexuelle Untertyp* hat dabei aber immer den *besonderen Wunsch nach Intimität,* mehr als alle anderen Untertypen. Sie sind sozusagen „Vertrautheits-Junkies" und versuchen im menschlichen Miteinander immer wieder, *die Tiefen des Gegenübers vollständig auszuloten.* Dabei vergessen sie manchmal ihre eigenen Prioritäten, *geben sich dem anderen mehr hin als die anderen Untertypen,* wobei der *soziale Untertyp* sich immer noch eine gewisse vage Grenze bewahrt, der *selbsterhaltende Untertyp* diese deutlich ausbaut, der *sexuelle Untertyp* diese Grenze aber oft nicht oder nur unzureichend kennt und bewahrt, was mitunter auf seine Mitmenschen aufdringlich wirken mag. In seiner *unbewussten, zur Krankheit tendierenden, stark neurotisch geprägten Form verliert der **sexuelle Untertyp** dann gänzlich seine eigene Fokussierung,* wird mitunter *sexuell promiskuitiv* oder hat zumindest *ein immer deutlicheres Verlangen, seine Sexualität hemmungslos auszuagieren,* auch auf Kosten und zum Nachteil seiner Mitmenschen. Oder aber er reagiert genau gegenteilig und *entwickelt starke Ängste und Dysfunktionen gegenüber Sexualität, Intimität und allgemeiner Vertrautheit anderen Menschen gegenüber.* In beiden Fällen bleibt dieser *sexuelle **Untertyp*** auf seine Weise aber stets *intensiv,* ob er nun *exzessiv handelt oder vermeidend.* Hinter diesem *starken Bedürfnis dieses Untertyps nach Nähe und Intimität gegenüber anderen* und auch seiner *Umwelt* steht das *starke Bedürfnis nach Lebendigkeit, die dieser Typ besonders in seinen Lebensumständen sucht.* Der *sexuelle Untertyp* stellt sich die Frage: *Was bereitet mir Vergnügen, Lust?* Wenn der *sexuelle Instinkt* bei einem Menschen primär vorhanden ist, *scheint eine intime Beziehung besondere Befriedigung zu versprechen. Im Englischen wird er daher auch treffend als „One-to-One-Typ" bezeichnet.*

2.10.1.3 Schritt Nr. 3: Bestimmung der primär vorherrschenden Leidenschaft

Im Folgenden werden nun die primär vorherrschenden Leidenschaften der einzelnen Enneatypen genauer beschrieben, wobei die Schwierigkeit darin besteht, den *sog. „blinden Fleck"* für die eigene Leidenschaft deutlich erkennen zu können. Oft wird diese typische Leidenschaft eines Menschen eher von den Mitmenschen um ihn herum erkannt und spiegelt sich so einseitig gelebt in zwischenmenschlichen Konflikten wider, da jeder Mensch eben mehr oder weniger blind ist für die eigenen seelischen Anteile. In Bezug auf die Leidenschaften ist also viel Bewusstseinsarbeit notwendig, *um die eigene Leidenschaft als wesentlichen inneren Antrieb im Leben (sog. intrinsische Motivation)* zu erkennen. Besonders schwierig ist diese Bewusstseins- und Erkenntnisarbeit bei den *sog. Kontratypen,* die ihre jeweilige primär vorherrschende Leidenschaft regelmäßig unbewusst negieren oder vermeiden und sie somit für andere und sich selbst nicht so deutlich nach außen leben bzw. wahrnehmen, Zum besseren Verständnis werden nachfolgend die *neun grundlegenden vorherrschenden Leidenschaften* der *neun in Frage kommenden Enneatypen* nach der Enneagramm-Lehre näher skizziert:

2.10.1.3.1 Grundleidenschaft von Typ 1: Der Zorn

Zorn *(= starkes und heftiges Gefühl, das negativ gegen etwas oder jeden gerichtet ist, Ärger, Wut, Groll, Selbstgerechtigkeit)* **Zorn** *(= ein starkes und heftiges Gefühl, das negativ gegen etwas oder jemanden gerichtet ist, Ärger, Rage, Verärgerung, Wut, heftiger, leidenschaftlicher Unwille, heftig aufwallender Ärger; in Form der Wut ist der Zorn verbunden mit einer Kränkung und dem Verlangen*

nach Vergeltung.) (Anmerkung: Der Zorn (lat. ira) ist ein elementarer Zustand starker emotionaler Erregung mit unterschiedlich aggressiver Tendenz, der zum Teil mit vegetativen Begleiterscheinungen verknüpft ist. Sein Gegenstück ist die Milde, Sanftmut. Einerseits tritt er als heftiger Ärger, wutartiger Affekt, als Jähzorn oder als Zornesausbruch auf, der zu unkontrollierten Handlungen oder Worten führen kann. Der Zorn erscheint dann als Beherrscher des Menschen, der seinerseits seine Gefühlsregungen nicht mehr kontrolliert. Andererseits tritt Zorn als anhaltendes, gerecht erscheinendes „Zürnen" auf (auch als Groll, veraltet Grimm oder stärker Ingrimm bezeichnet). Zorn ist eher gegen eine bestimmte Person oder Gruppe gerichtet, während die Wut genauso nach allen Seiten explodieren kann. Der Wut geht im Gegensatz zum Zorn eine Kränkung voraus (etwa eine zutiefst ungerechte Behandlung), die den auf Vergeltung oder Genugtuung gerichteten Erregtheitszustand psychologisch speist. Beim Zorn hingegen speist sich die Erregtheit eher zum Beispiel aus der Versagung eines Anspruchs oder Bedürfnisses (etwa das zornige Kind, das eine Süßigkeit nicht bekommen hat, oder der zornige Vater, dem der Respekt verwehrt wurde). Das Ziel ist hier weniger die Vergeltung, sondern der deutliche Ausdruck von Unmut und Unzufriedenheit, mit dem Ziel, das Gegenüber unmissverständlich zu warnen. Zorn ist der unterschwellige Ärger über die eigene Unvollkommenheit sowie die Unvollkommenheit anderer.) Ist mein lebendiges Menschsein primär geprägt von Zorn oder der Vermeidung von Zorn (beim Kontratyp der Eins)?

2.10.1.3.2 Grundleidenschaft von Typ 2: Der Stolz

Stolz *(= unangemessene Selbstzufriedenheit, aufgeblasenes Selbstwertgefühl, Hochmut, Selbstgefälligkeit)* **Stolz** *(= übergroße Selbstzufriedenheit, Gegenstand oder Person des gehobenen Selbstwertgefühls, Hochmut, der Stolz ist die Freude, die der Gewissheit entspringt, etwas Besonderes, Anerkennenswertes oder Zukunftsträchtiges geleistet zu haben, eine angeborene, elementare Emotion, die durch eindeutige, universelle in allen menschlichen Kulturen gleichartige Gesten und Gebärden ausgedrückt wird, z.B. durch aufrechte Körperhaltung mit stolzgeschwellter Brust, zurückgelegtem Kopf, Armen vom Körper gestreckt, stellt eine bestimmte Art von persönlicher Eitelkeit dar, die auf der eigenen Zufriedenheit mit sich selbst und seinen Leistungen im Sinne eines „persönlichen Statussymbols" beruht, Stolz besteht in der uneingestandenen Abhängigkeit von der Gunst anderer.) Ist mein lebendiges Menschsein vielleicht primär geprägt von Stolz oder der Vermeidung von Stolz (beim Kontratyp der Zwei)?*

2.10.1.3.3 Grundleidenschaft von Typ 3: Die Eitelkeit

Eitelkeit *(= übertriebene Sorge um den äußeren Schein und die eigene Vollkommenheit, Täuschung, Unwahrheit)* **Eitelkeit** *(= übertriebene Sorge um die eigene körperliche Schönheit oder die geistige Vollkommenheit, den eigenen Körper, das Aussehen und die Attraktivität oder die Wohlgeformtheit des eigenen Charakters, das Eitelsein, gehoben veraltet: Nichtigkeit, Vergeblichkeit, Vergänglichkeit, Leerheit; Gefallsucht, Affigkeit, Dandytum, Geckenhaftigkeit, Koketterie, Selbstgefälligkeit, abwertend: Inhaltslosigkeit, Hohlheit, Substanzlosigkeit, Wertlosigkeit, Zwecklosigkeit, Eitelkeit und Lüge bestehen in der Selbststilisierung nach dem Ideal von Einfluss und Effizienz und entspringen einem maßlosen Verlangen nach Bewunderung.) Ist mein lebendiges Menschsein vielleicht primär geprägt von Eitelkeit oder der Vermeidung von Eitelkeit (beim Kontratyp der Drei)?*

2.10.1.3.4 Grundleidenschaft von Typ 4: Der Neid

Neid (= *negativer Gefühlszustand in Bezug auf den Besitz und das Glück anderer, Missgunst, Niedergeschlagenheit*) **Neid** (= *der intensive negative Gefühlszustand von Menschen, wenn sie den Besitz, Erfolg, den körperlichen Vorzug oder das Glück eines anderen beobachten können, das sie nicht haben, aber ihm missgönnen, „Das Gras auf der anderen Seite des Zauns ist immer grüner!", soziale Missgunst, Gegenteil: Gönnen,* **veraltet:** *Gesinnung, dem Feind im Kampf zu schaden, feindselige Gesinnung, Neid bezeichnet den Wunsch der neidenden Person, selbst über mindestens als gleichwertig empfundene Güter (materieller oder nichtmaterieller Art) wie die beneidete Person zu verfügen, Neid ist die melancholische Eifersucht auf das scheinbare Glück anderer und wurzelt in der Sehnsucht nach der vollendeten Beziehung oder Situation.) Ist mein lebendiges Menschsein vielleicht primär geprägt von Neid oder der Vermeidung von Neid (beim Kontratyp der Vier)?*

2.10.1.3.5 Grundleidenschaft von Typ 5: Der Geiz

Geiz (= *heftiger Unwille, etwas abzugeben, Habgier, Habsucht*) **Geiz** (= *heftiger Unwille etwas* abzugeben, abstoßende, übertriebene Sparsamkeit, Knauserigkeit, der Ausdruck Geiz (von *mittelhochdeutsch* gīt[e]: ‚Gier', ‚Habgier') *bezeichnet eine* zwanghafte oder übertriebene Sparsamkeit, damit verbunden auch den *Unwillen, Güter zu teilen.* Geizhals oder Geizkragen ist eine tadelnde Bezeichnung für eine Person, die unabhängig von ihrer wirtschaftlichen Lage das Hergeben von Gütern und Geld möglichst vermeidet, auch auf Kosten des eigenen Lebensstandards. *Geiz ist der Rückzug in den Blickwinkel des wissenden Beobachters, der es versäumt, sich selbst in das Leben zu investieren.) Ist mein lebendiges Menschsein vielleicht primär geprägt von Geiz oder der Vermeidung von Geiz (beim Kontratyp der Fünf)?*

2.10.1.3.6 Grundleidenschaft von Typ 6: Die Angst

Angst (= *Gefühl der existenziellen Furcht oder Sorge, etwa bei einer Bedrohung, Furcht, Zweifel*) **Angst** (= *menschliches Grundgefühl, welches sich in als bedrohlich empfundenen Situationen* als Besorgnis und unlustbetonte Erregung äußert. Auslöser können dabei erwartete Bedrohungen etwa der körperlichen Unversehrtheit, der Selbstachtung oder des Selbstbildes sein. Begrifflich wird dabei die *objektunbestimmte Angst* von der *objektbezogenen Furcht* unterschieden. Weiterhin lässt sich die *aktuelle Emotion Angst* unterscheiden von der *Persönlichkeitseigenschaft Ängstlichkeit*, also häufiger und intensiver Angst zu fühlen als andere Menschen. Angst kann sowohl *bewusst* als auch *unbewusst* wirken. Entstehen durch Angst andauernde Kontrollverluste oder Lähmungen, wird von einer *Angststörung* gesprochen.) (Anmerkung: Angst kann im Gegensatz zur Furcht nicht näher bestimmt werden, ein ungewisses, nicht bestimmbares Gefühl, das ängstliche Empfinden liegt immer in der Gegenwart, Angst hat man „*bei etwas*", Furcht hat man „*vor etwas*" in der Zukunft, jemand kann den Gegenstand seiner Angst nicht identifizieren. *Angst oder Feigheit, wenn sie zur Grundhaltung wird, ist nichts anderes als eine Verweigerung gegenüber dem Leben.) Ist mein lebendiges Menschsein vielleicht primär geprägt von Angst oder der Vermeidung von Angst (beim Kontratyp der Sechs)?*

2.10.1.3.7 Grundleidenschaft von Typ 7: Die Maßlosigkeit, Völlerei

Maßlosigkeit, Völlerei (= *Eigenschaft, kein Maß halten zu können, maßlos, unmäßig und unersättlich zu sein, Unstetigkeit*) **Maßlosigkeit, Völlerei** (= *im engeren Sinne versteht man darunter Gefräßigkeit, Verfressenheit, Fresssucht, Schwelgerei, Maßlosigkeit, Unersättlichkeit, Unmäßigkeit, das Laster des maßlosen, unmäßigen, übermäßigen Essens und Trinkens, die Unersättlichkeit, mehr haben zu wollen, als man verdauen oder vertragen kann; im weiteren Sinne versteht man unter Völlerei die Charaktereigenschaft (das Laster eines Menschen) die ihn zu einem ausschweifenden, maßlosen und unersättlichen Leben führt und ihn somit undankbar gegenüber dem Schöpfer und der Gaben des Lebens werden lässt, gemeinhin bekannt als die sechste der sieben Todsünden! Völlerei ist die planvolle Organisation des Lebens mit dem Ziel, einmal erlebtes Vergnügen sinnlicher, emotionaler oder geistiger Natur zu wiederholen und zu steigern.) Ist mein lebendiges Menschsein vielleicht primär geprägt von Maßlosigkeit, Völlerei oder der Vermeidung von Maßlosigkeit, Völlerei (beim Kontratyp der Sieben)?*

2.10.1.3.8 Grundleidenschaft von Typ 8: Die Wollust

Wollust (= *zügelloses, leidenschaftliches, unkontrolliertes Verlangen, Begierde, Unzucht, Lust, Exzess*) **Wollust** (= *Gefühl der Lust und der sexuellen Begierde, das besonders bei sexueller Erregung und Befriedigung sexueller Wünsche besteht, Wonne, Vergnügen, veraltet: Freude, Ergötzung, Fröhlichkeit, Ausschweifungen, Laster; Lebensweise, die durch Lasterhaftigkeit, Unsittlichkeit und das Sündigen gekennzeichnet ist, Reiz, Süße; ursprünglich hat dieses Wort also nicht diese anrüchige, pejorative Bedeutung im Sinne von „Laster" und „Ausschweifung", sondern war eher eine Bezeichnung für „Lustgefühl" und „etwas, das Freude bereitet", Wollust äußert sich in einer geradezu lustvoll-schamvollen Aggression und ist Reaktion auf ein verletztes Gerechtigkeitsempfinden.) Ist mein lebendiges Menschsein vielleicht primär geprägt von Wollust oder der Vermeidung von Wollust (beim Kontratyp der Acht)?*

2.10.1.3.9 Grundleidenschaft von Typ 9: Die Trägheit

Trägheit (= *das Bestreben von physikalischen Körpern, in ihrem Bewegungszustand zu verharren, Bequemlichkeit, Faulheit, Bewegungslosigkeit, Lustlosigkeit*) **Trägheit** (= *Charaktereigentschaft des Trägeseins, Bequemlichkeit, Behäbigkeit, Schwerfälligkeit, mitunter Faulheit, Masseträgheit, Beharrungsvermögen, veraltet: im Sinne des lateinischen „Acedia" (latinisiert aus griech. ἀκήδεια „Sorglosigkeit", „Nachlässigkeit", „Nichtsmachenwollen" von κῆδος kēdos „Sorge") ist ein Ausdruck der christlichen Spiritualität und bezeichnet eine Haltung, die sich „gegen Sorge, Mühe oder Anstrengung wendet" und darauf „mit Abneigung, Überdruss oder Ekel" reagiert, also im Sinne einer Trägheit des Herzens, einer geistigen Lustlosigkeit, Trägheit ist die spirituelle Passivität oder mangelnde Antriebskraft hinsichtlich der Suche nach der eigenen „Essenz".) Ist mein lebendiges Menschsein vielleicht primär geprägt von Trägheit oder der Vermeidung von Trägheit (beim Kontratyp der Neun)?*

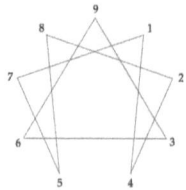

2.10.2 *Vorgehensweise Nr. 2:* Bestimmung des Triaden-Zentrums - Reaktionen innerhalb dieses vorherrschenden Zentrums

Eine etwas andere direktere und und in der Praxis vielfach einfachere Vorgehensweise bei der Bestimmung des richtigen Menschentyps des Enneagramms *(wobei bei dieser 2. Variante aber die besonderen Eigenschaften der instinktiven Untertypen keine Berücksichtigung finden)* besteht darin, sich *folgende **zwei Fragen*** zu beantworten: *1. **Welches Zentrum** (Kopf-, Herz- oder Bauchzentrum mit den jeweiligen Grundthemen Kopf: Gedanken - Angst, Herz: Image - Scham und Bauch: Instinkte - Aggressionen)* **springt** *in Hinblick auf die Herausforderungen in den Lebensumständen bei dem zu bestimmenden Patienten **immer als erstes, also vorherrschend (= dominant) an?** 2. **Wie reagiert der Patient dabei innerhalb seines vorherrschenden** (dominanten) **Zentrums in Bezug auf Denken** (Kopfzentrum), **Fühlen** (Herzzentrum) **oder den Instinkt** (Bauchzentrum)?*

2.10.2.1 Schritt Nr. 1: Bestimmung des Triaden-Zentrums

Wie bereits weiter oben dargestellt geht es bei der ***Bestimmung des Triaden-Zentrums*** um die Frage, ob man ein ***Kopf-, Herz- oder Bauchmensch bzw. -typ*** ist.

2.10.2.1.1 Die Kopftriade *(Denktriade, Angst und allgemeines Verlangen nach Sicherheit)*

Die ***Typen 5, 6 und 7*** sind von *Unsicherheit* in Anspruch genommen. Sie erleben einen *Mangel an innerer Führung und Unterstützung*. Hinter ihren Abwehrmechanismen verstecken sich die *Angst und die Furcht*. - **5, 6, 7**

Kopfzentrum als Primärzentrum des Handelns *(„VaterIntelligenz", „Vater-Prinzip", "Licht-Energie", Qualität: intellektuell, sog. Sach-Trias)* - **5, 6, 7**

2.10.2.1.2 Die Herztriade *(Gefühlstriade, Scham und allgemeines Verlangen nach Aufmerksamkeit)*

Die ***Typen 2, 3 und 4*** sind von ihrem *Selbstbild oder Image* in Anspruch genommen. Sie *verwechseln in besonderer Weise ihr wahres Selbst mit ihrer nach außen getragenen Persönlichkeit* und *identifizieren sich* mit den *(angeblichen) Vorzügen* ihrer *(falschen) Persönlichkeit*. Hinter ihren Abwehrmechanismen versteckt sich die *Scham*. - **2, 3, 4**

Herzzentrum als Primärzentrum des Handelns *(„Mutter-Intelligenz", „Mutter-Prinzip", „Wärme-Energie", Qualität: emotional, sog. Beziehungs-Trias)* - **2, 3, 4**

2.10.2.1.3 Die Bauchtriade *(Instinkttriade, Aggression und allgemeines Verlangen nach Autonomie)*

Die ***Typen 1, 8 und 9*** sind von der Aufrechterhaltung ihres *Widerstands gegen die Wirklichkeit* in Anspruch genommen. Sie erzeugen *Grenzen in Bezug auf das bewusste Sein*, die vor allem auf *physischen Spannungen* beruhen. Ihre Probleme haben meist zu tun mit *Aggression und Repression* (= Verdrängung oder Unterdrückung der eigenen Aggressionen oder Handlungsenergien). Hinter ihrem Abwehrmechanismus versteckt sich in der Tiefe also die *Aggression*. - **1, 8, 9**

Bauchzentrum als Primärzentrum des Handelns *(„Kind-Intelligenz", „Kind-Prinzip", „Raum-Energie", **Qualitäten:** instinkthaft, aktiv, sog. Handlungs-Trias)* - **1, 8, 9**

2.10.2.2 Schritt Nr. 2: Bestimmung der Reaktionen innerhalb dieses vorherrschenden Zentrums

*Von der energetischen Grundenergie bzw. **Leidenschaft** her eher **nach außen gerichtet** (extrovertiert, überschießend, übertrieben = Typen 5, 2, 8), eher **nach innen gerichtet** (introvertiert, umgewandelt, umfunktioniert = Typen 7, 4, 1) oder aber eher **neutral** (= verborgen, unterdrückt, blockiert = Typen 6, 3, 9)?*

Ü
120
121
130

2.10.3 *Vorgehensweise Nr. 3:* Die intuitive Methode

Diese 3. Vorgehensweise ist eher intuitiv, zumindest im ersten Schritt. In diesem *ersten Schritt* überlegt man, **welche energetische Ausstrahlung** der Mensch hat: Kopfbetont? Herzbetont? Bauchbetont? In einem *zweiten Schritt* wird geschaut, ob *diese Ausstrahlung* **vorherrschend** eher **extrovertiert** (Typen 2, 5, 8), **introvertiert** (Typen 1, 4, 7) oder **neutral** (Typen 3, 6, 9) ist. Danach bestimmt sich dann wie bereits beschrieben der entsprechende Enneagrammtyp.

Ü
10

2.10.4 *Vorgehensweise Nr. 4:* Orientierung an den klassischen 9 Motivations- und Handlungsmustern

Man orientiert sich hierbei primär klassisch an den *jeweiligen Motivations- und Handlungsmustern* der *neun beschriebenen Enneagramm-Muster und die jeweils zutreffenden Aussagen (Typen 1 - 9), die man in den nachfolgenden Tabellen ankreuzen kann. Dabei sprechen tendenziell viele zutreffende Aussagen für das Vorliegen eines bestimmten Enneagrammtyps, wenige zutreffende Aussagen eher gegen den einen oder anderen Typ. Wenn man sich beim Ankreuzen bei gewissen Aussagen unbehaglich fühlt, ist das häufig ein Indiz dafür, dass man mit diesem Thema mehr zu tun hat als einem bewusst ist. Ist man sich bei der einen oder anderen Aussage unsicher, sollte man durchaus die engsten Vertrauten um deren Meinung fragen:*

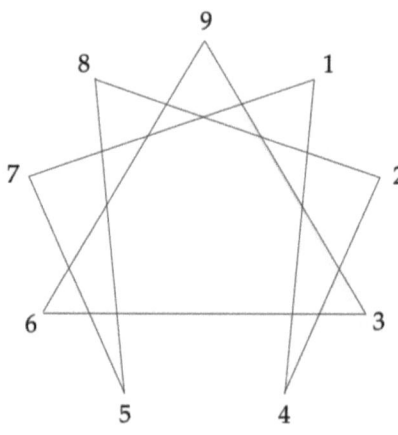

2.10.4.1 Aussagen zu *Typ 1, dem Prinzipienorientierten (Perfektionsdrang, alles soll möglichst korrekt sein und seine Ordnung haben!)*

Ich halte mich gern an Recht und Ordnung, bin verantwortungs- und pflichtbewusst.
Ich möchte, dass sich möglichst alle an die Spielregeln halten.
Wenn Menschen zu spät kommen, hasse ich das, es ärgert mich innerlich enorm.
Über bestimmte Dinge kann ich mich sehr lange ärgern.
Von meiner Natur her bin ich praktisch und realistisch veranlagt.
Oft fühle ich mich schuldig, wenn ich mich ausruhe oder entspanne.
Insgeheim fürchte ich mich vor der Kritik und dem Urteil anderer Menschen.
Es gibt für mich entweder nur richtig oder falsch, ich bin innerlich sehr streng.
Ich vergleiche mich immer schnell mit anderen und möchte dann oft Erster sein.
Man kann sich meistens sehr gut auf mich verlassen, ich bin sehr zuverlässig.
Details sind für mich von großer Bedeutung, manchmal bin ich ein wenig pingelig.
Ich denke nicht oft über meine eigenen Bedürfnisse nach.
Ich neige zu vergleichendem Denken in „Entweder-oder-Kategorien" (gut/schlecht, richtig/falsch, Recht/Unrecht, groß/klein, wichtig/unwichtig etc.)
Ich achte die Selbstständigkeit anderer Menschen und dränge mich ihnen nicht auf.
Beim ersten Kontakt mit anderen bin ich eher zurückhaltend und abwartend.
Eigentlich habe ich insgeheim immer das Gefühl, dass ich Recht habe.
Spontaneität fällt mir sehr schwer, ich kann innerlich oft nicht loslassen, entspannen.
Ich achte sehr auf grammatische und orthographische Genauigkeit.
Wenn ich im Laufe des Tages mein Pensum nicht schaffe, fühle ich mich schuldig.
Ich habe hohe Ideale, bin anspruchsvoll gegenüber den anderen und mir selbst.
Ich lege Wert auf korrektes Verhalten und Aussehen bei anderen und mir selbst.
Anschaffungen überlege ich mir sehr genau und sie müssen von hoher Qualität sein.

Wahrheit und Gerechtigkeit sind mir sehr wichtig und müssen durchgesetzt werden.

Ich mache mir häufig Sorgen um die Widrigkeiten des Lebens.

Es ist nicht gut und richtig, Zorn zu empfinden und sich nicht zu beherrschen.

Meine Arbeit möchte ich so gut wie nur möglich machen, Fehler sind mir zuwider.

Insgesamt habe ich große Angst davor, Fehler zu begehen.

Ich kann nur schwer verzeihen, wenn man mir etwas angetan hat.

Gern trage ich meine beste Kleidung und fühle mich dann sauber und wohl.

2.10.4.2 Aussagen zu *Typ 2, dem Liebesorientierten* (*Helferdrang, für andere da ein!*)

Meine Verwandten und Freunde brauchen mich und eigentlich brauche ich sie auch.

Oft ist mir nicht ganz klar, wer ich wirklich bin, weil ich mich im anderen verliere.

Meine persönliche Freiheit ist mir besonders wichtig, sonst werde ich ungemütlich.

Ich finde es gut, wenn mich mich braucht und um Rat fragt und ich helfen kann.

Ich möchte anziehend wirken, aber nicht unbedingt immer gleich Sex haben.

Für gewöhnlich erwarte ich für meine Hilfe keine direkte Gegenleistung.

Es ist aufregend für mich, die Liebe eines Menschen zu gewinnen.

Ich passe mich dem Menschen an, mit dem ich gerade zusammen bin.

Es fällt mir häufig schwer, völlig unabhängig von anderen zu denken und zu handeln.

Ich bin verletzt, wenn ich nicht die Nähe bekomme, die ich von anderen benötige.

Oft wünsche ich mir, wenn ich ehrlich bin, Anerkennung und Bestätigung.

An meine Freunde, Verwandten und Bekannten stelle ich hohe Erwartungen.

Ich drücke menschliche Wärme gern durch Körperkontakt aus.

Meine (emotionalen) Bedürfnisse verberge ich häufig vor den anderen.

Häufig bin ich mir gar nicht sicher, welche Bedürfnisse ich eigentlich habe.

Gern bin ich mit wichtigen und bedeutenden Menschen zusammen.

Ich habe Angst, in mein Inneres hineinzuschauen, orientiere mich lieber an anderen.

Beziehungen zu anderen Menschen sind mir sehr wichtig und tun mir gut.

Oft tue ich Dinge nur deshalb, um anderen zu gefallen, dass sie stolz auf mich sind.

Wenn ich anderen meine wahren Bedürfnisse mitteilen würde, würde ich bestimmt zurückgewiesen werden.

Ich habe insgeheim Angst, von anderen betrogen, verraten und verkauft zu werden.

Ich fürchte Zurückweisungen und nehme Zurücksetzungen sehr persönlich.

Ich bin die starke Frau hinter dem erfolgreichen Mann oder umgekehrt.

Ich bin sehr stolz auf das, was ich Gutes tue und was ich geschafft habe im Leben.

Wenn jemand böse auf mich ist, dann ertrage ich das nur sehr schwer oder gar nicht.

Ich bin es oft echt leid, immer nur die Gebende zu sein.

Eigentlich habe ich, wenn ich ehrlich bin, Angst vor echter Nähe und Intimität.

Ich bin leicht verletzt, wenn ich kritisiert werde und nehme es schnell persönlich.

Oft habe ich den Eindruck oder das Gefühl, dass man mich nicht genug wertschätzt.

2.10.4.3 Aussagen zu *Typ 3, dem Erfolgsorientierten* *(Erfolgsdrang, das Ziel ist der Weg!)*

Ich bin tüchtig, erfolgreich und verfolge meine Ziele mit Eifer.

Ich bin leistungs-, wettbewerbs- und erfolgsorientiert und halte meistens durch.

Ich bin aktiv und dynamisch, manchmal auch innerlich unruhig und aufgedreht.

Leerlaufzeiten und Erholungsphasen vermeide ich (oft ganz unbewusst).

Man liebt mich vor allem für meine Leistungen, meinen Fleiß und meine Effektivität.

Oft weiß ich gar nicht, was ich wirklich fühle, ich arbeite hart und viel.

Die Arbeit geht bei mir immer vor, vor allem vor persönliche Gefühle.

Meine Außenwirkung auf andere und in der Öffentlichkeit ist mir sehr wichtig.

Meine Zeit verschwende ich nicht sehr gern.

Ich tue gern mehrere Dinge zugleich und bin multitaskingfähig.

Meine Ziele erreiche ich eigentlich immer, das ist mir äußerst wichtig.

Ich gebe gern die Regeln vor und gebe ungern das Ruder aus der Hand.

Nach außen hin kann ich mich sehr gut verkaufen, viele nehmen mich positiv wahr.

Meine eigenen Leistungen stelle ich sehr gern übertrieben positiv dar.

Ich erkenne instinktiv, wer für mich nützlich sein kann und wer eher nicht.

Ich bin sehr begeisterungsfähig, vor allem wenn es um meine Ziele geht.

Manchmal werde ich von anderen als täuschend oder emotional abwesend erlebt.

Oft handle ich spontan, ohne groß nachzudenken, intuitiv, emotionslos und kühl.

Ich tendiere zu Konkurrenz- und Wettbewerbsdenken und kann schlecht verlieren.

Ich bin sehr zielstrebig und ehrgeizig, man liebt mich für meine Leistungen.

Ich kann Menschen leicht dazu bringen, mir Vertrauen zu schenken.

Ich beurteile Personen oft danach, ob sie meinen Zwecken und Absichten dienen.

Ich sorge geschickt und charmant für die Unterhaltung in geselligen Situationen.

Finanzielle Sicherheit ist mir extrem wichtig, ein Leben in Armut unvorstellbar.

Ich konzentriere mich stets auf das Positive, hole das Beste aus anderen Menschen heraus, aber meide negative Menschen.

Wirklich wichtig ist mir, dass ich meine Arbeit schaffe und zu Ende bringen kann.

Ich brauche viel Anerkennung, werde gern gelobt, das schmeichelt meiner Seele.

Ich spreche ungern über mein privates/persönliches Leben und Empfinden.

Mein öffentliches Image ist mein wahres Ich und ich möchte von allen respektvoll behandelt werden.

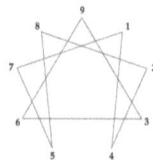

2.10.4.4 Aussagen zu *Typ 4, dem Selbstorientierten* *(Drang, andersartig oder etwas Besonderes zu sein!)*

Mich selbst und meine emotionalen Tiefen zu verstehen ist mir sehr wichtig.
Manchmal koste ich regelrecht das Gefühl des Schmerzes, der Melancholie aus.
Häufig erlebe ich wahre Wechselbäder von Gefühlen, himmelhochjauchzend - zu Tode betrübt.
Wichtige Entscheidungen treffe ich hauptsächlich nach meinen Gefühlen.
Oft habe ich sehr melancholische Phasen, zum Teil auch depressive Episoden.
Ich verspüre häufig ein eigenartiges Gefühl des Verlustes oder des Mangels.
Gefühle der Traurigkeit und der Melancholie lebe ich gern aus.
Dinge, die zu leicht zu bekommen sind, erscheinen mir nicht so viel wert.
Ich schätze tiefgründige Beziehungen mit Niveau.
Ich hoffe, dass die Liebe (= der richtige Partner) mir das große Glück bringen kann.
Irgendwie bin ich anders als andere und gehöre nirgendwo richtig hin.
Selbst erlebe ich mich als herzlich und sensibel, andere erleben mich eher ernst und zurückhaltend, manchmal gar schüchtern.
Ich möchte, dass mich meine Mitmenschen als etwas Besonderes wahrnehmen und man meiner Seele auf den Grund kommt.
Die Eigenheiten/Besonderheiten anderer Menschen ärgern mich.
Ich möchte nicht so sein wie andere, sondern etwas ganz Besonderes.
Auffällige, einzigartige Menschen interessieren mich immer sehr.
Ich kann mich über die Schönheit der Natur sehr freuen.
In Liebesbeziehungen wünsche ich mir wahre Intimität und echte Romantik.
Ich will oft mehr als ich habe und mag nicht, wenn man mich kontrolliert.
Ich achte darauf, dass andere mir gegenüber integer und vertrauenswürdig sind.
Ich konzentriere mich gedanklich und oft auch emotional auf die Vergangenheit oder die Zukunft, selten auf die Gegenwart.

Ich bin sehr sensibel für die Gefühle anderer und verfüge über große Empathie.

Ich sehe häufig mehr das Negative als das Positive in meinen Lebenssituationen.

Ich bin nicht von der Mode abhängig, aber doch modebewusst.

Ich tendiere dazu, Mitmenschen in verwickelte Beziehungsdramen einzubeziehen, bin aber eine gute Stütze in einer Krise.

Es verletzt mich sehr, wenn man mich vergisst, nicht entsprechend beachtet oder gar einseitig kritisiert, das nehme ich dann sehr persönlich.

Ich kann nur äußerst schwer verzeihen, vergeben und vergessen.

Manchmal nehme ich es bewusst in Kauf, zwischenmenschlich anzuecken.

Niemand kann und wird mich je verstehen können.

2.10.4.5 Aussagen zu *Typ 5, dem Erkenntnisorientierten* (*Erkenntnisdrang, unpersönliche Interessen!*)

Ich kann sehr gut auf viele Dinge verzichten, wenn es notwendig ist.

Meine Freunde kennen sich einander nicht und das ist auch gut so.

Für mich ist Selbstbeherrschung eine Tugend und daher anzustreben.

Vor Intimität und zu heftigen Gefühlen habe ich große Angst.

Manchmal stelle ich das Telefon ab, um einfach mal nicht gestört zu werden.

Es fällt mir oft schwer, andere um etwas zu bitten.

Allzu theatralische Menschen mag ich nicht und bin selbst eher nüchtern und sachlich orientiert.

Nur wenn ich ganz allein bin, kann ich mich auch schon einmal meinen Gefühlen hingeben.

Ich teile mein Leben gedanklich in verschiedene Bereiche auf und liebe es, zu beobachten.

Gern bin ich mit Leuten zusammen, die sich in meinem Sachgebiet auch gut auskennen, mit denen ich dann fachsimpeln kann.

Ich liebe Systeme, die die verschiedenen Arbeitsweisen von Menschen analysieren.

Ich finde es toll, mich in meinem speziellen Fachgebiet auszukennen, dort ein großer Experte zu sein.
Ich bin lieber der stille Beobachter der Dinge, als dass ich aktiv mitmache.
Ich kann Lebensvorgänge recht gut objektiv analysieren mit einer gewissen mentalen Distanz.
Ich bin eher ein Einzelgänger und engagiere mich nicht allzu gern.
Ich möchte immer darüber informiert sein, was mich zukünftig erwartet.
Ich mag es nicht, wenn man zu viel Wirbel um mich als Person macht.
Manchmal beobachte ich mich ganz objektiv während des Tages.
Manchmal fühle ich mich anderen gegenüber intellektuell überlegen.
Ich kann mich stundenlang meinen Interessen/Hobbys/Projekten widmen.
Partys, große Menschenmengen etc. sind mir regelmäßig zuwider.
Ich kann mein Leben und die Dinge des Lebens am besten rückblickend genießen.
Wenn man mich fragt, was ich fühle, weiß ich darauf oft keine Antwort.
Viele meiner Mitmenschen halten mich für etwas dröge und emotionskarg.
Ich habe ein großes Bedürfnis, dass man mich als kompetent wahrnimmt.
Manchmal wirke ich ein wenig unnahbar auf meine Mitmenschen.
Ich neige zum Rückzug, zum Verschwinden und zum emotionalen Unbeteiligtsein.
Ich reagiere oder antworte häufig mit intellektueller Weitschweifigkeit.
Ich fürchte mich vor einem Einbruch in meine Privatsphäre, in mein Inneres, in meine Gedankenwelt.

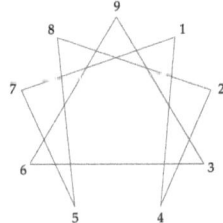

Ich denke tendenziell eher nach, als dass ich handle.

Ich vergesse sehr gern die guten Zeiten und erwarte häufig Probleme.

Innerlich leiste ich häufig gern Widerstand, ich habe manchmal eine rebellische Ader.

Manchmal bin ich sehr misstrauisch und vermute Hintergedanken bei Menschen.

Wenn ich mich dazu entschlossen habe, mich für eine Sache zu engagieren, dann bin ich dabei sehr loyal.

Ich fühle mich oft innerlich unsicher und mitunter gedanklich verwirrt, verzweifelt.

Ich habe eine blühende Phantasie und höre oft die Flöhe husten.

Ich hege oft ängstliche oder auch sorgenvolle Gedanken und rechne häufig mit dem Schlimmsten.

Ich verhalte mich häufig unangepasst und stelle gern alles in Frage.

Ich bin voller innerer Widersprüche, Befürchtungen und Misstrauen.

Ich befürchte oft, dass sich meine Situation noch verschlimmern könnte.

Ich kann sehr aufbrausend sein und mitunter auch recht wütend.

Ich akzeptiere keine Autoritäten (= kontraphobischer Typ 6).

Ich kann Gefahren ins Auge sehen.

Es fällt mir mitunter schwer, Projekte ganz zu Ende zu bringen.

Ich möchte immer gern alles richtig machen.

Ich betrachte die Welt als gefährlichen Ort.

Ich überlege lange, bevor ich einen Konflikt anspreche.

Ich scheitere manchmal lieber, als dass ich Erfolg habe.

Autoritäten misstraue ich besonders, kann ohnehin anderen schwer vertrauen.

Ich setze mich gern für Schwächere und Benachteiligte ein.

Ich zeige überhaupt nicht gern, dass ich zornig bin.

Gern setze ich mich für eine gute Sache ein.
Ich bin verantwortungs- und pflichtbewusst.
Ich verliere häufig mein Selbstvertrauen und bin recht selbstkritisch.
Ich verhalte mich oft bestimmend und direkt.
Ich bin intelligent, humorvoll und geistreich.
Ich verhalte mich loyal gegenüber Autoritäten, die ich anerkennen kann.
Ich registriere intuitiv atmosphärische Stimmungen in meiner Umgebung.

2.10.4.7 Aussagen zu *Typ 7, dem Lustorientierten* (*Drang nach Spaß, Freude, Vergnügen, Lust, Genuss!*)

Ich mag Unterhaltung, Ablenkung, Spaß und Vergnügen jeglicher Art.
Eigentlich bin ich ein glücklicher Mensch.
Ich kann Langeweile nicht so gut ertragen, bin lust- und spaßorientiert.
Ich kann mich immer recht gut und charmant aus einer Sache herausreden.
Mit depressiven Menschen kann ich persönlich nicht so gut umgehen.
Ich bin schnelllebig, vielseitig und brauche immer Abwechslung im Leben.
Vergnügen und Freude am Leben ziehe ich persönlich immer harter Arbeit vor.
Ich bin überzeugter Optimist und schmiede gerne Zukunftspläne.
Ich bin kein guter Zuhörer, aber selbst kann ich sehr gut Geschichten erzählen.
Ich bekomme in aller Regel, was ich will und gönne mir gern etwas.
Ich halte mir gern alle Möglichkeiten und ein Hintertürchen offen.
Ich habe eigentlich wenig Probleme und nehme das Leben allgemein eher leicht.
Gern bin ich mit anderen Menschen zusammen, weil ich ein geselliger Mensch bin.
Ich verdränge gern unangenehme Dinge und bin ein „Schmerzflüchter".
Ich möchte das Beste aus meinem Leben herausholen.
Ich mag es gern leicht und denke nicht allzu viel über das Leben nach.

Ich bin gern mit geistreichen und witzigen, humorvollen Menschen zusammen.

Durch eine positive Lebenseinstellung und positives Denken kann man viele Probleme lösen.

Über Verluste komme ich schneller hinweg als andere Menschen.

Ich habe hohe Ideale und bin positiv ausgerichtet.

Ich mag nicht so gern Verpflichtungen und Verantwortlichkeiten.

Ich möchte mich einerseits engagieren und andererseits aber auch meine Freiheit und Unabhängigkeit bewahren.

Aufgrund mangelnder Fokussierung lasse ich mich oft zu leicht ablenken.

Oft habe ich mehrere Projekte gleichzeitig am laufen.

Ich mache sehr gern zwischendurch ein paar Späße und bin gern lustig und heiter.

„Don`t worry, be happy" ist eines meiner Lebensmottos.

Man sollte sich das Leben nicht zu schwer machen und es nicht zu ernst nehmen.

Unangenehme Ereignisse vergesse ich relativ rasch.

Ich sage oft meine Meinung, auch in Anbetracht von massivem Gegenwind.

2.10.4.8 Aussagen zu *Typ 8, dem Machtorientierten* (*Macht- und Kontrolldrang über andere!*)

Ich übernehme gern die Verantwortung für mich und andere.

Ich verfüge über unendlich viel Energie und Stärke im Vergleich zu anderen.

Ich traue anderen oft keine Eigenverantwortung zu und unterstütze sie daher lieber.

Gerechtigkeit und Wahrheit sind wichtige Themen in meinem Leben.

Ich tue oft Dinge mit großem Einsatz, voller Power und Durchsetzungskraft.

Manchmal bin ich sehr aggressiv, wütend oder schnell ärgerlich.

Ich respektiere Menschen, die sich zu ihrer Meinung bekennen.

Es gibt im Grunde genommen nur eine richtige Meinung: Meine!

Mit meiner Meinung halte ich nicht hinter dem Berg.

Ich kann sehr gut Entscheidungen treffen, für mich und auch für andere.

Ich arbeite hart, schaffe viel, mit Durchsetzungs- und Willenskraft.

Wenn ich jemandem vertraue, macht mich das verletzlich.

Ich schaue regelmäßig, wem ich die Schuld zuschieben kann.

Schuldige sollten auch bestraft werden.

Ich verhalte mich häufig nonkonformistisch.

Ich bin machtorientiert, durchsetzungsstark und agiere kämpferisch.

In einer Gruppe verhalte ich mich eher als Beobachter.

Ich habe gern die Entscheidungsmacht und kann andere Menschen gut führen und leiten.

Ich lebe eher exzessiv, das Normalmaß übersteigend.

Ich neige dazu, Regeln zu brechen. Kompromiss? Was soll das sein?

Ich verteidige die Schwachen, beschütze Menschen, die mir nahe stehen.

Ich langweile mich, wenn es keine Konflikte oder Anregungen gibt.

Ich werde leicht wütend, möchte die Kontrolle und kann Streitsituationen gut aushalten. Allgemein kann ich sehr gut mit Zorn umgehen.

Ich kann mich sehr unverblümt und deutlich ausdrücken.

Ich mag keine Vorspiegelung falscher Tatsachen.

Ich benutze Zorn und Sex, um Menschen nahe zu kommen.

Ich hasse es, abhängig und unselbstständig zu sein.

Ich sehe alles entweder schwarz oder weiß, mir fehlen häufig auch die menschlichen Zwischentöne.

Ich habe gern Klarheit, bin direkt um Umgang, trete selbstbewusst und raumgreifend auf.

Wichtige Dinge schiebe ich gern bis zuletzt auf.
Es fällt mir schwer, „nein" zu sagen.
Freunde sagen, ich sei oft ein wenig zerstreut, verwirrt oder geistig abgehoben.
Die Vergangenheit ist sehr real für mich.
Ich möchte von anderen geschätzt und gewürdigt werden.
Ich kann sehr gut die Gefühle anderer nachempfinden.
Ich zeige sehr ungern meinen Zorn, oft empfinde ich ihn überhaupt nicht bewusst.
Ich neige dazu, meine Wut zurückzuhalten, die erst später deplaziert herausbricht.
Manchmal geht bei mir nichts mehr, dann bin ich stur.
Wenn ich meine Meinung wirklich sage, dann wird mich der andere verlassen.
Ich kann Stunden mit unwichtigen Dingen verbringen.
Es fällt mir sehr schwer zu wissen, was ich wirklich will.
Im Grunde beschreiben mich alle Enneagrammtypen gleichermaßen.
Ich kann alle Seiten eines Problems, ich nehme alles „gleich wichtig".
Ich fühle mich eins mit anderen Menschen und der Natur.
Es fällt mir recht schwer, Entscheidungen zu treffen, ich weiß oft gar nicht, was ich wirklich will.
Ich vermeide eigene Positionen, Wünsche und Gefühle zu spüren.
Oft schließe ich mich den Vorschlägen anderer an.
Ich verteidige nicht oft meinen Standpunkt, lasse anderen gerne den Vortritt.
Andere Menschen haben meines Erachtens eine festere Meinung als ich.
Ich möchte oft heimlich die Regeln brechen.
Ich bin einfach gern mit Menschen zusammen.
Oft denke ich an viele Dinge auf einmal und bin ein leidenschaftlicher Sammler.

Es fällt mir immer wieder schwer, eine Arbeit anzufangen.
Ich unterstütze gern andere Menschen.
Eigene Bedürfnisse stelle ich häufig als unwichtig zurück.
Ich muss mich oft zu Dingen aufraffen.
Ich bin ein friedliebender Zeitgenosse.
Tendenziell nehme ich mich selbst nicht allzu wichtig.

2.10.5 *Vorgehensweise Nr. 5:* Orientierung an den 27 Untertypen (Instinktvarianten)

Ü
13
122
123
124
125
126
130

Man orientiert sich *primär* an den **ausführlichen Beschreibungen der 27 Untertypen** des Ennea-gramms, ähnlich wie bei der *1. Vorgehensweise, jedoch deutlich detaillierter.* Diese 27 Instinktvarianten wer-den ausführlich in meinem Buch „Rathmer's großes Enneagramm-Lexikon von A-Z" beschrieben, da eine solche ausführliche Darstellung der Absicht und den Rahmen dieses Buches sprengen würde. Alle notwendigen Beschreibungen zur *Untertypenbestimmung* finden sich daher dort unter den jewei-ligen Einträgen *(Stichpunkten)* in diesem *Enneagramm-Lexikon.* Mein Buch *„Die 27 Persönlichkeiten des Enneagramms"* befasst sich darüber hinaus ausschließlich mit der Beschreibung der 27 instinktiven Untertypen des Enneagramms. Hier nun aber ein kleiner Überblick über die 27 Subtypen des Ennea-gramms in Form einzelner Kurzbeschreibungen. Vor allem geht es nachfolgend darum, wie der jewei-lige Instinkt sich mit der entsprechenden Leidenschaft koppelt und so zu den typischen Verhaltensmus-tern führt:

2.10.5.1 Selbsterhaltender Untertyp der 1 - *Kurzbeschreibung*

Der permanent vorhandene verborgene innere Zorn koppelt sich mit dem Selbsterhaltungsinstinkt und führt dadurch vermehrt zur Besorgnis in Angelegenheiten der Selbsterhaltung und des Überlebens. - **SE 1**

2.10.5.2 Selbsterhaltender Untertyp der 2 - *Kurzbeschreibung*

Der permanent vorhandene verborgene innere Stolz koppelt sich mit dem Selbsterhaltungsinstinkt und führt dadurch vermehrt zu einer „Ich zuerst"-Mentalität, einer primären selbsterhaltenden Sorge nur um sich selbst und das eigene Überleben. - **SE 2**

2.10.5.3 Selbsterhaltender Untertyp der 3 - *Kurzbeschreibung*

Die permanent vorhandene verborgene innere Eitelkeit koppelt sich mit dem Selbsterhaltungsinstinkt und führt dadurch vermehrt zu einem ausgeprägten Streben nach materieller Sicherheit. - **SE 3**

2.10.5.4 Selbsterhaltender Untertyp der 4 - *Kurzbeschreibung*

Der permanent vorhandene verborgene innere Neid koppelt sich mit dem Selbsterhaltungsinstinkt und führt dadurch vermehrt zu einem unerschrockenen Aushalten des Schmerzes am Rande des Abgrunds und zur Selbsteinschränkung. - **SE 4**

2.10.5.5 Selbsterhaltender Untertyp der 5 - *Kurzbeschreibung*

Der permanent vorhandene verborgene innere Geiz koppelt sich mit dem Selbsterhaltungsinstinkt und führt dadurch vermehrt zum Bedürfnis nach Rückzug an einen sicheren Rückzugsort und zu einer Hamster-Mentalität. - **SE 5**

2.10.5.6 Selbsterhaltender Untertyp der 6 - *Kurzbeschreibung*

Die permanent vorhandene verborgene innere Angst koppelt sich mit dem Selbsterhaltungsinstinkt und führt dadurch vermehrt zur ängstlich-freundlichen Anpassung an die Umwelt. - **SE 6**

2.10.5.7 Selbsterhaltender Untertyp der 7 - *Kurzbeschreibung*

Die permanent vorhandene verborgene innere Völlerei (Unersättlichkeit) koppelt sich mit dem Selbsterhaltungsinstinkt und führt dadurch vermehrt zur Aufrechterhaltung einer erweiterten Familie mit dem Ziel, Halt und Sicherheit im Familienverbund aufrechtzuerhalten. - **SE 7**

2.10.5.8 Selbsterhaltender Untertyp der 8 - *Kurzbeschreibung*

Die permanent vorhandene verborgene innere Wollust (Gier) koppelt sich mit dem Selbsterhaltungsinstinkt und führt dadurch vermehrt zum absoluten Verlangen nach einem befriedigenden Überleben und dem Streben nach Selbstbestimmung. - **SE 8**

2.10.5.9 Selbsterhaltender Untertyp der 9 - *Kurzbeschreibung*

Die permanent vorhandene verborgene innere Trägheit (Bequemlichkeit) koppelt sich mit dem Selbsterhaltungsinstinkt und führt dadurch vermehrt zum übermäßig irdischen Appetit und zum Bedürfnis nach Ersatzbefriedigung. - **SE 9**

2.10.5.10 Sozialer Untertyp der 1 - *Kurzbeschreibung*

Der permanent vorhandene verborgene innere Zorn koppelt sich mit dem sozialen Instinkt und führt dadurch vermehrt zur Nichtanpassung in sozialen Angelegenheiten der Gemeinschaft. - **SO 1**

2.10.5.11 Sozialer Untertyp der 2 - *Kurzbeschreibung*

Der permanent vorhandene verborgene innere Stolz koppelt sich mit dem sozialen Instinkt und führt dadurch vermehrt zu sozialem Ehrgeiz, dem Bedürfnis, gesellschaftlich über den anderen zu stehen, zur Einflussnahme auf gesellschaftlich wichtige Personen und dem dringenden Bedürfnis nach gesellschaftlicher Reputation. - **SO 2**

2.10.5.12 Sozialer Untertyp der 3 - *Kurzbeschreibung*

Die permanent vorhandene verborgene innere Eitelkeit koppelt sich mit dem sozialen Instinkt und führt dadurch vermehrt zur Prestigesucht, dem verstärkten Bedürfnis zu brillieren und zum Streben nach öffentlichem Ansehen. - **SO 3**

2.10.5.13 Sozialer Untertyp der 4 - *Kurzbeschreibung*

Der permanent vorhandene verborgene innere Neid koppelt sich mit dem sozialen Instinkt und führt dadurch vermehrt zu selbstabwertendem Vergleichen im sozialen Kontext, zur Selbsterniedrigung und zu ausgeprägten Schamgefühlen. - **SO 4**

2.10.5.14 Sozialer Untertyp der 5 - *Kurzbeschreibung*

Der permanent vorhandene verborgene innere Geiz koppelt sich mit dem sozialen Instinkt und führt dadurch vermehrt zu dem Bedürfnis nach Rückzug in eine (idealisierte) geistige Welt und dem Bedürfnis nach Beschäftigung mit dem Außergewöhnlichem, einem Totem. - **SO 5**

2.10.5.15 Sozialer Untertyp der 6 - *Kurzbeschreibung*

Die permanent vorhandene verborgene innere Angst koppelt sich mit dem sozialen Instinkt und führt dadurch vermehrt zur Orientierung an Gesetzen, Normen und Regeln sowie zum Bedürfnis nach besonderer Pflichterfüllung. - **SO 6**

2.10.5.16 Sozialer Untertyp der 7 - *Kurzbeschreibung*

Die permanent vorhandene verborgene innere Völlerei (Unersättlichkeit) koppelt sich mit dem sozialen Instinkt und führt dadurch im Rahmen der sozialen Gruppe vermehrt zur Abwehr des genusssüchtigen inneren Anteils (sog. Kontra-Völlerei), dem Bedürfnis zu gefallen durch Gutsein und einer ausgeprägten Opferbereitschaft bis hin zur sozialen Märtyrerhaltung. - **SO 7**

2.10.5.17 Sozialer Untertyp der 8 - *Kurzbeschreibung*

Die permanent vorhandene verborgene innere Wollust (Gier) koppelt sich mit dem sozialen Instinkt und führt dadurch vermehrt zum starken Bedürfnis nach Aufrechterhaltung von Freundschaften, Komplizenschaften, bei denen allerdings oft nur der eigene Wille durchgesetzt wird. - **SO 8**

2.10.5.18 Sozialer Untertyp der 9 - *Kurzbeschreibung*

Die permanent vorhandene verborgene innere Trägheit (Bequemlichkeit) koppelt sich mit dem sozialen Instinkt und führt dadurch vermehrt zum starken Bedürfnis nach Teilnahme (Partizipation) an sozialen Gruppen und der Gesellschaft. - **SO 9**

2.10.5.19 Sexueller Untertyp der 1 - *Kurzbeschreibung*

Der permanent vorhandene verborgene innere Zorn koppelt sich mit dem sexuellen Instinkt und führt dadurch vermehrt zur Eifersucht gegenüber dem Partner. - **S 1**

2.10.5.20 Sexueller Untertyp der 2 - *Kurzbeschreibung*

Der permanent vorhandene verborgene innere Stolz koppelt sich mit dem sexuellen Instinkt und führt dadurch vermehrt zu einem von Manipulation, Verführung, Angriff, Eroberung und Aggression geprägtem Verhalten zur Bedürfnisbefriedigung. - **S 2**

2.10.5.21 Sexueller Untertyp der 3 - *Kurzbeschreibung*

Die permanent vorhandene verborgene innere Eitelkeit koppelt sich mit dem sexuellen Instinkt und führt dadurch vermehrt zum Bedürfnis, einer Person besonders zu gefallen, dem Streben nach Akzeptiertsein in Beziehungen und dem Image der Verkörperung einer perfekten Weiblichkeit bzw. Männlichkeit. - **S 3**

2.10.5.22 Sexueller Untertyp der 4 - *Kurzbeschreibung*

Der permanent vorhandene verborgene innere Neid koppelt sich mit dem sexuellen Instinkt und führt dadurch vermehrt zum Wettbewerb (Rivalität) mit den beneideten anderen, zu Konkurrenz (-kampf) und Entwertung anderer Menschen („Verletzte Menschen verletzen Menschen!") - **S 4**

2.10.5.23 Sexueller Untertyp der 5 - *Kurzbeschreibung*

Der permanent vorhandene verborgene innere Geiz koppelt sich mit dem sexuellen Instinkt und führt dadurch vermehrt zum Bedürfnis nach Rückzug in eine verlässliche Beziehung, Vertrauen, Vertraulichkeit, Zutrauen und Zuversicht. - **S 5**

2.10.5.24 Sexueller Untertyp der 6 - *Kurzbeschreibung*

Die permanent vorhandene verborgene innere Angst koppelt sich mit dem sexuellen Instinkt und führt dadurch vermehrt zum Bedürfnis nach Demonstration von Stärke (mitunter mit einschüchterndem Verhalten), der Verwandlung der eigenen Person ins Schöne und einer angstabwehrenden Haltung. - **S 6**

2.10.5.25 Sexueller Untertyp der 7 - *Kurzbeschreibung*

Die permanent vorhandene verborgene innere Völlerei (Unersättlichkeit) koppelt sich mit dem sexuellen Instinkt und führt dadurch vermehrt zu genussorientiertem Optimismus in Beziehungen, zu Träumen und Idealen, zur erhöhten Reizempfänglichkeit und Beeinflussbarkeit (leichte Entflammbarkeit, Leichtgläubigkeit). - **S 7**

2.10.5.26 Sexueller Untertyp der 8 - *Kurzbeschreibung*

Die permanent vorhandene verborgene innere Wollust (Gier) koppelt sich mit dem sexuellen Instinkt und führt dadurch vermehrt zum Bedürfnis, den zentralen Raum in Beziehungen einzunehmen, zur Verführung und Faszination der Mitmenschen und dem Streben nach Besitz und Hingabe. - **S 8**

2.10.5.27 Sexueller Untertyp der 9 - *Kurzbeschreibung*

Die permanent vorhandene verborgene innere Trägheit (Bequemlichkeit) koppelt sich mit dem sexuellen Instinkt und führt dadurch vermehrt zum Bedürfnis nach Verschmelzung, Vereinigung und Symbiose mit anderen Menschen. - **S 9**

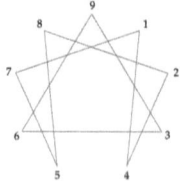

2.11 Schwierigkeiten bei der Typbestimmung - Hauptgründe für eine Fehltypisierung

Manchmal gestaltet sich die Bestimmung des Enneatyps in der homöopathischen Praxis als relativ einfach, in anderen Fällen allerdings kann die Typbestimmung nach dem Enneagramm sich als äußerst schwierig und langwierig erweisen. Dafür gibt es *zahlreiche Gründe:*

2.11.1 Tiefe Unbewusstheit erschwert das Erkennen des Enneagrammtyps

Zunächst besteht bei uns allen und damit im Wesen des Menschen begründet immer ein gewisser Mangel an ausreichender Selbsterkenntnis, an Bewusstheit dem Leben und den eigenen seelischen Anteilen gegenüber, die uns ja größtenteils nicht bewusst sind. Durch die regelmäßige Beschäftigung mit dem Enneagramm befinden wir uns allerdings auf einem guten Selbsterkenntnisweg, können aber insofern auch nichts erzwingen! Manchmal leben aber auch relativ unbewusste Zeitgenossen bestimmte unterschiedliche Wesenszüge etwa gleich stark aus, vor allem, wenn sie ein sehr starkes Ego besitzen. Dann fällt es mitunter sehr schwer, aufgrund dieser vielen unterschiedlichen Facetten ihres menschlichen Ausdrucks den wirklich vorherrschenden, „roten Faden" der primären Grundleidenschaft im Gesamtzusammenhang zu erkennen.

Ü
13
30
123
129

2.11.2 Sog. „blinder Fleck"

Bei der Selbstbestimmung kann man seine wahre innere Leidenschaft, die den Motor für das eigene Handeln darstellt, aufgrund des **sog. „blinden Flecks"** für eigene psychologische Anteile der Seele meistens nicht erkennen. Biblisch gesprochen kann man zwar den Splitter im Auge des Nächsten durchaus gut erkennen, aber den Balken im eigenen Auge eben nicht. Dieser blinde Fleck für unbewusste innere Seelenanteile ist oft so hartnäckig, dass man es kaum für möglich hält, wenn man ihn im Gegensatz dazu bei anderen wiederum deutlich und klar beobachten kann.

Ü
13
30
129
131

2.11.3 Komplexer Lebenshintergrund

Ein weiterer wichtiger Grund für Schwierigkeiten bei der Typisierung ist ein mitunter sehr komplexer Lebenshintergrund, also z.B. kulturelle, familiär bedingte Überlagerungen, frühe Kindheitstraumata, frühkindlicher Missbrauch, einseitige Erziehung, Deprivationserfahrungen in der Kindheit, Kindheitsdefizite allgemein oder andere persönliche Lebenseinschnitte oder Schicksalsschläge, bei denen sich gewisse Persönlichkeitsschichten überlagern und die Typisierung daher zunächst nicht korrekt vorgenommen werden kann, weil diese überlagerten Persönlichkeitsschichten den klaren Blick auf den darunter liegenden ursprünglichen Persönlichkeitskern auch für den erfahrenen Therapeuten verzerren bzw. verdunkeln können.

Ü
131

2.11.4 Typisierung nach dem Handlungs- und Verhaltensmuster

Ein äußerst zentraler Grund und grundlegender Fehler bei der Typisierung besteht darin, dass man häufig (unbewusst) versucht, den Typ aufgrund des immer noch relativ oberflächlichen Handlungs- und Verhaltensmuster eines Menschen (ähnlich der Mittelbestimmung im Rahmen der bereits geschilderten gemütsorientierten Homöopathie auf der Verhaltensebene des Patienten, vgl. unter Kapitel 1.4) bestimmen zu wollen. Auf dieser Ebene ist aber eine zuverlässige und präzise Typbestimmung einfach nicht möglich. Erst auf der

Ü
10
13
30
122
124
125
126

darunterliegenden tieferen motivationalen Ebene und mitunter noch tiefer auf der Ebene der Grundleidenschaften kann eine solche verlässliche Typisierung sicher und auch gedanklich nachvollziehbar vorgenommen werden. Das gilt im übrigen auch für die sog. Untertypenbestimmung. Man kann diese keineswegs nur auf der Verhaltensebene eines Menschen treffen, denn auf dieser Ebene sind die Ausdrucksmöglichkeiten der Grundleidenschaften und der entsprechenden intrinsischen Motivationen sowie der noch weiter darunter liegenden drei Grundinstinkte im Rahmen der Untertypenlehre recht variationsreich und vielschichtig. Erst wenn man gerade bei den Untertypenausprägungen genau schaut, wo der Schwerpunkt liegt, also entweder im selbsterhaltenden, sozialen oder sexuellen bzw. Beziehungsbereich, kann auch dort der Untertyp sicher bestimmt werden, nicht aber auf der Ebene des nach außen gezeigten Verhaltens eines Menschen. So kann z.B. ein selbsterhaltender Typ 6 in seinem Verhalten durchaus kontraphobische, also angstabwehrende Anteile besitzen, ist aber dennoch primär in der Tiefe seines Wesens ängstlich um seine Selbsterhaltung besorgt (sog. Angst in Bezug auf die Selbsterhaltung beim selbsterhaltenden Untertyp der Sechs). Umgekehrt kann auch z.B. der sexuelle Typ 6, der sog. kontraphobische Sechser oder auch Kontratyp der Sechs genannt auf der Ebene seines äußeren Verhaltens durchaus mehr zurückhaltende, zögernde Verhaltensweisen zeigen, dennoch ist er in seiner Tiefe weit unterhalb seiner oberflächlichen Verhaltens- und Handlungsmuster vom sexuellen Grundinstinkt geleitet und angetrieben und seine Angst erstreckt sich primär auf Beziehungen (sog. Angst in Bezug auf Beziehungen beim sexuellaggressiven Untertyp der Sechs). Wir müssen also immer genau schauen, auf welcher Ebene wir uns befinden und dementsprechend die passenden Fragen stellen, ansonsten kommt es regelmäßig zu Unsicherheiten und Verwirrungen bei der Typbestimmung bzw. Untertypbestimmung.

2.11.5 Einseitiges Verlassen auf Typenteste

Ü

13
30
129
131

Manchmal haben Menschen einfach nur irgendeinen oder einige Teste im Internet absolviert, weil diese in aller Regel kostenfrei sind. Nun, das kann natürlich auch ein Argument sein und auf das Ergebnis hat man sich dann oft einseitig verlassen. Hierzu sei gesagt, dass solche Teste für den ersten Einstieg ins Thema sicher interessant und auch hilfreich sind, aber sich darauf einseitig zu verlassen ist wirklich nicht empfehlenswert, allein schon deshalb, weil man eben, das lernen wir ja immer wieder durch das Enneagramm, für die eigenen Persönlichkeits- und vor allem die innerpsychischen motivationalen Anteile in uns in aller Regel blind sind, das ist ja der bekannte sog. blinde Fleck für eigene innerseelische Anteile! Und das ist ja häufig genau das Hauptproblem, dass uns unsere eigenen unbewussten Anteile gerade eben nicht bewusst sind; daher darf man sich keinesfalls einseitig auf solche Teste verlassen, denn diese gehen einfach nicht individuell genug auf den zu typisierenden Menschen ein. Sie stellen lediglich ein grobes Raster dar und können deshalb bestenfalls nur eine erste oberflächliche Orientierung geben. Und genau dafür sind sie konzipiert worden, nicht, um sich bezüglich seines Enneatyps endgültig festlegen zu können.

2.11.6 Experten ohne tieferes Wissen/ohne grundlegende Erfahrungen

Man kann auch manchmal einfach Pech haben, dass man mit einem unerfahrenen Enneagramm-Lehrer in Kontakt gekommen ist. Denn nicht jeder, der sich Enneagramm-Lehrer oder Enneagramm-Experte oder Enneagramm-Coach nennt, ist unbedingt auch ein sol-

cher. Doch auch als Laie kann man solche schwarzen Schafe recht schnell erkennen, z.B. durch einseitige Aussagen wie: *„Du bist wirklich ein bisschen rechthaberisch, mit Sicherheit bist du Typ 1!"* oder *„Du bist aber immer sehr liebevoll, bestimmt bist du ein Typ 2!"* oder *„Du hast damals den Lokal-Marathon gewonnen, da kannst du eigentlich nur Typ 3 sein, denn was sonst kann dich motiviert haben bei diesem sportlichen Wettkampf als zu gewinnen und als Sieger hervorzutreten?"* oder *„Typ 4 kann man immer dadurch erkennen, dass er total unglücklich ist"* oder *„Interessant, du hast so viele Bücher in deinem Leben gelesen, dann bist du wohl Typ 5!"* oder *„Alle Sechser haben ständig Angst!"* oder *„Ach, du bist aber ein innovativer, vielseitig interessierter Typ? Ja dann bist du wahrscheinlich Typ 7!"* oder *„Du wirkst so bedrohlich und einschüchternd auf mich, du kannst nur ein Typ 8 sein!"* oder *„Neuner schlucken ihren Ärger und Zorn immer herunter, das weiß doch jeder. Außerdem kannst du überhaupt kein Neuner sein, dafür bist du einfach nicht dick genug!"* Das alles sind nur nur pauschale Vorurteile, die einer zuverlässigen Typisierung regelmäßig im Wege stehen.

2.11.7 Erhöhte Bewusstheit erschwert das Erkennen der Charakterfixierung

Schließlich kann ein Grund für eine falsche Typisierung die erhöhte Bewusstheit eines Menschen sein, denn je bewusster ein Mensch ist, desto weniger deutlich macht er Gebrauch von seinem spezifischen Abwehrmechanismus namens Enneagrammfixierung. Daher ist es bei sehr bewussten Menschen oft besonders schwierig, den wahren Enneagrammtyp erkennen zu können. Auch bei extrem unbewussten Menschen kann es sich wie schon unter 2.11.1 erwähnt mit der Typbestimmung schwierig gestalten, weil stark unbewusste Patienten mitunter eine im Laufe ihres Lebens „multiple Persönlichkeit" entwickelt haben. Dann bleibt einem der tiefere Einblick unterhalb dieser zahlreichen im Laufe der Jahre aufgebauten Persönlichkeitsschichten auf die wahre intrinsische Motivation solcher Menschen oft verwehrt. Generell betrachtet kann man durch größere Unbewusstheit eines Menschen diesen aber deutlich leichter typisieren als eine sehr bewusste Person. Der unbewusste Mensch selbst verliert darüber hinaus mit Zunahme seiner Unbewusstheit zunehmend auch die Fähigkeit zur Selbsttypisierung, weil er seine sog. blinden Flecken für eigene Seelenanteile im tief unbewussten Zustand nicht mehr erkennen kann. Einige schwierig zu bestimmende relativ bewusste Menschen haben hingegen im Laufe ihres Lebens durch die unterschiedlichsten Bewusstseinsprozesse ein gewisses Gleichgewicht in ihren egozentrierten Persönlichkeitsstrukturen erreicht, was zur Folge hat, dass bewusste Menschen ihre Leidenschaften eben nicht so stark nach außen ausagieren. Demnach ist auch der vorherrschende innere Antrieb (als grundlegender Abwehrmechanismus) dieser Menschen oft von außen betrachtet nur schwer zu erkennen. Nur der Enneagramm-Experte kann in solchen Fällen durch ein gewissenhaftes Studium am lebendigen Menschen die „entlarvenden" Zeichen erkennen und deuten. Grundsätzlich sind also bewusste Menschen deutlich schwieriger zu diagnostizieren bzw. zu typisieren als tendenziell eher unbewusste Menschen.

2.11.8 Komplexität des menschlichen Daseins und des Enneagrammsystems

Das Enneagramm-System ist außerordentlich komplex und es kann mitunter einige Zeit der Selbsterkenntnis dauern, bis man seinen wahren Enneagrammtyp sicher und zuverlässig herausgefunden hat. Diese Komplexität hat ihre Ursache in der Dynamik des Enneagramms selbst mit seinen zahlreichen Verbindungslinien, Flügeln, Subtypen, Intelligenz-Zentren Kopf Herz - Bauch, Typähnlichkeiten, usw..., aber auch in der zu typisierenden

Person. Vor allem kommt es dabei auf den bereits erwähnten Bewusstseinsgrad an, ferner auf dem eigenen persönlichen Entwicklungsweg, vor allem in Bezug auf den sog. blinden Fleck für eigene Seelenanteile, für die innerste Grundleidenschaft und für die eigenen Antriebs- und Handlungsmuster. Eine Typisierung kann sich also auch aus Gründen der komplexen Persönlichkeit, die letztlich auch wieder in der eigenen Person ihren Ursprung haben, in der Praxis als sehr kompliziert gestalten, zumal sich viele Typen an der Oberfläche ihres Verhaltens aufgrund sehr ähnlicher Charakteristika und sonstiger menschlicher Qualitäten stark ähneln.

2.11.9 Wunschdenken als Problem bei der Typbestimmung

Schließlich liegt eine Hauptschwierigkeit bei der Typbestimmung nach dem Enneagramm oft auch in einem menschlich verständlichen Wunschdenken begründet. Denn es gibt nicht wenige Enneagramm-Interessierte, die sich allzu vorschnell typisieren und so regelmäßig eine falsche Rolle einnehmen, die Ihnen zunächst einmal recht gut gefällt. Typisch ist z.B., dass man sich als hilfsbereit vorkommt und sich gleich als Geber, Helfer und damit als Typ 2 des Enneagramms charakterisiert, obwohl das Geben und Helfen mehr oder weniger eigentlich in der Natur fast jedes Menschen liegt. Viele können aber hier nicht die notwendige selbstreflektierende Bewusstheit aufbringen. Das ist an sich nur menschlich, aber eben ein großes Problem bei der Selbsttypisierung nach dem Enneagramm.

2.11.10 Verbergen von Charakterschwächen

Menschen neigen allgemein (meistens unbewusst, manchmal auch bewusst) dazu, ihre Schwächen vor ihren Mitmenschen und vor allem auch vor sich selbst möglichst (und mehr oder weniger erfolgreich) zu verbergen. Bei der ernsthaften Typbestimmung sollte man sich und auch den zu bestimmenden Patienten klar machen, dass man nur auf dem Wege der Ehrlichkeit den jeweiligen Enneatyp erfolgreich bestimmen kann.

2.11.11 Starkes Verweilen im Stresspunkt bei chronischen Erkrankungen

Ein letzter wichtiger Grund für eine Fehltypisierung ist eine (chronische) Erkrankung. Meine Patienten kommen oft im Zustand eines starken Ungleichgewichtes in Form von langwieriger chronischer Krankheit in meine Praxis. Man kann dann häufig den wahren Enneagrammtyp nicht immer sofort eindeutig erkennen, weil der Mensch so stark in seinen Stresspunkt „gerutscht" ist, dass er häufig mehr Anzeichen, Qualitäten, Eigenschaften und vor allem Symptome des jeweiligen Stresspunktes zeigt als Zeichen seines wirklichen ursprünglichen Enneagrammtyps. (siehe dazu auch unter 13. Übersicht am Ende des Buches - Krankheitsverhalten!) Der Patient erkennt sich dann interessanterweise ebenfalls relativ häufig in seinem Stresspunkt wieder. Hier muss man genau schauen, ob es darüber hinaus noch weitere Anhaltspunkte dafür gibt, dass der Patient nur während der Krankheit unbewusst in seinen Stresspunkt Zuflucht genommen hat, z.B. in dem man nachfragt, welche Persönlichkeitsmerkmale er vor seiner Erkrankung aufwies und wie die Krankheit dahingehend eine Veränderung bewirkt hat.

2.11.12 Mögliche Schwierigkeiten bei Kontratypen (= ein Drittel aller Patienten!)

Ü 122 124

Bei den **sog. Kontratypen**, die ihr innewohnendes Prinzip (unbewusst) ja regelmäßig verneinen, oder negieren, kann es sehr schwer bis unmöglich sein, dieses verdrängte eigene Prinzip wirklich erkennen zu können, weil der entsprechende innerpsychische Abwehrmechanismus einfach zu stark agiert. Und doch bestimmt gerade dieser ständig verdrängte, negierte Anteil dieses Prinzips (seiner spezifischen ihn unbewusst beherrschenden Grundleidenschaft) aus den Tiefen des Unterbewusstseins heraus sein Verhalten in der Welt, aber das ist für den jeweiligen Kontratypen eben aufgrund der bewussten und unbewussten Ablehnung seiner Leidenschaft kaum oder nur äußerst schwer erkennbar.

2.11.13 Mögliche Schwierigkeiten bei Normaltypen

Ü 122

Auch bei den **sog. Normaltypen**, die ihr Prinzip ja in einfacher, normaler Form leben, kann es in einigen Fällen schwierig sein, das dominierende Lebensthema, den wahren motivationalen Antrieb und die dahinter liegende Leidenschaft des Patienten erkennen zu können.

2.11.14 Verstärkungstypen tendenziell am einfachsten zu erkennen

Ü 122

Am einfachsten gestaltet sich relativ gesehen die Typbestimmung bei den **sog. Verstärkungstypen**, weil sich bei ihnen die entsprechenden Eigenschaften und die dahinterstehende Motivation und Grundleidenschaft am deutlichsten zeigen kann. Aber auch hier gibt es bei der Typisierung durchaus manchmal Schwierigkeiten wegen der anderen zuvor aufgeführten Gründe.

2.11.15 Mögliche Schwierigkeiten bei den Typen 3, 6 und 9

Manchmal fällt die Typbestimmung auch besonders schwer, weil wir es mit den **Typen 3, 6** oder **9** zu tun haben. **Typ 3** imitiert häufig Eigenschaften der anderen Typen aufgrund seines für ihn typischen chamäleonartigen Verhaltens. Die Variationsbreite von **Typ 6** im Umgang mit seiner Angst und Unsicherheit ist ebenfalls sehr vielfältig, deshalb ist das Erkennen dieses Enneagramm-Musters manchmal schwierig. Auch **Typ 9**, der ja in gewisser Weise alle 9 Grundthemen prismenartig in sich vereint, wird deswegen oft verwechselt mit anderen Typen des Enneagramms.

2.11.16 Notwendigkeit eines inneren Gleichgewichts

Manchmal ist man aber auch einfach aufgrund von Stress, Unwohlsein, Krankheit oder sonstigen erschwerenden Faktoren nicht im notwendigen inneren Gleichgewicht, eine gewissenhafte und vor allem zuverlässige Fremd- oder Eigentypbestimmung vorzunehmen; in diesem Fall sollte man sein Vorhaben ganz entspannt auf einen späteren Zeitpunkt verschieben. Das kann selbstverständlich in Bezug auf die Fremdtypisierung keine Ausrede für den praktizierenden Enneagramm-Homöopathen sein, der stets dafür Sorge zu tragen hat, dass er sich in diesem Zustand des ausgewogenen inneren Gleichgewichts befindet.

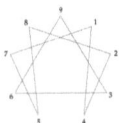

2.12 Warum ist eine (vorschnelle) Fehltypisierung so problematisch?

Hat jemand sich, vielleicht sogar vorschnell, einmal auf einen Typ festgelegt und dabei fehltypisiert, identifiziert er sich fortan also komplett mit dem falschen Typ, dann kann es sehr schwer werden, dass er noch für andere Möglichkeiten offen ist. Vielleicht hat einem sogar eine Autorität auf dem Gebiet des Enneagramms bestätigt, dass man ein bestimmter Enneatyp sei und stellt man das dann irgendwann in Frage, was natürlich in solchen Fällen nicht gerade leicht ist, dann muss man damit auch die Autorität z.B. dieses Enneagramm-Experten in Frage stellen, was man naturgemäß ungern macht. Nach meiner Erfahrung ist es auch ungleich einfacher, jemandem bei seiner Typbestimmung zu helfen, sofern dieser Mensch noch ein Neuling oder Anfänger auf dem Gebiet des Enneagramms ist, wenn jemand also noch wenige Kenntnisse über das Enneagramm besitzt. Diese Menschen oder Patienten kann man tendenziell meistens sehr gut darin unterstützen, ihren Enneagrammtyp zuverlässig zu bestimmen im Gegensatz zu denjenigen Menschen, die das Enneagramm schon womöglich monate - bis jahrelang studieren, aber auf ihrem Selbsterkenntnisweg immer noch nicht genau wissen, welcher Typ sie sind. In jedem Fall sollte man sich bei der Typbestimmung nach dem Enneagramm genügend Zeit lassen und keine vorschnellen, unbedachten endgültigen Entscheidungen treffen, das kann einem auf dem Wege der Selbsterkenntnis viele Lebensjahre der Fehlidentifikation kosten.

Im Laufe der vielen Jahre erwarb ich durch meinen Praxisalltag mit den verschiedensten Patienten eine große Erfahrung bei der Typisierung nach dem Enneagramm, vor allem auch dadurch, dass ich lernte, die richtigen, passenden differenzierenden Fragen zu stellen, die bei der Praxis der Typbestimmung von wesentlicher Bedeutung sind. In diesem Zusammenhang sei auf mein Buch „Die Praxis der Typbestimmung" hingewiesen, welches ausführlich sämtliche 36 mögliche Typen-Vergleiche zur präzisen und zuverlässigen Bestimmung des Enneagrammtyps behandelt. Durch das regelmäßige Studium der Gemeinsamkeiten und Unterschiede der einzelnen Enneagrammtypen im direkten Vergleich, wie man sie in diesem Buch umfassend dargestellt findet, lernt man nach und nach, die Spreu vom Weizen zu trennen. Warum ist nun die absolut zuverlässige, 100-prozentig sichere Typbestimmung von so zentraler Bedeutung?

Eine falsche Typisierung führt zwangsläufig dazu, dass man seine Aufmerksamkeit immer wieder auf die falschen Lebensthemen richtet. Das bringt einen auf Dauer vom rechten Lebensweg ab und verzerrt die eigene Lebenswahrnehmung mit höchst negativen Auswirkungen. Die Typbestimmung nach dem Enneagramm ist sehr eng und direkt verbunden mit der psychologischen und auch der spirituellen Entwicklung eines Menschen. Eine fehlerhafte Typisierung führt in dieser Hinsicht demnach auch zu einem falschen, ungesunden Entwicklungsweg. Typisiert man sich oder andere also falsch, führt das natürlich auch zu falschen Schlüssen in Bezug auf die eigene Persönlichkeit und die Persönlichkeit anderer Menschen. Es kommt in der Folge zwangsweise zu unnötigen teils leidvollen Fehlannahmen und sonstigen manchmal gravierenden Problemen im zwischenmenschlichen Miteinander. Durch eine korrekte Typbestimmung hingegen verbessert sich auch die Wahrnehmung, die Erkenntnis und das Wissen um die eigene Persönlichkeit mit ihren Stärken und Schwächen, aber auch um andere Menschen im sozialen Umfeld. So wird der Weg frei für eine gesunde heilsame Entwicklung der Gesamtpersönlichkeit.

Abschließend um das Gesagte noch einmal zu veranschaulichen ein Beispiel für eine Fehltypisierung und deren mögliche dramatische Auswirkungen: Nehmen wir an, ein Typ 3 hat sich fälschlich als Typ 9 typisiert oder typisieren lassen. Er denkt jetzt, dass er aufgrund seines ihm innewohnenden unbewussten Prinzips der Trägheit diese noch mehr als bislang überwinden muss und arbeitet fortan noch härter, effizienter und ausdauernder als vor der Falschtypisierung. Er möchte damit seine vermeintliche Trägheit immer wieder überwinden (die ihm vielleicht auch als eine ihm bei sich bekannte Verhaltensweise logisch erscheint, weil Typ 3 ja im Krankheitszustand in seinem Stresspunkt der 9 geht und dementsprechende Merkmale von Trägheit aufweisen kann). Allerdings stärkt er dadurch vielmehr seine ihm noch unbewusste Grundleidenschaft der Eitelkeit und der damit eng verbundenen intrinsischen Motivation des ständigen Strebens nach noch mehr Erfolg und Einsatz in seinem Leben. Eine solche Fehltypisierung macht deutlich, dass man aufgrund einer solchen Fehlidentifikation das eigene Leid noch verstärken kann, denn die Aufgabe von Typ 3, auch die des Kontratyps der 3, ist es letztlich, das ständige Verlangen des Erreichenwollens um jeden Preis nach und nach zu erkennen, um es dann hinter sich zu lassen (siehe dazu auch das Patientenfall als praktisches Beispiel im 5. Kapitel unter dem Punkt „5.3 Patient vom Enneagrammtyp 3"). So kann sich durch eine Fehltypisierung die Unbewusstheit gegenüber der eigenen Enneagrammfixierung deutlich verstärken und sich auf den fehlerhaft typisierten Menschen auf diese Weise und über eine lange Zeit höchst dramatisch negativ auswirken. Daher ist eine zuverlässige Typisierung augenscheinlich von so entscheidender Bedeutung. Oft sieht sich auch vor allem der Kontratyp der 3, der selbsterhaltende Dreier, als Typ 9, weil er nach außen hin das für Dreier typische Erfolgsstreben unbewusst negiert (auch wenn er nach seinen eigenen Aussagen wie jeder Mensch durchaus erfolgreich sein möchte). Aber unterhalb der Oberfläche dieses negierenden Verhaltens ist dieser Kontratyp der Drei genauso wie alle anderen Untertypen vom Enneatyp Drei von Erfolg motiviert, aber eben sehr versteckt und ihm selbst im Rahmen seiner unbewussten Seelenstrukturen weitestgehend eben nicht bewusst. Aufgrund seiner Kontratypeigenschaft ist seine unbewusste Suche nach Erfolg allenfalls wenn überhaupt leider nur für andere erkennbar, für ihn selbst aber in aller Regel, zumindest auf den ersten Blick, nicht. Auch dieser Kontratyp der Drei muss allerdings genauso wie alle anderen Angehörigen von Typ 3 lernen, sein umtriebiges, ruheloses Handeln zum Zwecke des Erfolgs auf Dauer als illusionär zu erkennen, indem er innerlich zunächst zur Ruhe findet, was er natürlich nicht kann, wenn er der Auffassung ist, dass er seine vermeintliche Trägheit als vermeintlicher Typ 9 noch effektiver überwinden muss.

Am Ende dieses Kapitels sei noch erwähnt, dass es mitunter durchaus vorkommt, dass sich selbst Enneagramm-Lehrer, Enneagramm-Coaches oder Enneagramm-Experten fehlerhaft typisieren, was dann natürlich besonders dramatische Auswirkungen hat. Sie typisieren dann mindestens zwei Typen regelmäßig falsch: Erstens ihren eigenen wahren Enneagrammtyp, den sie ja eben an sich noch nicht erkannt haben und damit auch meistens bei anderen nicht erkennen können und zweitens ebenfalls den Enneagrammtyp, der sie glauben zu sein, weil auch über diesen falsche Vorstellungen in ihm existieren und daher auch eine fehlerhafte Fremdtypisierung bei einem Menschen seines vermeintlichen Enneatyps sehr wahrscheinlich wird!

Ü

10
13
15
22
24
29
30
120
121
122
123
124
125
126
127
128
129
130
131
132

3.1 Enneagrammtyp 1 *(Der Reformer, der Perfektionist, der Urteilende, der Vollkommene, der Anspruchsvolle, der Idealist, der Kritiker) - Ein Mensch auf der ewigen Suche nach Vollkommenheit!*

Aggressionen (Zorn, Wut, Ärger) manifestieren sich in Perfektion, Vollkommenheit und Fehlervermeidung: Im Mittelpunkt des Enneagramm-Musters der *Eins* gibt es eine starke unbewusste Tendenz, die Wirklichkeit mit dem, was sein sollte *(= starkes Über-Ich!)*, zu vergleichen. Menschen dieses Musters haben in der Regel eine Reihe von Standards, durch die sie sich selbst bewerten, das Verhalten anderer und die Welt um sie herum. Der innere Richter ist gnadenlos und wird unbewusst nach außen projiziert. Die entsprechenden gelebten Ideale dieser Menschen unterscheiden sich jeweils von Person zu Person. Einige leben ihre strengen Ideale eher auf stiller geistiger Ebene, während andere eher auf menschlich-beratender Ebene ihre von einem starken Über-Ich geprägten Normen ausleben. Einige Menschen dieses Enneagramm-Musters mögen sich auf gute Manieren konzentrieren, während andere versuchen, soziale Reformen anzustreben. Oder der Mensch versucht einfach nur ein aufrechtes, moralisch hochstehendes Leben zu führen oder ist darauf bedacht, seinen Beruf so gut wie möglich auszuführen. In gewisser Weise gesund ist von diesem Standpunkt aus die Fähigkeit des *Enneagrammtyps 1*, sich um moralische Wahrnehmung und objektive Bewertung zu bemühen. Mehr als andere Enneagrammtypen versucht er, ethisch anspruchsvoll, leidenschaftslos und fair zu sein und nach diesen Grundsätzen auch zu handeln. Bewusste Menschen des *Typs 1* können selbstlos, moralisch heldenhaft und bereit sein, viel für ihre Prinzipien zu opfern. Haben sie eine Aufgabe oder ein konkretes Ziel, können sie hart und verantwortungsbewusst bis zur endgültigen Vollendung darauf hinarbeiten. Ethische Grundsätze und persönliche Integrität sind ihnen dabei wichtiger als reine Zweckmäßigkeit, Gewinn oder einfache Lösungen. Im bewussten Zustand zeigen die Menschen des *Typs 1* einen ausgeglichenen, fröhlichen Perfektionismus, der im Einzelfall durch eine vergebende und mitfühlende Haltung anderen Menschen gegenüber gemildert wird. Bei weniger bewussten *Einsern* degeneriert jedoch die Beschäftigung mit ihren Prinzipien und hohen Idealen zu einer ständigen Sorge um alltägliche Dinge. Unbemerkt schleicht sich hier das Ego der *Eins* gut verkleidet und für den *Einsertyp* unbemerkt, da unbewusst ein und höhere Moral wird zu scheinheiligem Moralismus, scharfsinnige Klugheit und objektive Einsicht in die Veränderungen des Lebens verwandeln sich in einseitiges Urteilen und Kritisieren. Im Zustand zunehmender Unbewusstheit wird sich der *Mensch des Einser-Musters* immer noch zugunsten der Normen weiterhin wie bislang in gewisser Weise „opfern", aber nach und nach entsteht in ihm ein immer größer werdendes Maß an Groll bzw. bricht der innere und bislang gut versteckte, nicht nach außen gerichtete Zorn schließlich doch hervor und statt zum Segen wird *Typ 1* dann zum Fluch für seine Mitmenschen. Der *Einser-Mensch* kann dann seiner Umgebung gegenüber mitunter offen kritisch entgegentreten, zuweilen sogar verärgert und böse werden, falls sein Reformeifer nicht von anderen genauso befürwortet wird. Äußerlich betrachtet arbeiten *Einser* in diesen Zeiten weiterhin hart und ausdauernd, halten sich beständig an ihre strengen Verhaltensmaßstäbe, doch durch den hervortretenden inneren Groll kann ihre ansonsten sachliche Ausdrucksweise durch scharfzüngige Bemerkungen unterbrochen werden. Ihre frühere innere souveräne Ausgeglichenheit und ihre ethischen Perspektiven weichen dann zunehmend einem dualistischen Denken, was sich dann reduziert auf ein „Entweder-Oder" oder „Richtig-

Falsch", wobei komplexe Situationen schließlich „Schwarz-Weiß-Entscheidungen" nach sich ziehen. Der Versuch der **Eins**, ein guter Mensch zu sein, ist dann manchmal nur noch ein verkrampftes Unterfangen, führt dann zu allzu starrem Verhalten und einer Tendenz zur übertriebenen, obsessiven Sorge. Im unbewussten Zustand verteidigt die **Eins** ihre Wünsche und Ansichten mit allen Mitteln, auch wenn diese sich objektiv betrachtet als gar nicht so gut darstellen. Aber das kann der Mensch des *Enneagrammtyps 1* dann nicht mehr erkennen, zumal die inneren negativen Impulse zunehmend durchbrechen und dem verzweifelten Versuch der **Eins** weichen, nach außen hin die Fassade von tugendhaftem Verhalten aufrechtzuerhalten. Daraus können dann ernsthafte soziale Probleme entstehen, weil *Einser* nicht erkennen können, wenn sie zornig und ärgerlich werden und dabei nicht bemerken, wie beleidigend oder repressiv sie sich anderen gegenüber verhalten. Fühlt sich die **Eins** unsicher oder kritisiert, besteht die Abwehrreaktion darin, starke Urteile zu fällen und dieser Enneagrammtyp fühlt sich dabei gerechtfertigt, anstatt die Realität zu akzeptieren, wie sie gerade ist. Nimmt diese Art von Unbewusstheit dem Leben gegenüber zu, können *Einser* blinden Eifer entwickeln, immer obsessiver werden und schließlich sogar paranoide Wahnvorstellungen entfalten. Sie sind dann mitunter zu tiefer Grausamkeit fähig im Dienste des Guten. Zunehmend kommt es in Fällen dieser Art zu moralischen Eitelkeiten und heuchlerischem Verhalten, wobei versucht wird, die einstigen Ideale wie besessen auf ungesunde Art und Weise zu realisieren. All das, was die **Eins** im dekompensierten Zustand an sich selbst und ihrem Verhalten missbilligt, wird sie bei anderen dann verurteilen. Sie erlaubt es sich selbst nicht, aus sich heraus moralisch schlecht zu handeln. Doch in diesem unbewussten Zustand verneint sie die eigenen inneren Bedürfnisse und Wünsche und projiziert sie nach außen. Die „unmoralische böse Welt" ist dann plötzlich für alles verantwortlich und die eigene „moralische Integrität" ist dann wieder einmal die Richtschnur für ihre Welt! Sind die Angehörigen dieses Enneagrammtyps relativ bewusst, sind sie moralisch hochstehend, verlässlich, produktiv, klug, idealistisch, gerecht, ehrlich, ordnungsliebend und diszipliniert. Relativ unbewusste *Einser* sind hingegen bewertend, unflexibel, dogmatisch, zwangsneurotisch, kritisch, überaus ernst, überwachend, ängstlich und mitunter eifersüchtig.

3.2 Enneagrammtyp 2 *(Der Helfer, die Liebende, der Hilfsbereite, der Verbindende, der Geber, der Mütterliche, der Abhängige) - Ein Mensch auf der ewigen Suche nach Liebe!*

Emotionen (Gefühle, Scham) manifestieren sich in Stolz, Hochmut und Selbstgefälligkeit: **Zweier**, *Dreier* und *Vierer* bilden das sog. *„emotionale Trio"* des Enneagramms. Alle drei Enneagrammtypen verbindet einige allgemeine Tendenzen und Strömungen. Die Menschen dieses Trios erleben eine gewisse Art von ständiger Verwirrung ihrer Gefühle und in Bezug auf ihre Identität. Oft fehlt ihnen eine Klarheit über die Rollen, die sie nach außen spielen und in Hinsicht auf ihre Außenwirkung auf andere. Die drei Enneagrammtypen werden daher auch die *Image-Typen* genannt. Die Imagetypen können nicht einfach nur da sein, um geliebt zu werden. Bis zu einem gewissen Grad empfinden das alle Enneatypen, aber die Nummern 2, 3 und 4 sind besonders anfällig für eine Verwirrung der inneren Gefühle und einen Identitätsverlust. Sie alle haben die generelle Tendenz, ihre tatsächlichen Gefühle zu verlieren, um nach außen einem bestimmten Image gerecht zu werden, indem sie sich im Spielen von Rollen verlieren. Den Kontakt zu sich selbst können sie nur finden, wenn sie allein sind. Sobald eine andere Person anwesend ist, richten **Zweier** ihre Aufmerksamkeit auf diesen Menschen und der Kontakt zu sich selbst bricht ab. Daher haben Menschen dieses emotionalen Trios

die meisten Probleme und Konflikte in Beziehungen und in sog. Herzensangelegenheiten. Während beim *Typ 2* die Herzensenergie grundsätzlich überentwickelt ist, finden wir bei *Typ 3* häufig eine verdrängte Herzensenergie und beim *Typ 4* eine umgewandelte Energie des Herzens. Der *Enneatyp 2* ist der am meisten zwischenmenschlich-orientierte Typ aller Enneagrammtypen. Er denkt in Beziehungen und versteht das Leben daher grundlegend als ein Geben und Nehmen zwischen Menschen, mit denen er sich oft sehr verbunden fühlt; die Menschen in seiner Umwelt empfindet er als eine große Familie. Aufgrund dieser Sichtweise ist Liebe in jeder möglichen Form das Wichtigste, was eine *Zwei* ihren Mitmenschen potenziell geben kann. Der *Zweier-Typ* hat eine gut entwickelte Fähigkeit, sich emotional mit den Bedürfnissen anderer zu identifizieren. *Zweier* verfügen darüber hinaus über eine stark unbewusste Angewohnheit, eigene Gefühle auf andere zu übertragen und können dabei spüren oder intuitiv erraten, was andere Menschen fühlen oder benötigen. Gesunde *Zweier* nutzen diese Fähigkeit, indem sie anderen freiwillig helfen oder sich mit ihnen identifizieren als Akt der Nächstenliebe. Im bewussten Zustand kümmern sie sich um die Bedürfnisse ihrer Angehörigen und Freunde. Danach sind gesunde *Zweier* aber auch fähig, zu sich selbst zurückzufinden, um auch die eigenen Bedürfnisse wahrzunehmen und sich ihnen zu widmen und damit ihre eigene emotionale Wahrheit zu leben. Kurzum: Eine ausgewogene Balance zwischen Geben und Nehmen finden wir bei gesunden Enneagrammtypen des *Musters Nr. 2*. Im Idealfall einer *Zwei* leisten diese Menschen oft in besonderer selbstloser Weise Dienst am anderen Menschen, aber diese Fälle sind in der Praxis doch eher selten, weil die meisten Menschen von egoistischen Eigeninteressen geleitet werden, wenn diese auch oft sehr subtil erscheinen und damit oft verdeckt sind. In den Fällen, in denen sich die *Zwei* in Richtung Unbewusstheit entwickelt, beginnt sie, ihre wahren Bedürfnisse zu unterdrücken und richtet ihre Energie auf die Mitmenschen ungeachtet der Tatsache, ob diese Hilfe benötigen oder nicht. *Zweier* neigen dazu, sich in anderen Menschen zu verlieren und finden dann innerlich nicht mehr zu sich selbst zurück. Manchmal leben sie in co-abhängigen Beziehungen und Bindungen zu anderen Menschen in der Hoffnung, anerkannt zu werden. *Zweier* können auch Ängste vor dem Alleinsein oder gar vor dem Verlassenwerden entwickeln. Identifizieren sie sich zu sehr mit ihren Mitmenschen, verlieren sie das Gefühl für sich selbst und versuchen dann kompensatorisch, durch zwanghaftes Geben und übermäßige Fürsorge um andere sich selbst zu finden, was natürlich letztlich nicht funktionieren kann. Denn dabei versuchen sie dann durch einen anderen Menschen sich selbst zu finden. Hierbei setzt die *Zwei* unter Umständen zunehmend Schmeichelei, Verführung und Manipulation gegenüber anderen ein, um durch die Umgebung ihre Grenze zu finden und Antworten zu bekommen. Das innere Bedürfnis zu geben kann derartig starke Ausmaße annehmen, dass das Geben egoistische Züge aufweisen kann und das Gegebene ein „unsichtbares Preisschild" bekommt. Oft wird dann der Preis dermaßen hoch, denn er dient als Ausgleich des Verlustes der wahren Essenz des *Enneagrammtyps 2*. Sie bitten nicht von selbst um das, was sie sich von anderen wünschen (vor allem Zuneigung, Aufmerksamkeit und Liebe!), sondern geben es selbst, entweder direkt oder symbolisch, in der Hoffnung, es von anderen zurückzubekommen. Die Gaben der *Zwei* sind also insgeheim im Zustand der Unbewusstheit oder Krankheit alle eigennützig und geprägt von inneren Erwartungen. Die Bedeutung ihrer Hilfe anderen gegenüber wird dann stark übertrieben dargestellt und die *Zwei* fühlt sich dann zunehmend ausgenutzt von ihren Bezugspersonen, weil es aus ihrer Sicht zu einem starken Ungleichgewicht zwischen Geben und Nehmen gekommen ist. Daher ist es nicht verwunderlich, dass Angehörige des *Enneatyps 2* wahre Kämpfe in ihren Beziehungen

austragen können, denn es ist für die *Zwei* wichtig, die eigenen wahren Gefühle und Motivationen genau abgrenzen zu können von denen anderer Menschen. Ein gesteigertes und oft übertriebenes Gefühl des eigenen Wertes versteckt sich mitunter hinter einer Fassade von Stolz. Wenn *Zweien* wirklich unbewusst werden, d.h. in den ungesunden Zustand verfallen, wird dieser übertriebene Stolz zum auffälligsten Merkmal von *Zweien*. So liebe- und hingebungsvoll gesunde *Zweier* sein können, so feindselig können sie werden im dekompensierten Zustand, Liebe und Hass sind dann die dominanten Polaritäten des Seins beim *Enneatyp der 2*. Sie täuschen sich im unbewussten Zustand selbst über ihre wahren Motive und oft ersetzen sie ihre wahren Gefühle von Verzweiflung und Aggression durch das Image des selbstlosen Märtyrers, dem man doch so viel schuldet für seine umfassenden Bemühungen seinen Mitmenschen gegenüber. Falls der seelische Zustand des Ungleichgewichts weiterhin entgleist, können ungesunde *Zweier* anderen gegenüber offen destruktiv, manipulierend und feindselig gegenübertreten. Sind die Angehörigen dieses Enneatyps relativ bewusst, sind sie liebevoll, fürsorglich, anpassungsfähig, einsichtig, großzügig, begeisterungsfähig und einfühlsam. Relativ unbewusste *Zweier* sind hingegen indirekt in ihren Äußerungen und Taten, verhalten sich manipulierend, besitzergreifend, mitunter hysterisch und überschwänglich, oft übermäßig zuvorkommend und fühlen sich am Ende als *„Opferlämmer"* dieser Welt.

3.3 Enneagrammtyp 3 (*Der Dynamiker, der Erfolgreiche, der Gewinner, der Selbstdarsteller, der Vorbildliche, der Statusmensch, der Glänzende, der Aktive) - Ein Mensch auf der ewigen Suche nach Erfolg!*

Emotionen (Gefühle, Scham) manifestieren sich in Eitelkeit, Äußerlichkeit und Leistungsstreben: Im Gegensatz zu *Zweien* identifizieren sich Menschen des *Enneatyps 3* weniger mit dem Ideal der Hilfsbereitschaft als vielmehr mit dem Image von Erfolg und Produktivität. Sie erwarten von anderen geliebt zu werden aufgrund dessen, was sie tun oder geleistet haben und nicht aufgrund ihrer Persönlichkeit oder ihres Menschseins an sich. So bewegen sie sich ständig zwischen Schein und Sein mit einer starken Tendenz zu ersterem, um das innere Gefühl der Unvollkommenheit zu bewältigen, indem sie sich ihrer Umwelt derartig präsentieren, dass diese sie lobenswert findet. Im unbewussten bzw. kranken Zustand neigt die *Drei* dazu, völlig abgeschnitten von ihren tieferen Gefühlen zu leben zugunsten ihres äußeren Bildes. So findet man hierunter oft Menschen, die immer die Besten, immer an der Spitze stehen möchten und dabei aktiv bleiben wollen, stets beschäftigt mit neuen Ideen und Vorhaben, nie dabei zur Ruhe finden und schon wieder das nächste Projekt, den nächsten Gipfel anvisiert haben. So „opfert" die *Drei* alles, um so zu sein, wie andere sie vermeintlich haben wollen, erfolgreich und leistungsstark, bis sie sich schließlich immer mehr von sich selbst entfremdet und dabei nach und nach sich selbst opfert wie ein Spinnenmännchen. Im Allgemeinen sind Angehörige dieses *Typs 3* ziel- und leistungsorientiert, lernen schnell, sind gut organisiert, flexibel und fleißig. *Dreien* im gesunden Zustand können ihre Fähig- und Fertigkeiten ausgezeichnet einsetzen in beruflichen oder privaten Lebensbereichen, sie sind energisch und fröhlich mit einem positiven Blick in die Zukunft und einem selbstbewussten Umgang mit Herausforderungen. Identifizieren sie sich jedoch zu sehr mit der „Maske" ihrer Persönlichkeit, führt diese Entwicklung zu einem inneren Verlust mit der eigenen Identität; chamäleonartig verstricken sie sich immer mehr in die nach außen gespielte Erfolgsrolle, was dann zu einem Gefühl der Unzulänglichkeit und innerer Minderwertigkeit führt. Statt ihre wahren Gefühle zu leben, tragen sie eine Maske von Gefühlen vor sich her, welche jegliche Authenti-

67

zität vermissen lässt. Zweckmäßigkeit und Effizienz werden zu den vordergründig wichtigen und bestimmenden Faktoren im Leben der *Drei* zulasten der eigenen inneren Gefühle, die zunehmend immer weniger wahrgenommen werden bis hin zu einem Gefühl des „Nichtfühlens", welches im unbewussten Zustand der *Drei* von diesen Menschen oft sogar genossen wird. Sie selbst sind die leistungsstarken Motoren, deren Zweck es ist, mit hoher Geschwindigkeit von einer Aufgabe zur nächsten zu gelangen bis hin zur erklärten Zielgeraden. Manchmal benutzen Angehörige dieses *Enneatyps der 3* sogar in ihrer Art zu sprechen Metaphern aus dem Sportbereich, wo es ja bekanntlich genau um Leistung, Zielerreichung, Wettbewerb und Siegen geht. Das Leben ist danach ein Spiel, dessen Zweck es ist, zu gewinnen! Der erfolgreiche Sportler muss sich selbst immer wieder zu neuen Höchstleistungen anspornen und benutzt seine Beziehungen hauptsächlich als Sprungbrett für beruflichen Erfolg. So kann die einst gesunde Flexibilität der *Drei* sich allmählich umwandeln in arrogante Berechnung und degenerieren in die Entwicklung von amoralischen Strategien. Wenn Erfolg und Gewinn zum Kern des Lebens geworden sind, macht sich die *Drei* schließlich selbst zur Ware und verkauft ihre wahre Identität. Im stark dekompensierten Zustand kann die *Drei* dann gar bösartig und feindselig werden, herzlos, glatt und eiskalt berechnend, glaubt dann ihre eigenen Lügen und wird mitunter zu einem Menschen ohne Gewissen. Sie arbeitet dann hart, um andere zu betrügen mit der Illusion von eigener Überlegenheit, aus der mitunter rachsüchtige Gefühle des Triumphes über andere hervorgehen. Wer schon einmal jemanden absichtlich und böswillig belogen hat, kann den Stachel dieser Haltung gut nachvollziehen. Sie verstecken ihre wahren Motive vor sich und anderen Menschen und identifizieren sich nur noch über den weltlichen Erfolg, was dauerhaft auch immer in eine gesundheitliche Sackgasse mit zahlreichen daraus resultierenden Erkrankungen führen muss. Sind die Angehörigen dieses Enneagrammtyps relativ bewusst, sind sie optimistisch, zuversichtlich, tüchtig und arbeitsam, praktisch, energisch und antriebsstark. Relativ unbewusste *Dreier* sind hingegen tendenziell hinterlistig, eigensüchtig, großspurig, eitel, oberflächlich, rachsüchtig und aggressiv.

3.4 Enneagrammtyp 4 *(Der Romantiker, der Künstler, der Individualist, der Ästhet, der Tragiker, der Sensible, der Dramatiker) - Ein Mensch auf der ewigen Suche nach Individualität!*

Emotionen (Gefühle, Scham) manifestieren sich in Neid, Außergewöhnlichkeit und Melancholie: Ähnlich wie *Enneatyp 1* vergleicht der *Typ 4* die Realität mit dem, was aus seiner Sicht sein könnte. Während *Einser* auf die Unvollkommenheit der Welt schauen und vielleicht den Wunsch haben, alles zu korrigieren, was ihres Erachtens falsch ist, wenden sich *Vieren* oft von der Realität ab und leben in ihren Gedanken, Gefühlen und Stimmungen. Gemeinsam mit *Zweien* und *Dreien* teilen die *Vieren* die Neigung zur Eitelkeit und der Verwechselung ihrer wahren Persönlichkeit mit einem Image, aber sie können sich durch dieses Image paradoxerweise sehr gut ausdrücken. *Vieren* vermögen es im besonderen Maße, sich vor allem mit einem Bild des Mangels zu identifizieren, denn sie können durch ein derartiges Image einzigartig und besonders erscheinen. So kann eine *Vier* beispielsweise ihr Unzulänglichkeit, in der alltäglichen Welt erfolgreich zu sein, beklagen, aber innerhalb dieses mangelhaften Images versteckt sich paradoxerweise eine subtile Qualität von sich rühmender Prahlerei. Dies funktioniert üblicherweise durch ein romantisch-tragisches Selbstbild, was zugleich aber auch elitär ist. Sie können Stolz darauf sein, wie einzigartig sie sind in ihrem ungewöhnlichen Mangelzustand sowie in ihrer von Leid getragenen Existenz. Sie sind auf jeden Fall etwas Besonde-

res, gerade weil es ihnen oft so einzigartig schlecht geht. Ihre Stärke ist ihre emotionale Vorstellungskraft und Menschen vom *Typ 4* werden daher auch oft als Künstler beschrieben. Bewusste *Vieren* sind in der Regel idealistisch, haben einen guten Geschmack und sind große Kenner des Schönen, Edlen und Wahren. Durch ihren inneren Reichtum an Phantasie und Vorstellungskraft filtern sie die Realität auf subtile Weise und sind Meister im metaphorischen Denken, können also nicht verwandte Tatsachen und Ereignisse gut miteinander verbinden. Die Fähigkeit der gesunden *Vier*, die Dinge des Lebens symbolisch zu betrachten, wird durch ihre emotionale Intensität noch gesteigert. In diesem Zustand können sie wahrhaft kreativ und schöpferisch tätig sein. Auch spirituell können sie mit ihren spezifischen Fähigkeiten im bewussten Zustand Selbstverwirklichung und Selbsterkenntnis erreichen und so zum Segen ihrer Mitmenschen werden. *Vieren* schätzen die Ästhetik von Schönheit genauso wie die Tragik des menschlichen Daseins. Im gesunden Zustand können sie den Schmerz des Lebens in Sinnvolles umwandeln, z.B. durch kreative Arbeit in allen Lebensbereichen. Ihre hervorragenden Fähigkeiten bei der Artikulation von Gefühlen und subjektiven Erfahrungen befähigen sie zum hilfreichen Dienst am Mitmenschen. Sie können einfühlsame Freunde sein, die in der Lage sind, die Problematik des anderen mit einer großen Portion Empathie zu verstehen und vor allem die Fähigkeit besitzen, den Schmerz des Freundes zu teilen. Geraten die Angehörigen vom *Typ 4* in die Unbewusstheit, beginnen sie sich auf das zu konzentrieren, was in ihrem Leben nicht verfügbar ist oder fehlt. Dann reagieren sie schnell negativ und kritisch, tadeln andere vorschnell und erkennen nur noch das Elend und das Bedrohliche in der Gegenwart. Sie neigen dann dazu, sich nach innen zu wenden, sich von der Realität der Welt abzukehren und mithilfe ihrer Phantasie und Kreativität in die Vergangenheit oder in die Zukunft zu fliehen. Die Vergangenheit wird dann oft verklärt zulasten der nicht mehr wahrgenommenen Schönheit des jetzigen Momentes. Alles in Vergangenheit und Zukunft scheint attraktiver zu sein als die gegenwärtige Situation und das Gras auf der anderen Seite des Zauns ist immer grüner als das auf der eigenen Seite. Neidgefühle wachsen mit zunehmender Unbewusstheit der *Vier* für alle Dinge, die sie jetzt nicht besitzt, was immer das auch im Einzelfall sein kann. Gleichzeitig wächst auch das Bedürfnis und die innere Notwendigkeit der *Vier*, als jemand Besonderes und Einzigartiges gesehen zu werden. Das damit verbundene äußere Verhalten kann mitunter neurotische Züge annehmen. *Vieren* können im gesunden Zustand einerseits sehr gut in Kontakt sein mit ihren Gefühlen, aber sie haben in Zeiten größerer Unbewusstheit die Eigenart, auf defensive Weise ihre authentischen Gefühle in melodramatische zu transformieren. Dann sind sie voll von Klage, Jammern und Sehnsucht nach dem Nichtvorhandenen, fordern dann einerseits anspruchsvoll Anerkennung ihrer Mitmenschen und weisen andererseits jegliche Hilfe von Freunden zurück. In diesen Zeiten können sie eigene Erfolge nicht mehr genießen, begeben sich in den Wettstreit mit anderen bis hin zu boshaftem Verhalten ihnen gegenüber. Schließlich verlieren sie an Disziplin im Alltag, befreien sich von alltäglichen Regeln, lassen sich zu launischem Verhalten hinreißen, reagieren überempfindlich auf ihre Umwelt und werden insgesamt immer handlungsunfähiger. Zunehmend mit sich selbst beschäftigt erkennen sie nicht mehr die Bedürfnisse ihrer Verwandten und Freunde und geben sich selbst die Erlaubnis, egoistisch, verantwortungslos und unverschämt zu handeln. Nur noch ihre sehr subjektive, gefärbte Sicht zählt nun und sie lehnen es zunehmend ab, gewöhnliche Argumente ihrer Mitmenschen zu berücksichtigen. Sie sind dann nicht mehr „von dieser Welt" und ihr Verhalten kann dann für andere kaum noch nachzuvollziehen sein, je nach Konditionierung der *Vier*. Mitunter kann sie auch in alte Kindheitsmuster zurückverfallen, eine Form des Lebens in der Ver-

gangenheit. Auch wenn sie in solchen unbewussten Zuständen nach außen hin Stärke demonstrieren, fühlen sie innerlich immer mehr Schuld, Beschämung, Traurigkeit, Eifersucht und Unwürdigkeit, denn es kommt zu einer zunehmenden Diskrepanz zwischen äußerer Darstellung und innerem Gefühl von Leere und Verlorenheit. Die *Vier* gerät so langsam in eine erschütternde Welt der Qualen und des Leidens mit Tendenzen zur Selbsterniedrigung und masochistischen Zügen, einhergehend mit einer gewissen Extravaganz im Verhalten. An diesem Punkt sind *Vieren* dauerhaft entfremdet von sich selbst und unerreichbar für andere. Tief versunken in einem Gefühl von Hoffnungslosigkeit ist ihre Lebenssituation dann gekennzeichnet durch morbiden Selbsthass und depressive Gedanken an Selbstmord. Sie sehen ihre einst so positiv empfundene Besonderheit und Einzigartigkeit nun eher als negative Andersartigkeit und verbannen sich selbst in eine Art inneres Exil, unerreichbar für ihre Mitmenschen. Sind die Angehörigen dieses Typs relativ bewusst, sind sie warmherzig, mitfühlend, verinnerlicht, ausdrucksvoll, schöpferisch, intuitiv, hilfsbereit und differenziert. Relativ unbewusste *Vierer* können hingegen deprimiert, unsicher, schuldbeladen, in sich gekehrt, stur, launenhaft und nur mit sich selbst beschäftigt sein. Sie können auch zu Moralpredigern werden und dann an den *Enneatyp der 1* erinnern.

3.5 Enneagrammtyp 5 (*Der Denker, der Philosoph, der Zurückgezogene, der Abstrakte, der Intellektuelle, der Wissende, der Beobachter*) - Ein Mensch auf der ewigen Suche nach Wissen!

Ängste (Sorgen, Befürchtungen) manifestieren sich in Geiz, Distanz und Rückzug: **Fünfer**, *Sechser* und *Siebener* verbindet ein gemeinsames Grundgefühl der Angst und außerdem bilden diese drei Enneagrammtypen ein weiteres „*emotionales Trio*" wie schon die *Grundtypen 2, 3* und *4*. Im Gegensatz zu *Zweien, Dreien* und *Vieren* ist dieses emotionale Trio jedoch nicht verwirrt in Bezug auf seine Gefühle oder auf das Grundgefühl, wer sie sind. Stattdessen neigen sie dazu, unbewusst die „Gefahren des Lebens" vorherzusehen und daher auf viele Situationen des Lebens ängstlich zu reagieren. *Fünfer, Sechser* und *Siebener* sind im Allgemeinen die Denker, also Menschen, die mehr in ihren Köpfen als in dem Rest ihres Körpers leben. Sie tragen dabei ganz spezifische Lebenskämpfe aus und versuchen dabei, ihren Willen in der Umwelt durchzusetzen. Die Ängste des *Enneatyps 5* sind fast alle in sozialen Bereichen anzusiedeln. Sie fürchten sich fast schon gewohnheitsmäßig davor, überfallen oder von anderen Menschen verschlungen zu werden. Nach außen hin wirkt dieser *Typ 5* daher auch am meisten antisozial von allen Enneagrammtypen, vor allem dann, wenn er sich in einem sehr ungesunden Zustand befindet. Dabei zieht er sich regelmäßig von der Außenwelt in irgendeiner Art und Weise in die Defensive zurück und distanziert sich so als eine Möglichkeit, seine Überempfindlichkeit in den Griff zu bekommen. Im Allgemeinen fürchten sie zu enge Beziehungen und Freundschaften, in denen sie sich leicht überfordert fühlen können und dabei das Gefühl haben, zu ersticken. *Fünfer* leben fast ausschließlich in ihren Gedanken, während *Vierer* zum größten Teil in ihren emotionalen Vorstellungen leben. Bewusste *Fünfer* leben in einem gewissen Gleichgewicht zwischen Interaktion mit der Welt und Rückzug von dieser. Diese Art zu leben wird häufig von anderen Menschen mit kenntnisreicher Kompetenz und Wissensreichtum, mitunter mit der Vorstellung von Genialität verbunden. Gesunde *Fünfer* drücken sich gekonnt in der Welt aus und geben die Früchte ihres profunden Wissens und ihrer umfangreichen Erkenntnisse an ihre Mitmenschen weiter. Lehren und Schreiben sind häufige Beschäftigungen und dort liegen oft auch die Talente der *Fünf*. Aber unabhängig davon, in welchen Bereichen sie tätig sind, weist das umfangreiche

Wissen der *Fünf* über sich selbst hinaus, ihr Wissen hat eine idealistische Qualität, welches sie im bewussten Zustand gern auf selbstbewusste Art und Weise weitergeben zum Wohle der Menschheit. So leisten sie mitunter wichtige Beiträge in Forschung und Lehre und tragen damit zu einer gesunden Weiterentwicklung der Menschheit bei. Auch können bewusste *Fünfen* sehr gut die buddhistische Lehre des *„Nicht-Anhaftens"* realisieren, indem sie sich auf das Spiel des Lebens auf vorurteilsfreie und offen wahrnehmende Weise einlassen, ohne immer nur ein zukünftiges Ziel oder andere Ergebnisse im Hinterkopf zu haben. Als Freunde sind sie dann befähigt, den Standpunkt des Gegenübers genauso gut zu verstehen wie ihre eigene Sichtweise. Sie können dann sehr sympathisch und empathisch sein und trotzdem noch in der Lage, die Ereignisse aus einer weit genug entfernten und objektiven Perspektive zu betrachten und zu beurteilen, um eine persönlich gefärbte einseitige Sicht auf die Dinge zu vermeiden. Im bewussten Zustand ist die *Fünf* also auch fähig zu Gutmütigkeit und Herzenswärme zum Wohle anderer. Ändert sich aber der Zustand der *Fünf* in Richtung Unbewusstheit bzw. Krankheit auf geistiger Ebene, kann sich das Ideal der Nicht-Anhaftung schnell in eine Abgrenzung von der Umwelt verwandeln, insbesondere dann, wenn der *Enneagrammtyp 5* sich seinen Neigungen entsprechend innerlich von seinen Gefühlen abschneidet. Der Grund dafür liegt in der Regel darin, dass die *Fünf* sich den Forderungen der Welt in überbewusster Weise gewahr wird, einschließlich der Forderung, Gefühle zu zeigen. Passiv antwortet die *Fünf* darauf mit Rückzug. Das kann zunächst wie eine Art von Unabhängigkeit von der menschlichen Umgebung aussehen und als positiv aufgenommen werden. Aber diese Unabhängigkeit ist zugleich auch eine gewisse Art von Verteidigung mit einer damit verbundenen starken antisozialen Grenzziehung, um in erster Linie die eigene übermäßige Empfindlichkeit der *Fünf* zu kompensieren. Die Abschottung von anderen wird nach und nach zur Gewohnheit. Die Idee dahinter ist folgende: „Wenn ich nur mit weniger von allem auskommen kann, werde ich die Einflüsse anderer auf mich vermeiden können!" Dies führt zu einer Tendenz des Hortens, des Haltens und des Rettens des wenigen, was sie an sozialen und auch finanziellen Ressourcen besitzen, um weniger zu benötigen und sich zurückzuziehen. So hortet die *Fünf* alles Mögliche: Zeit, Geld, Raum, Land, Informationen, Wissen, Erkenntnisse oder auch emotionale Verfügbarkeit. Dabei spielt es im Prinzip keine Rolle, was gehortet oder gehamstert wird, denn das dahinterliegende Muster ist immer dasselbe. Auf diese Weise versucht sich der *Typ 5* vor den (emotionalen) Anforderungen, die seine Umwelt an ihn stellt, zu schützen durch Flucht auf eine innere Insel als Rückzugsort. Von dort leben *Fünfer* ein Leben in einer Welt der Informationen und der Ideen und können so die Distanz zu den eigenen Emotionen aufrechterhalten. Je mehr sie sich jedoch auf diese Weise von der Welt abschotten, desto mehr haben sie zu kämpfen mit dem Gefühl von innerer Leere, Einsamkeit und zwanghaften Bedürfnissen. Dieses Muster gleicht dem Versuch, sich den eigenen Hunger mit Hilfe von Gedanken auszureden! Zu diesem Zeitpunkt spürt die *Fünf* kaum noch ihre eigenen Gefühle auf direktem Weg, nur noch indirekt über eine lange Folge von Gedanken. Aus sicherer Distanz schauen *Fünfer* dann aus ihrem Elfenbeinturm schließlich arrogant auf sogenannte Gefühlsmenschen herab und fühlen sich diesen bei weitem überlegen. Dabei merken sie überhaupt nicht, dass sie sich langsam aber sicher von der Welt und damit vom Leben selbst abgekoppelt haben und so ein Leben in Gedanken, ein Leben aus zweiter Hand führen. Durch die Abspaltung von ihren Gefühlen erleben sie die Welt nur noch mittelbar und leben auf diese Weise ein *„Second-Hand-Leben"* ohne direkten Wirklichkeitsbezug, denn alle Wahrnehmungen gelangen zuvor durch den Filter ihres ausgeprägten Verstandes und erreichen sie somit nicht mehr direkt. Der grundlegende Be-

zug zur Realität geht schließlich verloren. Das kann schizoide und unberechenbare Formen im Sozialleben mit anderen zur Folge haben, mithin erleben wir dann bei der *Fünf* aggressive Episoden, böse, höhnische Kommentare oder gar unberechenbare Zornesausbrüche und sonstige Gewalttätigkeiten. Auch können *Fünfen* im stark dekompensierten Zustand seltsame Phobien (z.B. von unsichtbaren Objekten wie Keimen etc.) entwickeln und gar Ausbrüche von akuter Paranoia zeigen, also schwere psychische Störungen mit Wahnvorstellungen. Verrücktheit und Wahnsinn bilden dann die Endstadien im psychischen Bereich. Diese ganze Entwicklung des *Enneatyps 5* in Richtung tiefer Unbewusstheit ist dabei stets geprägt von den defensiven Selbstschutztendenzen der Isolation, des distanzierten Beobachtens aus der Ferne und des Hortens von materiellen und immateriellen Dingen. Sind die Angehörigen dieses *Typs 5* also relativ bewusst, sind sie analytisch veranlagt, ausdauernd, empfindsam, klug, objektiv, tiefblickend und selbstgenügsam. Relativ unbewusste *Fünfer* können hingegen überheblich, geizig, stur, distanziert, kritisch, negativ eingestellt und nicht durchsetzungsfähig sein.

3.6 Enneagrammtyp 6 (*Der Der Loyale, der Vorsichtige, der Ängstliche, der Zweifler, der Fragensteller, der loyale Skeptiker, der Zögernde, der Mutige) - Ein Mensch auf der ewigen Suche nach Sicherheit!*

Ängste (Sorgen, Befürchtungen) manifestieren sich in Unsicherheit, Zweifel (Skepsis) und Strategien der Angstvermeidung: Die *Sechs* ist der ängstlichste aller Enneatypen. Menschen mit dieser Sechser-Fixierung sind sich der allgemeinen und speziellen Gefahren des Lebens in besonderem Maße bewusst. Sie sind daher stets auf der Hut vor den Gefahren, die unter alltäglichen Erscheinungen des Lebens lauern können. Es gibt zwei Ausprägungen der *Sechs*: Phobisch und kontraphobisch. Ihre Reaktionen mit Angst umzugehen können derart unterschiedlich sein, dass man meint, man habe es mit unterschiedlichen Enneagrammtypen zu tun. Wenn die *phobische Sechs* Gefahr wittert, wird sie wachsam, vorsichtig, zieht sich zurück oder wird passiv, neigt dann zur Konformität und/oder Ambivalenz und dabei immer mit dem Ziel, mögliche Angriffe auf sich selbst zu vermeiden. Die *phobische Sechs* kann dabei charmant, bescheiden und sanftmütig wirken. Wenn hingegen die *kontraphobische Sechs* eine Gefahr spürt, reagiert sie aktiv, z.B. indem sie die Gefahr noch absichtlich provoziert. Sie geht dann nach außen und handelt aggressiv gegen die Gefahr und ihre innerlich gespürte Angst, will die gefährliche Situation in den Griff bekommen, bevor diese sie in den Griff bekommt und bevor die Angst sie überwältigt. Die *kontraphobische Sechs* wirkt dabei vor allem hart und herausfordernd und erinnert dann an das Verhalten der *Acht*, mit der diese *Sechs* dann häufig verwechselt wird. Manche *Sechser* sind absolut phobisch oder kontraphobisch, aber die meisten *Sechser* tendieren eine Zeit lang zur phobischen Natur, um dann für einen weiteren längeren oder auch kürzeren Zeitraum eher kontraphobisch zu agieren. Dahinter scheint ein gewisses Muster zu stecken, nach welchem die *phobische Sechs* früher oder später aufgrund ihrer stark zunehmenden Ängste aktiv kontraphobische Strategien entwickeln muss, um zu überleben oder zumindest ihren Alltag zu bewältigen. Dabei ist die eine passive Strategie der phobischen *Sechs* nicht besser oder schlechter als die aktive Strategie der kontraphobischen *Sechs*. Grundlage beider Ausprägungen ist jedenfalls die tief verwurzelte Angst vor dem Leben im Innersten der *Sechs*, voller Zweifel an der Realität der Welt und ihren eigenen Instinkten. Sie widersetzen sich innerlich der Welt, um ein Gefühl von Kontrolle zu behalten, denn im Innersten spüren sie eine Ablehnung der Welt gegenüber ihnen, da ihnen das Urvertrauen und der Glaube an das Leben fehlt. Gesunde *Sechsen* wachsen zueinander,

die *phobische* **Sechs** wird tendenziell mutiger und aktiver, während die *kontraphobische* **Sechs** ihr Schicksal besser akzeptieren lernt und ihre Aktivität auf ein gesundes Maß zurücknimmt. Sind die Angehörigen des ***Enneagrammtyps 6*** relativ bewusst, sind sie loyal, liebenswert, fürsorglich, warmherzig, mitfühlend, witzig, praktisch veranlagt, hilfsbereit und verantwortungsbewusst. Relativ unbewusste **Sechsen** sind hingegen übervorsichtig, herrschsüchtig, anmaßend, unvorhersehbar, paranoid, defensiv, rigide, reizbar und sich selbst im Wege.

3.7 Enneagrammtyp 7 *(Der Glückliche, der Begeisterte, der Fröhliche, der Vielseitige, der Lustorientierte, der Genießer, der Abenteurer, der Optimist, der Epikureer) - Ein Mensch auf der ewigen Suche nach Lebensfreude!*

Ängste (Sorgen, Befürchtungen) manifestieren sich in Völlerei, Leidvermeidung und Unmäßigkeit: **Siebenen** gehören zusammen mit den *Sechsen* und *Fünfen* des Enneagramms zu den Typen, die ängstlich auf das Leben reagieren. Während sich *Fünfen* vor Angst zurückziehen, *Sechsen* vor Angst zu Selbstzweifeln neigen oder eine misstrauische Haltung dem Leben gegenüber einnehmen, reagieren **Siebenen** auf ihre Ängste, indem sie diese eher unterdrücken oder ihnen entfliehen wollen. Sie versuchen, ihren Ängsten zu entfliehen, indem sie ihre Aufmerksamkeit auf positive Vorstellungen und Veränderungen in der Zukunft richten und zukünftige Pläne schmieden oder den Schwerpunkt auf Möglichkeiten in der Zukunft legen. Oft sind *Siebener* sehr kommunikationsbewusst, sehen häufig das Gute im Schlechten. Der *Typ 7* im gesunden Zustand lebt seine oft stark unterschiedlichen Interessen lebendig aus, ist multitalentiert und strahlt eine authentische Lebensfreude aus. Manchmal wirken sie ein wenig kindlich, ohne sofort kindisch zu sein. Sie können sich begeistern für alle Gaben des Lebens, seien sie groß oder auch klein. Viele gesunde *Siebenen* besitzen eine Mischung aus Charme und vielseitigem Interesse an den Dingen der Welt, sind kreativ und daran interessiert, neue Horizonte zu erblicken. Im gesunden Zustand sind sie sehr belastbar und können Verlust und Unglück psychologisch sehr gut verarbeiten. In sehr gesundem Zustand können sie auch die schmerzhaften Dimensionen des Lebens annehmen, was ihnen mehr Tiefe gibt und damit auch mehr echte Lebensfreude schenkt. Damit einhergehend wächst auch ihre Bereitschaft, entsprechende Verpflichtungen einzugehen, was dann zu mehr Struktur und einem besseren Überblick in ihrem Leben führt, in dem sie dann immer noch ausreichend Abwechslung den Bedürfnissen ihres Typ entsprechend finden können. Im kranken oder sehr unbewussten Zustand ist der *Typ 7* jedoch sehr anfällig dafür, den Schmerz in sich selbst und bei anderen zu vermeiden und tendiert zur Flucht aus der Realität heraus in Phantasiegebäude hinein. Jegliche Art von Verpflichtungen können dann für den ***Enneatyp 7*** eine Art Gefangenschaft bedeuten, die er auf keinen Fall akzeptieren möchte und kann. So kontrolliert er seine Ängste und erhebt sie ins Geistige, indem er z.B. großen Appetit für alle möglichen scheinbaren Freuden des Lebens entwickelt, z.B. Nahrung, Arzneimittel, Ideen, Aktivitäten, das Kennenlernen neuer Menschen, neue Erfahrungen sammeln, essen usw... . Doch in ihrem kranken Zustand können die Angehörigen dieses *Typs 7* diese ganzen Eindrücke leider nicht verdauen. So leben sie ständig in einer bedauernswerten Oberflächlichkeit und finden dabei einfach nicht zu ihrer eigenen, inneren Tiefe, weil sie das vermeintliche Glück in den Erscheinungen der äußeren Welt suchen. Sie verlieren sich also immer mehr in der Welt der Formen und verlieren damit zunehmend den Kontakt zu ihrer inneren Mitte und Struktur, ihrer Essenz. Die zunehmende Desillusionierung auf diesem Wege an der Oberfläche des Lebens ist jedoch in gewisser Weise heilsam, denn sie führt den *Typ 7* zwangsläufig im-

mer wieder an den Pol des Armutsbewusstseins, an dem ihm - wenn auch nur kurzfristig - bewusst wird, wie viel Schmerz er doch in Wirklichkeit in sich trägt. Schafft er es, diesen Schmerz auf Dauer zu akzeptieren, kann Heilung sehr schnell stattfinden. Die ständig verdrängte Angst des *Enneatyps der 7* ist letztlich die Angst vor dem Tod. Das kann soweit gehen, dass der Patient es vermeidet, Dinge zu Ende zu führen, denn auch das Zuendeführen von Dingen bedeutet eine Art Tod für ihn, auch wenn ihm das gar nicht so bewusst sein mag. Im stark dekompensierten Zustand der *Sieben* löst sich schließlich die Grenze zwischen Realität und Phantasie drastisch auf. Grandiose Visionen wechseln sich immer häufiger mit der Verweigerung jeglicher Verantwortung gegenüber den Erfordernissen des Lebens ab. Sie verlieren so immer mehr die Realität aus den Augen, werden dann mitunter ungeduldig, ruhelos, chaotisch, wahnhaft, wild und explosiv. Die Tendenz zu ausgeprägtem Suchtverhalten bis hin zu manisch-depressiven Zyklen wird dann immer deutlicher. Sind die Angehörigen des *Enneagrammtyps 7* also relativ bewusst, sind sie fröhlich, spontan, einfallsreich, produktiv, begeisterungsfähig, schnell, zuversichtlich, charmant und vielseitig interessiert. Relativ unbewusste *Siebenen* sind hingegen im schlimmsten Fall narzisstisch, impulsiv, unkonzentriert, rebellisch, undiszipliniert, besitzergreifend, manisch, selbstzerstörerisch und extrem ruhelos.

3.8 Enneagrammtyp 8 *(Der Kämpfer, der Herausforderer, der Dominante, der Aggressive, der Beschützer, der Mächtige, der Durchsetzungsstarke, der Macher, der Energische) - Ein Mensch auf der ewigen Suche nach Macht!*

Aggressionen (Zorn, Wut, Ärger) manifestieren sich in Wollust, Gier und Machtansprüchen: **Achten**, *Neunen* und *Einsen* bilden in gewisser Weise ein weiteres „emotionales Trio", wobei die Emotion hier die unterschwellige Wut darstellt. Erinnern wir uns an das emotionale Trio der *Zweien, Dreien* und *Vieren*, bei denen eine Verwirrung darüber besteht, wer sie sind und wie sie fühlen. Das Trio der *Fünfen, Sechsen* und *Siebenen* reagiert in erster Linie ängstlich und ergreift aus dieser Emotion der Angst Maßnahmen zur Verbesserung ihrer Lebensumstände. **Achten**, *Neunen* und *Einsen* reagieren hingegen aus einer grundlegenden Emotion des Zorns und der Wut heraus, aber die größte Verwirrung bei ihnen besteht im Bereich des klaren Denkens. Die Grundlage der Probleme dieses weiteren emotionalen Trios von *Acht, Neun* und *Eins* liegt also im geistig-mentalen Bereich, hat dann aber unmittelbare Auswirkungen auf ihre Gefühle und ihre Handlungen in der Außenwelt. Diese drei Enneatypen **8**, *9* und *1* haben Schwierigkeiten mit ihren mentalen Konzepten der Wirklichkeit. Durch den Schleier einer verzehrten geistigen Wahrnehmung neigt die *Acht* zu Narzissmus und der Notwendigkeit, in jedem Fall stark zu sein. Die *Neun* verliert schnell ihren geistigen Fokus und verliert sich dabei im Unwichtigen. Die *Eins* verzerrt die Wirklichkeit, indem sie mental versucht, die multidimensionale Wirklichkeit auf einfache moralische Kategorien zu reduzieren. Die Wut und der Zorn in der *Acht* resultieren aus dem Wunsch, stark zu erscheinen und auch stark zu sein. Alles im Leben der *Acht* ist letztlich auf dieses Verlangen gerichtet und die *Acht* mobilisiert ihren Willen zu diesem Zweck und ist sich dieser Stärke, ja dieses Gefühls von Macht, meistens sehr bewusst. Währenddessen die *Neun* dazu neigt, ihre Wut nach außen hin zu begraben oder sie zumindest nur indirekt zu zeigen, drückt die *Eins* des Enneagramms diese Wut über das Urteilen und die Missbilligung anderer direkt und spürbar aus. Gesunde *Achten* sind oft dynamisch, stark und unabhängig. Dann können sie ihre Führungsstärke für konstruktive Lebenszwecke einsetzen. Viele der *Achten* haben natürlicherweise

74

diesen tonangebenden Aspekt in ihrem Sein, können im besten Fall damit andere inspirieren und sich für den Schutz der Schwachen und die Gerechtigkeit im Allgemeinen einsetzen. Mit ihrem natürlichen Mut, Dinge anzufassen, können *Achten* im gesunden Zustand den Willen entwickeln, neue Ideen umzusetzen. Sie sind für gewöhnlich ehrlich, direkt und gehen mit energiereichem Elan an ihre Aufgaben heran, was auch immer sie versuchen zu unternehmen. Im ausgeglichenen Zustand sind *Achten* oft großzügig, können treue Freunde sein und schwächere Menschen unterstützen, gerade weil sie ganz tief in sich eine große Verletzlichkeit und Weichheit spüren oder auch nur intuitiv erahnen, welche sie ja unter der Fassade von Stärke und Unabhängigkeit verstecken. Werden sie dann in ihrer Außenwelt mit dem Thema von Schwäche und Verletzlichkeit in anderen Menschen konfrontiert, gehen sie sozusagen in Resonanz mit diesem Zustand der anderen und können dabei ihre Beschützerinstinkte und ihren ihnen innewohnenden Sinn für Gerechtigkeit aktivieren und sich für die Schwachen dieser Welt einsetzen, sofern sie sich selbst in einem relativ gesunden Zustand befinden. In unbeobachteten Momenten zeigen sie mitunter die Stärke der Sanftmut, die Liebe zur Natur oder die unschuldige Qualität des Verhaltens eines Kindes. Gesunde *Achten* sind jedenfalls stark genug um freundlich zu sein, offen genug um innerlich berührt zu werden, sicher genug, um ihre Fehler einzugestehen und innerlich reich genug, um zu geben. Ungesunde oder unbewusste *Achten* neigen jedoch dazu, ihr natürliches Gefühl von Stärke in Form von Machtansprüchen gegenüber ihren Mitmenschen auszudrücken und auszuleben. Sind die Angehörigen des *Enneagrammtyps 8* also relativ bewusst, sind sie direkt, maßgebend, loyal, energisch, erdnah, Beschützer und voller Selbstvertrauen. Relativ unbewusste *Achten* sind hingegen im schlimmsten Fall rebellisch, herrisch, gefühllos, anmaßend, egozentrisch, kontrollierend, skeptisch, geizig und aggressiv.

3.9 Enneagrammtyp 9 *(Der Harmonische, der Streitschlichter, der Konfliktvermeidende, der Bescheidene, der Bequeme, der Friedliebende, der Vermittler, der Sanfte, der Träge) - Ein Mensch auf der ewigen Suche nach Harmonie!*

Aggressionen (Zorn, Wut, Ärger) manifestieren sich in Trägheit, Bequemlichkeit und Konfliktvermeidung durch Harmoniestreben: **Neunen** neigen grundsätzlich wie alle anderen Menschentypen des Enneagramms auch einmal zu Aggressionen. Doch diese negativen Emotionen werden nicht direkt nach außen gelebt, sondern verbleiben unter der Oberfläche und sind der *Neun* oftmals überhaupt nicht bewusst. Ihre zentrale und defensive Lebensstrategie besteht darin, Gefühle der Wut und des Zorns ins Unterbewusste zu verfrachten, um sich so den Erfordernissen ihrer Umwelt anzupassen. Die *Neun* verbirgt dabei ihre Ecken und Kanten und alle sonstigen scheinbar unangenehmen Persönlichkeitsanteile. Sie geht dabei zuweilen derartig radikal vor, dass ihre Persönlichkeit von anderen überhaupt nicht mehr wahrgenommen wird, d.h. andere Menschen übersehen sie einfach. Natürlich können verdrängte Wesensanteile der Persönlichkeit auf Dauer nicht unterdrückt werden und so kommt die aufgestaute Wut der *Neun* längerfristig auf indirekte Art und Weise in Form ihrer Lebensumstände und/oder in Form von Krankheit wieder zum Vorschein. Da die *Neun* dazu neigt, die Schattierungen ihrer Umwelt anzunehmen, gibt es eine verwirrende Vielfalt von Menschen mit diesem *Neuner-Muster*, die sich oberflächlich betrachtet alle sehr voneinander unterscheiden mögen. Allen gemeinsam ist jedoch eine deutliche Tendenz zur Unfähigkeit, ihrer realen inneren Bedürfnisse zu erkennen und danach ihr Leben zu gestalten. Daher ist es hilfreich bei der Identifizierung dieses Enneagrammtyps, sich bewusst zu machen, den Fokus eher auf die

Abwesenheit besonderer Persönlichkeits - und Wesensanteile zu legen als auf bestimmte, offensichtlich zu erkennende Qualitäten und Faktoren des Menschen. Aufgrund dieser oft fehlenden charakteristischen Erkennungsmerkmale, wie wir sie bei den anderen *Enneagrammtypen 1 - 8* oft viel deutlicher wahrnehmen können, werden die **Neunen** manchmal als das „gemeine Volk" des Enneagramms bezeichnet. Stehen Entscheidungen im Leben an, tun sie sich sehr schwer damit, weil sie aufgrund ihrer neutralen und gut beobachtenden Wahrnehmung immer sowohl die Vor- als auch die Nachteile sehen. Anstatt die Dinge in Angriff zu nehmen, die gerade anstehen und wichtig erscheinen, beschäftigen sie sich aufgrund innerer Widerstände in diesem Fällen oftmals mit lauter unwichtigen Dingen. Es fällt ihnen immer sehr schwer, anderen Menschen die „Stirn zu bieten", eher gehen sie zwischenmenschlichen Unstimmigkeiten lieber aus dem Weg. Sie mögen es überhaupt nicht, wenn andere Menschen ihnen sagen möchten, was sie zu tun haben. Dann werden sie oft sehr bockig und verweigern sich dem Gegenüber mitunter vollständig. Gegen jegliche Machtansprüche reagieren sie äußerst empfindlich, weil diese ihnen ihre eigene Ohnmacht bewusst machen, sich gegenüber diesen zu behaupten. Auch Kritik gegenüber reagieren sie sehr empfindlich und nehmen sie schnell zu persönlich. Gesunde *Neunen* besitzen eine tiefe persönliche Bescheidenheit und eine elegante Einfachheit im Denken. Sie sind ausgeglichen, emotional stabil, nichturteilend und man fühlt sich in ihrer Anwesenheit einfach sehr gut aufgehoben, weil dieser Typ im bewussten Zustand sein Ego weitestgehend transzendiert hat. Es bestehen somit nur sehr wenige egoistische Ansprüche gegenüber den Mitmenschen, sodass diese sich in der Gesellschaft der gesunden *Neun* frei und angenommen fühlen. Die gesunde *Neun* lebt in der Gegenwart und kann dort trotz ihrer ruhigen Art in ausgelassener Stimmung durchaus wie eine fröhliche *Sieben* wirken. Doch die Aufmerksamkeit der gesunden *Sieben* richtet sich tendenziell immer auf die Zukunft, die der gesunden *Neun* aber auf die Gegenwärtigkeit des Augenblicks. Im gesunden oder bewussten Zustand sind *Neunen* gute und aufgeschlossene Diplomaten und Mediatoren, die sehr geschickt, dynamisch, mitfühlend und geduldig in der Konfliktlösung sein können, die ihnen im unbewussten Zustand so schwer fällt. Ungesunde oder auch unbewusste *Neunen* neigen hingegen dazu, sich vor der Welt zu verbergen und ähneln darin der *Fünf*. Mitunter verschmelzen sie blind mit den Wünschen anderer und spielen die Rollen, die ihre Umwelt ihnen angeblich abverlangt. Dabei negieren sie ihre eigenen Bedürfnisse, Prioritäten und Ziele manchmal vollständig und verharren so in einer scheinbaren friedfertigen Ruhe ohne eigene Meinung oder eigenen Willen. Je mehr sie sich dabei in eine Abwesenheit dem Leben selbst gegenüber manövrieren, desto passiver, unkonzentrierter und ambivalenter verhalten sie sich der Umwelt und den wichtigen Dingen des Lebens gegenüber. Immer mehr konzentrieren sie sich dann auf irrelevante Details und verlieren sich vor lauter Bäumen im Wald. Dabei werden sie zunehmend unentschlossener, sturer und apathischer und ziehen sich vor ihren Mitmenschen immer mehr zurück, weil sie der Konfrontation und der Verärgerung der Umwelt aus dem Weg gehen wollen. Sie haben Probleme, offen „Nein" zu sagen und reagieren stattdessen auf bestimmte Situationen mit großen inneren Widerständen durch stille Sturheit und passive Aggression. Sie geben dabei nicht selten anderen die Schuld für ihr gefühlsmäßig „nicht gelebtes Leben". In der Tiefe versteckt sich bei ungesunden *Neunen* eine wütende, depressive Form von Nihilismus und innerer Leere und sie empfinden ihr Leben im fortgeschrittenen Krankheitszustand schließlich als fruchtlos und sinnentleert. Sie vernachlässigen sich dann immer mehr selbst in einer Art von träger Selbstvergessenheit, Gleichgültigkeit, Taubheit und Gefühllosigkeit dem Leben gegenüber, reden unaufhörlich über belanglose Angelegenheiten oder verharren stumm in

fauler Lethargie. Durch ihre zunehmende Tendenz, Konflikte zu vermeiden, provozieren sie sie in Form eigener Gefühlsausbrüche und distanzierter Gemeinheiten und verlieren immer mehr das Gefühl für Verantwortung und Konsequenz in ihren eigenen Handlungen. All das kann münden in Drogen- und Alkoholabhängigkeiten sowie einer Sehnsucht nach dem Tode. Sind die Angehörigen des *Enneagrammtyps 9* also relativ bewusst, sind sie freundlich, friedlich, großzügig, geduldig, aufgeschlossen, diplomatisch, offen und mitfühlend. Relativ unbewusste *Neunen* sind hingegen im schlimmsten Fall abgehoben oder abgedreht, vergesslich, stur, grüblerisch, apathisch, passiv-aggressiv, urteilend, unentschlossen, träge und lethargisch.

4. Wichtige Themen, Facetten und Symbolik der Patienten alphabetisch geordnet

Es gibt bestimmte konkrete Themenbereiche, die besonders typisch für jeweils einen der 9 Enneagrammtypen sind. Um sich selbst und andere besser typisieren zu können, werden diese Facetten des Menschseins / Krankseins der einzelnen Enneatypen in alphabetischer Reihenfolge zum besseren Wiederauffinden nachfolgend stichpunktartig aufgeführt:

Ü
10
13
15
22
24
29
30
120
121
122
123
124
125
126
127
128
129
130
131
132

4.1 Der Patient des Enneagrammtyps 1

A
Abgelehnte Elemente: Ausdrücken von Ärger, Aggression, Wut
Abneigungen: sparsame Ausführung, Laxheit, Verantwortungslosigkeit
Absolutes
Absolutes versus Relatives
Abwehrmechanismus: Selbstkontrolle / Reaktionskontrolle / unbewusste Reaktionsbildung! Was ist richtig, was ist falsch, was lässt sich verbessern, was macht jemand (mache ich) richtig oder falsch?
Analfixiert
Anspruch: Vollkommenheit
Archetypen: Perfektionisten, Reformer, Moralisten, Lehrer, (Welt-) Verbesserer
Ärgern sich lange
Aufmerksamkeit (Energierichtung auf): Richtig und falsch
Aufmerksamkeitsschwerpunkt: Schätzt ab, was in einer Situation richtig oder falsch ist!
Ausruhen, keine Zeit zum
Äußerungen zum Enneagramm: „Das Modell greift perfekt ineinander, die Methode ist sehr gründlich!"
Austausch, Mangel an

B
Bauchenergie, umfunktionierte
Bedürfnis: Recht zu haben
Befreiung (durch Entwicklung folgender Tugenden!): Gelassenheit
Berufung: Wachstum
Besondere Reaktionen: Groll
Beständigkeit
Besten Seite, sich zeigen von der
Beziehungslosigkeit
Blindheit (eingeschränkte Wahrnehmung für): Emotionale Zwischentöne

C

D
Devolution (= negative Entwicklung!): Richtung Ignatia (Punkt 4)
Distanz
Diktatur
Disziplin, strenge
Druck, zeitlicher

E
Echtheit
Ego-Groll
Egozentrik

Ehrfurchtgebietend
Ehrgeiz
Einmaligkeit
Einsatz, hoher
Einstellung (Verhältnis) zu den Eltern:
Negative Einstellung zum Vater
Einzelheiten perfekt durchführen
Elternrolle, Übernahme der
Energiepunkt: Der nach innen gerichtete
Zorn-Punkt
Entsprechungen nach C.G. Jung:
Extravertierter Denktypus
Entsprechungen nach Claudio Naranjo:
Perfektionismus
Entsprechungen nach dem DSM (= Diagnostic
and statistical Manual of Mental Disorders!):
Zwangsstörung mit Schwerpunkt auf Zwangs-
gedanken
Entsprechungen nach der Millon-Skala:
diszipliniert
Entsprechungen nach der Myers-Briggs-
Skala: urteilend
Erlöste Haltung: kritisch, wach, gelassen,
ethisch hochstehend
Ernst nehmen, Dinge zu
Erwartungen, hohe
Essenz, innere: unsterbliches Sein / Gewahrsein
Evolution (= positive Entwicklung!): Richtung
Belladonna (Punkt 7)
Exaktheit

F
Fakten
Falle: Seine Pflicht erfüllen
Fehler, eigene und anderer
Fehlersuche
Fixierung: Empfindlichkeit

G
Gaben, hohe
Geiz
Gelassenheit als heiliger Weg
Geld
Geltungsbedürfnis
Genauigkeit
Gerechtigkeit

Geringschätzung durch andere, Gefühl von
Geschäftstüchtigkeit, ausgeprägte
Gesetze, Regeln, Normen
Gewissenhaft
Glanz, stiller
Groll, nicht gelebter
Grundangst: vor Verurteilung
Grundenergie: umfunktionierte,
umgewandelte Bauchenergie
Grundfixierung: Zorn, Bauch! (sexuell,
feindselig)
Gut genug sein, müssen

H
„Händchen" für Geschäfte
Hauptmerkmal: Groll
Heiliger Weg: heitere Gelassenheit
Herrscher
Hochachtung versus Verachtung
Hochgeistiges versus animalische
Sexualität
Hundertprozentig auf bestimmten Gebieten

I
Ideale, Einsatz für
Idealisierungen (Ich bin gut, wenn ich …):
… gerecht, stark und überlegen bin!
Idealismus versus Selbstbild
Intuitiver Stil: Empfindet die Situation vor
dem Hintergrund: Wie perfekt könnte sie sein?

J
Jesus Christus-Aspekt: Jesus` kompromisslose
Deutung der 10 Gebote in der Bergpredigt!
(siehe Mt 5, 17)

K
Kernproblematik: Empfindlichkeit
Kernressourcen (als Rettungsanker!):
Rationales Denken
Kompromisslosigkeit
Kombinationsfähigkeit
Korrektur, korrigierend
Kostbarkeit
Kritik, Angst vor
Kritik, kritisch, kritisierend
Kritikneigung

L

Länder: Russland, Schweiz
Leidenschaft: Wut/Zorn

M

Macht, unsichtbare
Mäkeln
Maß, verschobenes
Maßregeln
Maßstab
Merkur-Prinzip (Merkur als 1. sonnennächster Planet, der auf der 1. Planetenbahn die Sonne umkreist!)
Missachtung
Moral, hohe
Musterkind

N

Neubeginn
Normale Haltung: perfektionistisch, zaudernd, moralisch Normen, Regeln, Gesetze

O

Objektiv
Optimismus (bei wirtschaftlichem Erfolg)
Ordnung, ordentlich
Organisationstalent

P

Pedanterie
Perfektion als vorherrschendes psychisches Programm
Perfektionist
Perfektionistisch
Perfektionssucht
Pflichtbewusst
Polaritäten: starr - empfindsam; zuverlässig - dogmatisch
Primat des Materiellen
Prinzipienorientiert
Prinzipientreue
Prominenz
Punkt des Neubeginns
Pünktlichkeit

Q

Qualitäten: Perfektionisten (Anstrengung, richtiges Handeln, Ehrlichkeit, Verantwortung, Sorge um Verbesserung, Fleiß, Idealismus, hohe Standards, Selbstständigkeit, Hingabe!)

R

Ratschläge geben
Realist
Recht haben
Redestil: Predigt
Reformer
Regeln, Normen, Gesetze
Reinheit als Eigenschaft der Essenz
Repressiv
„Richtig"

S

Sachlich
Schüler, guter
Seinsgefühl („Ich"- Gefühl) ist verankert im physischen Körper, in den Empfindungen (Bauch - Beziehung - Zorn)
Selbstbild (Ich ...): ... mache es richtig und habe Recht!
Selbstdefinition: „Ich bin vernünftig, ein Vernunftsmensch!"
Selbsterhöhung versus Selbsterniedrigung
Selbsterniedrigung
Selbstgefühl: „Ich bin vernünftig!"
Selbstgerecht
Selbstglorifizierung
Seltenheit
Sicherheitsstreben versus Verarmungsängste
Sorgen, permanente
Spannung statt Gefühl
Spannung statt Entspannung
Spontaneität fällt schwer
Spott
Starre
Stil

Stresspunkt 4: Das Bewusstsein, trotz aller Bemühungen dem inneren (zornigen) Anspruch an Perfektion nicht genügen zu können: depressive Verstimmungen, hervorgerufen durch Selbstvorwürfe
Suche nach dem Glück („Es wird mir gut gehen, wenn ..."): ... ich alles nur perfekt mache!
Sucht nach: Vollkommenheit, Perfektion
Systematik

T
Terrier, aggressiver
Terrier, kläffender
Tierentsprechungen: Terrier, Ameise, Biene
Triade des Enneagramms: Bauch - Beziehung - Zorn
Tüchtigkeit (perfektionistisch!)

U
Überlastung, Gefühl der
Übermacht versus Ohnmacht
Umgang mit Angst: „Ich bringe am besten alles in Ordnung!"
Umgang mit Zeit: Gegen die Zeit anarbeiten
Unerlöste Haltung: rechthaberisch, pharisäerhaft, zersetzend
Unterdrückte Aggressionen versus offener Kampf
Unterdrückung negativer Gefühle
Unternehmer
Untertypen: a) Selbsterhaltung - Besorgnis b) sozial - Nichtanpassung c) sexuell - Eifersucht
Unveränderlich
Unvergänglich
Urteil, Angst vor dem Urteil anderer
Urteilen

V
Verachtung
Verantwortung
Verarmungsängste
Verdauung
Vereinsamung
Vergleich
Verkannt
Vermeidung: Zorn / Ärger!

Vermessen
Vernunft ohne Gefühle ist unvernünftig
Vernunftsmensch
Vernünftig
Verurteilen
Verurteilt werden
Vollkommenheit, bemühen sich um
Vollkommenheit und Perfektion als heilige Ideen
Vorlieben: Qualität, edle (teure) Dinge, verantwortungsbewusste Menschen, Ehrlichkeit
Vorzüge statt Fehler anderer erkennen als Aufgabe

W
Wahrheit
Wahrnehmung in Bezug auf die Welt: „Ich bin kleiner als die Welt!" (aggressiv)
Was andere lästig finden: (unausgesprochene) Kritik, Perfektionismus, Rigidität
Weisheit, praktische
Weltverbesserer
Wert, innerer
Wert, verborgener
Wurzel-Chakra
Wut als Schattenanteil der Seele

X

Y

Z
Zerbrechen, schwer zu
Zeigefinger, erhobener
Zeit, getrieben von der
Zeitempfinden: Zeit reicht nicht aus
Zu bearbeitende Themen: innerer Kritiker, Mitgefühl und Vergebung, Kontakt mit eigenen Impulsen, Reaktionsbildung
Zugang zu Gefühlen finden

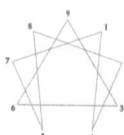

4.2 Der Patient des Enneagrammtyps 2

A
Abgelehnte Elemente: (eigene) Bedürfnisse
Abhängig
Abhängigkeit anderer
Ablehnung, Furcht vor emotionaler
Abneigungen: Nicht anerkannt zu werden, Abweisung, unfreundliches und unaufmerksames Verhalten
Abwehrmechanismus: Verdrängung/ Unterdrückung
Aktiv
Anspruch: Helfen
Ästhetik versus Leiden
Anerkennung, Bedürfnis nach
Anerkennungssucht versus Depression
Anerkennungssüchtig
Angriff
Anlächeln, andere
Archetypen: Geber, Helfer, Verführer, Pfleger, Manipulator
Aufmerksamkeit (Energierichtung auf): Anerkennung
Aufmerksamkeitsschwerpunkt: Möchte als Mensch beachtet und anerkannt sein! Wer oder was braucht meine Hilfe, wo und wie kann ich dienen, wie erhalte ich Wertschätzung und Bestätigung, finden mich Leute nett, was ist nötig?
Auseinandersetzung mit dem anderen
Ausgleich von Geben und Nehmen
Äußerungen zum Enneagramm: „Es hilft mir, mich noch mehr auf die Bedürfnisse anderer einzustimmen!"

B
Bedürfnis: Geliebt werden
Befreiung (durch Entwicklung folgender Tugenden!): Demut
Belohnung, Erwartung einer
Berufung: Freiheit
Besondere Reaktionen: Schmeichelei
Betrug
Beziehungen als Lebensinhalt
Bezirzen

Blindheit (eingeschränkte Wahrnehmung für): Würde anderer
Brüste, große (nährendes, gebendes Prinzip auf körperlicher Ebene!)

C
Charmant

D
Demut als heiliger Weg
Devolution (= negative Entwicklung!): Richtung Veratrum (Punkt 8)
Dienst
Doktorspiele

E
Ego-Schmeichelei
Eifersucht
Einstellung (Verhältnis) zu den Eltern: Ambivalenz gegenüber dem Vater
Eitelkeit
Emotional, zu
Energiepunkt: Der nach außen gerichtete Image-Punkt
Entsprechungen nach C.G. Jung: Extravertierter Fühltypus
Entsprechungen nach Claudio Naranjo: histrionisch (= theatralisch!)
Entsprechungen nach dem DSM (= Diagnostic and statistical Manual of Mental Disorders!): Histrionisch (=theatralisch!), aber auch abhängige Persönlichkeit
Entsprechungen nach der Millon-Skala: kooperativ, soziabel
Entsprechungen nach der Myers-Briggs-Skala: extravertiert, fühlend
Erlöste Haltung: fürsorglich, freundlich, originell
Erotomanie
Essenz, innere: Liebe/Glückseligkeit
Evolution (= positive Entwicklung!): Richtung Ignatia (Punkt 4)
Exhibitionismus, Hang zum

TYP 2

F
Falle: Gute Absichten
Feindselig
Fixierung: Schmeichelei, Gefälligkeit
Freiheit
Freizügigkeit
Freundlich
Freundlichkeit und Güte als Eigenschaften
der Essenz

G
Geben ist wichtiger (seliger) denn Nehmen
Geber, gebend
Gefühle zeigen
Gegenleistung erwarten
Gegenleistung für Liebe
Gegenwart, Verschönerung der
Geilheit, geil
Geliebt zu werden, Verlangen
Geschätzt werden
Göttliche Mutter
Großzügigkeit
Grundangst: Ungeliebt zu sein
Grundenergie: überentwickelte
Herzenergie
Grundfixierung: Hysterie und
Bedürftigkeit! Herz (sozial, zugewandt)

H
Harmoniebedürfnis
Hauptmerkmal: Schmeichelei
Heiliger Weg: Demut
Helfer
Helfersyndrom
Herrschen durch Dienen
Herumschnüffeln
Herzenergie, überentwickelt
Herzlich
Hilfe
Hilfeleistung
Hilfsbereitschaft als vorherrschendes
psychisches Programm
Hilfreich
Hingabe
Hingabe für andere Menschen
Hinken

Humpeln
Hundebaby, hilfloses
Hure, heilige
Hypochondrie, Hang zur
Hysterisch

I
Idealisierungen (Ich bin gut, wenn ich …):
… liebevoll, selbstlos und hilfsbereit bin!
Identitätsprobleme
Impertinent
Intimität, Angst und Verlangen zugleich nach
Intuitiver Stil: Verändert sich, um den
Bedürfnissen anderer zu entsprechen

J
Jesus Christus-Aspekt: Jesus` Krankenheilungen
auch am Sabbat. Nicht das Gesetz, sondern
der hilfsbedürftige Mensch steht an erster
Stelle! (siehe Mt 20, 28)

K
Kernproblematik: Stolz / Schmeichelei /
Gefälligkeit
Kernressourcen (als Rettungsanker!):
Einfühlungsvermögen
Kinder, verkaufte
Koitus interruptus
Komplimente machen
Kommunikation

L
Länder: Afrika, Italien, Korea
Leidenschaft: Stolz
Liebe, Bedürfnis nach
Liebe, selbstlose
Liebenswürdig
Liebesbedürftigkeit
Liebesdienst
Liebesorientiert
Liebevoll
Lunge (Atmung)
Lust
Lust, verbotene

M
Manipulation als Schattenanteil der Seele
Manipulierend
Märtyrers, Rolle des
Minderwertigkeitsgefühl
Mutter, göttliche
Mutterkult

N
Nacktheit
Naivität versus Manipulation
Nett
Normale Haltung: mütterlich, gebend, aktiv
Nutte

O
Obergeil

P
Plan, erster
Planung
Polaritäten: militant - zügellos;
empathisch - instabil
Praktisch zupackend
Preis

Q
Qualitäten: Geber (freigiebig und hilfsbereit,
großzügig, romantisch, empfindsam, aner-
kennend, unterstützend, energisch, lebendig,
expressiv, willig!)

R
Rand der Zivilisation
„Rat-Schläge" erteilen
Redestil: Ratschläge
Rot
„Rotlichtmilieu"

S
Sakral-Chakra
Sakrament (sacra mens)
Schattenreich
Schäumen vor Wut
Schönheit
Schönheitsbedürfnis

Schutt
Seinsgefühl („Ich"- Gefühl) ist verankert
im Emotionalkörper, in den Gefühlen
(Herz - Gefühl - Image)
Selbstbild (Ich ...): ... bin hilfsbereit!
Selbstdefinition: „Ich bin liebevoll und
hilfsbereit!"
Selbstgefühl: „Ich bin liebevoll!"
Selbstlos
Sensibel
Sexualität, abhängig von
Sozial
Sozial engagiert
Stolz
Stresspunkt 8: Die Erfahrung, dass gut
gemeinte Hilfsangebote nicht gewürdigt
werden. Das Bewusstsein, selbst zu kurz
zu kommen: Wut, Feindseligkeit, Vorwürfe
an die „undankbare" Umgebung
Strip Poker
Suche nach dem Glück („Es wird mir gut
gehen, wenn ..."): ... ich jemanden finde,
der mich genug liebt!
Suche nach menschlicher Nähe
Sucht nach: Helfen, Manipulieren
Suhlen, sich

T
Tabu brechen
Tatkraft
Tempel der Lust
Tierentsprechungen: Esel, Katze, Hundebaby
Triade des Enneagramms: Herz - Gefühl -
Image
Tyrannei wegen mangelnder Anerkennung

U
Übersehen, fühlt sich
Übertreiben Gefühle
Umgang mit Angst: „Ich bringe andere
dazu, mich zu lieben/abhängig zu sein!"
Umgang mit Zeit: Gegenwart ausdehnen
Unangemessen, reagiert
Unerlöste Haltung: manipulativ,
beherrschend, symbiotisch

Untertypen: a) Selbsterhaltung - „Ich zuerst"
b) sozial - Ehrgeiz c) sexuell - Aggression/
Verführung
Unterwerfung
Unzensiert

V

Venus-Prinzip (Venus als 2. Planet, der auf
der 2. Planetenbahn die Sonne umkreist!)
Verführung versus Gefühlskälte
Verklemmung
Verlassenheitsgefühle, starke
Verlieren, sich im anderen
Vermeidung: Hilflosigkeit/Bedürftigkeit
Verschönerung der Gegenwart
Verteufelung von Sexualität
Vorlieben: Hilfsbereitschaft, Anwesenheit,
Freundlichkeit
Vorstellungskraft, ausgeprägte

W

Wahrnehmung in Bezug auf die Welt: „Ich
bin größer als die Welt!" (abhängig)
Was andere lästig finden: Übermäßige Hilfs-
bereitschaft/Einmischung, Manipulation,
Bevormundung
Weibliches Rollenverhalten
Wille

X

Y

Z

Zeitempfinden: Zeit ist am sinnvollsten im
Zusammensein mit anderen genutzt
Zu bearbeitende Themen: Stolz,
unterdrücken der eigenen Gefühle,
Kontakt mit dem eigenen Willen
Zurückweisung, Angst vor

4.3 Der Patient des Enneagrammtyps 3

A
Abgelehnte Elemente: Versagen, Erfolglosigkeit
Ablehnung, Angst vor
Abneigungen: Ineffizienz, Versagen,
Gesichtsverlust
Abwehrmechanismus: Identifikation
Anerkannt werden, nicht
Anerkennungssucht als Schattenanteil der Seele
Anführer
Anspornen, andere
Anspruch: Tüchtigkeit
Arbeit als Lebensinhalt
Arbeit aus Sorge um die Familie
Arbeitseifer
Arbeitswut
Archetypen: Dynamiker, Ehrgeiziger, Ziel-
strebiger, Performer, Initiator, Erfolgreicher
Aufgabenlisten erstellen
Aufmerksamkeit (Energierichtung auf):
Leistungen

Aufmerksamkeitsschwerpunkt: Möchte
positive Aufmerksamkeit in Bezug auf Aufgaben und Leistung! Welche Leistung wird
verlangt, womit kann ich dafür sorgen, dass
ich gesehen werde, Beifall bekomme, der Beste
bin, wer oder was verlangt meinen Einsatz?
Aufrichtigkeit versus Unaufrichtigkeit
Außendarstellung
Außenwelt, volles Einlassen auf die
Äußerungen zum Enneagramm: „Es ist
effizient und zielgerichtet!"

B
Bedürfnis: Anerkannt werden
Befreiung (durch Entwicklung folgender
Tugenden!): Aufrichtigkeit
Berufung: Hoffnung
Besondere Reaktionen: Eitelkeit
Besser sein als andere
Blindheit (eingeschränkte Wahrnehmung
für): Eigenschaften

C
Chamäleon

D
Devolution (= negative Entwicklung!):
Richtung Cannabis (Punkt 9)
Distanzlosigkeit zu sich selbst
Doppeltes Spiel treiben
Drohen
Dynamiker

E
Effizienz
Ego-Eitelkeit
Ehrlichkeit versus Unehrlichkeit
Einsatz, voller
Einstellung (Verhältnis) zu den Eltern:
Positive Einstellung zur Mutter
Energie, unerschöpfliche
Energiepunkt: Der zentrale Image-Punkt
Entscheidung, schnelle
Entscheidungen, treffen schnelle
Entschlussfreudig
Entsprechungen nach C.G. Jung: Keine
unmittelbare Entsprechung
Entsprechungen nach Claudio Naranjo:
Marketing-Orientierung
Entsprechungen nach dem DSM (= Diagnostic
and statistical Manual of Mental Disorders!):
Die Pathologie der (Selbst-) Täuschung
kommt (seltsam genug) nicht im DSM vor
Entsprechungen nach der Millon-Skala:
selbstsicher, diszipliniert, sozial, durchsetzend
Entsprechungen nach der Myers-Briggs-Skala:
extravertiert, sinnlich wahrnehmend, urteilend
Erde-Prinzip (Erde als 3. Planet, der auf
der 3. Planetenbahn die Sonne umkreist!)
Erfolg
Erfolg versus Misserfolg
Erfolgsorientiert
Erfolgsorientierung
Erfolgssucht
Erlöste Haltung: kompetent, wahrhaftig,
zuverlässig
Erster sein
Essenz, innere: Liebe / Glückseligkeit

Evolution (= positive Entwicklung!):
Richtung Opium (Punkt 6)

F
Fäden selbst in die Hand nehmen
Falle: Konkurrieren
Falsch
Finanzielle Sicherheit
Fit halten, sich
Fixierung: Eitelkeit, Äußerlichkeit

G
Gerissen wie ein Fuchs
Gerissenheit
Geschäftsleute
Gewinner
Gier nach Erfolg
Grundangst: vor Ablehnung
Grundenergie: blockierte, verdrängte
Herzenergie

H
Harmonie, Mitgefühl als heilige Idee
Hauptmerkmal: Effizienz
Heiliger Weg: Wahrhaftigkeit
Herausforderungen in Angriff nehmen
Heruntermachen, andere
Herzenergie, blockierte
Hinterhältig
Hinterlistig

I
Idealisierungen (Ich bin gut, wenn ich ...):
... erfolgreich, kompetent und effektiv bin!
Idee, neue
Imageorientiert
Impuls
Impulsiv
Inkompetenz anderer ertragen
Intuitiver Stil: Chamäleon: Die Person ver-
wandelt sich, um Aufgaben zu unterstützen

J
Jesus Christus-Aspekt: Jesus als Sieger, der
den Versuchungen des Teufels widersteht!
(siehe Mt 4, 1-11)

K
Karriere steht über allem
Kernproblematik: Täuschung / Eitelkeit /
Äußerlichkeit
Kernressourcen (als Rettungsanker!):
Orientierung an anderen
Klar und knapp
Kompetenz ausstrahlen
Konkurrenzdenken
Konzentriert

L
Länder: USA, China, Türkei
Lebenslüge
Leidenschaft: Täuschung
Leistung als vorherrschendes psychisches
Programm
Leistung versus Gefühle
Leistung versus Versagensängste
Leistungserbringung
Liebe und Geselligkeit als Eigenschaften
der Essenz
Listig wie ein Fuchs
Lob für Erfolg
Lob für Leistung
Lüge

M
Macher
Magier
Männliches Rollenverhalten
Maske statt wahrer Gefühle
Messen, sich
Minderwertigkeit, Angst vor
Misserfolg, Angst vor
Mitgefühl, Harmonie als heilige Idee
Mond
Motivationsfähigkeit
Musik verbessert alles

N
Nabel-Chakra
Narzisstisch
Normale Haltung: pragmatisch,
statusbewusst, rollenorientiert

O
Optimismus
P
Pfau, eitler
Phantasie, die sich selbst und anderen
etwas vorgaukelt
Phantasiemensch
Polaritäten: überaktiv - Phantasie;
dynamisch - statusbesessen
Potential voll ausschöpfen
Präsentation, gute
Projekte
Propaganda

Q
Qualitäten: Dynamiker: Betriebsamkeit,
Führungsqualitäten, klare Ziele benennen,
Begeisterung, Hoffnung in Aktion, Ermuti-
gung, lösungsorientiert, effizient, praktisch,
kompetent!)

R
Redestil: Propaganda
Rennen gewinnen
Ruhelosigkeit
Rhythmus

S
Schlau wie ein Fuchs
Schnell
Schockpunkt, mechanischer
Schockpunkt, unbewusster
Seinsgefühl („Ich"- Gefühl) ist verankert
im Emotionalkörper, in den Gefühlen
(Herz - Gefühl - Image)
Selbstbild (Ich ...): ... bin erfolgreich!
Selbstdarstellung, vorteilhafte
Selbstdefinition: „Ich bin erfolgreich und
werde bewundert!"
Selbstgefühl: „Ich bin begehrenswert!"
Sich selbst belügen
Spielen mit Dingen und Situationen
Sport treiben, gern
„Sportsprache" (= Vokabeln aus dem
Sportbereich verwenden!)
Springen

Statusmensch, strahlender
Stolz auf Leistung sein
Streben, ununterbrochenes
Stress
Stresspunkt 9: Misserfolgserlebnisse. Nicht gut ankommen bei anderen. Das Image droht entlarvt zu werden (von außen oder innen): depressive Antriebs- und Lustlosigkeit, Müdigkeit, passiv werden, auf stur schalten
Suche nach dem Glück („Es wird mir gut gehen, wenn ..."): ... ich genug Geld und Erfolg habe!
Sucht nach: Tüchtigkeit, Effizienz

T
Tanz
Tarantella-Tanz
Täuschung
Teamarbeit
Tiefgang, emotionaler
Tierentsprechungen: Chamäleon, Pfau, Adler
Tod des Körpers
Triade des Enneagramms: Herz - Gefühl - Image
Tüchtigkeit (erfolgsorientiert!)

U
Überblick
Überstunden
Umgang mit Angst: „Ich baue mein Image als erfolgreicher Mensch auf!"
Umgang mit Zeit: Zeit ist kostbarer als Geld
Unbegrenzte Möglichkeiten
Unerlöste Haltung: opportunistisch, betrügerisch, karrieresüchtig
Ungeduld
Unfähigkeit anderer ertragen
Untertypen: a) Selbsterhaltung - Sicherheit b) sozial - Prestige c) sexuell - maskulin/feminin
USA

V
Vergleichen mit anderen
Vermarktung, erfolgreiche
Vermeidung: Versagen
Verstohlen
Verwandlung
Viel zu tun haben
Vorgaukeln
Vorlieben: Tempo, Erfolg, Selbstsicherheit
Vorspielen von echten Gefühlen

W
Wahrhaftigkeit als heiliger Weg
Wahrnehmung in Bezug auf die Welt: „Ich muss mich der Welt anpassen!" (aggressiv)
Wandlung
Was andere lästig finden: Oberflächlichkeit/ Unechtheit, mangelnde Integrität, Erfolgsstory
Wertlosigkeit, Angst vor
Wettbewerb
Wetteifernd
Widerständen, Arbeit an
Wirklichkeit versus Illusion
Workaholic

X

Y

Z
Zeit als Mittel zum Zweck
Zeitempfinden: Zeit dient der eigenen Leistungs- und Effizienzsteigerung
Zeitpläne aufstellen
Zielbewusst
Zielgerichtet
Zu bearbeitende Themen: Ehrlichkeit und Wahrheit, Erfolg/Misserfolg, Identifikation
Zügel in die Hand nehmen
Zügig arbeiten
Zukünftige Ziele

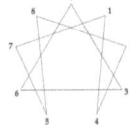

4.4 Der Patient des Enneagrammtyps 4

A

Abgelehnte Elemente: Gewöhnlichkeit

Abhängigkeit, übertriebene

Abneigungen: Was andere scheinbar besitzen, mangelnde Sensibilität, Alltäglichkeit

Abwehrmechanismus: (künstliche) Sublimierung/Introjektion

Andersartigkeit

Anspruch: Originalität

Anspruchsvoll

Archetypen: Individualisten, Romantiker, Künstler, kreative Idealisten

Ärger, nach innen gerichteter

Arrogant, überheblich

Ästhetisches Gefühl

Ätherisches

Aufgeben

Aufgewühltheit

Aufmerksamkeit durch Krankheit auf sich ziehen

Aufmerksamkeit (Energierichtung auf): Das Gute im Fehlenden

Aufmerksamkeitsschwerpunkt: Selektive Ausrichtung auf das Beste im Abwesenden und das Schlechteste im Vorhandenen! Was fehlt in meinem Leben, in meinen Beziehungen, wovon bin ich getrennt, was haben andere, das ich nicht habe und umgekehrt?

Ausgeschmückt

Außenseiter

Außergewöhnlichkeit als vorherrschendes psychisches Programm

Außergewöhnlichkeit versus Sentimentalität

Äußerungen zum Enneagramm: „Es ist tiefgründig und lenkt den Blick darauf, dass wir alle verschieden und einzigartig sind!"

Autoritätsfiguren, rebellieren gegen

B

Bedürfnis: Sich selbst verstehen

Bedürfnisse, Verdrängung/Verleugnung eigener

Befreiung (durch Entwicklung folgender Tugenden!): Ausgeglichenheit

Beginn des Lebens, warten auf den

Beherrscht von Gefühlen

Berufung: Ursprünglichkeit

Beschäftigt mit sich selbst, stark

Besondere Reaktionen: Melancholie

Besonderes sein, etwas

Betroffen sein

Betroffener, sensibler

Bewertungen, harte

Bewunderung für das Edle, Wahre und Schöne

Beziehungen

Beziehungen, unglückliche

Bizarres

Blau

Blindheit (eingeschränkte Wahrnehmung für): Das Gute im Vorhandenen

Blutkreislauf

C

D

Dankbarkeit versus Undankbarkeit

Dazuzugehören, Gefühl nicht

Dekadenz

Depression schöpferisch umsetzen

Depression, tage- bis wochenlang

Desillusionierung

Devolution (= negative Entwicklung!): Richtung Hyoscyamus (Punkt 2)

Diskrepanz

Distanzgefühl zu anderen

Disziplin, Mangel an

Disziplinlosigkeit

Drama

Dramatik, Hang zur

Drapieren

Drehen, sich um einen anderen

Durchdrehen

E

Echtheit, Suche nach

Ego-Melancholie

Einmalig sein

Einsamkeit

Einstellung (Verhältnis) zu den Eltern:
Negative Einstellung zu beiden Eltern
Einzelgänger, kreativer
Emotional labil
Emotional veranlagt
Empfindlichkeit
Empfindsamkeit versus äußere Stärke
Empörung
Endlosschleife
Energiepunkt: Der nach innen gerichtete
Image-Punkt
Engelwelt
Entsprechungen nach C.G. Jung:
Introvertierter, intuitiver Typus
Entsprechungen nach Claudio Naranjo:
Depressiv-masochistisch
Entsprechungen nach dem DSM (= Diagnostic
and statistical Manual of Mental Disorders!):
Borderline- oder emotional instabile Persön-
lichkeitsstörung!)
Entsprechungen nach der Millon-Skala:
kooperativ, sensibel
Entsprechungen nach der Myers-Briggs-Skala:
intuitiv, sinnlich wahrnehmend, urteilend
Entrüstung
Enttäuschung
Ergründbar, schwer
Erlöste Haltung: kreativ, natürlich, diszipliniert
Ersehnen (= sehr begehren, herbeiwünschen,
Sehnsucht haben, versessen sein!)
Erspüren von Gefühlen anderer
Esel mit Möhre vor der Nase
Essenz, innere: Liebe / Glückseligkeit
Etikette
Evolution (= positive Entwicklung!):
Richtung Platinum (Punkt 1)

F
Falle: In Phantasien flüchten
Fassungslosigkeit
Feinheit in grober Welt
Festhalten, krampfhaftes
Fixierung: Melancholie, Schwermut,
elitäres Verhalten
Freude als Eigenschaft der Essenz

G
Gefühl, es nicht zu verdienen, geliebt zu werden
Gefühl versus Verstand
Gefühle, sich verlieren in
Gefühlsabhängig
Gefühlsbetont
Gefühlsmäßig labil
Gefühlspegel, erhöhter
Gefühlstiefe
Gegenwart genießen fällt schwer
Geheimnisvoll
Geschmackvoll
Gewöhnlichkeit, vermeidet
Gleichmut als heiliger Weg
Glück, ewige Suche nach dem
Grundangst: vor der eigenen Unzulänglichkeit
Grundenergie: umfunktionierte,
umgewandelte Herzenergie
Grundfixierung: Hysterie und Bedürftigkeit!
Herz (sozial, zugewandt)

H
Halt
Harmonie, ewige Suche nach
Hartes Leben
Hauptmerkmal: Melancholie
Heiliger Weg: Gleichmut
Hemmung
Herzenergie, umfunktionierte
Herzlichkeit, fähig zur
Hin- und hergerissen
Hoch hinaus kommen
Hochsensibel
Hunger nach Liebe
Hunger, unstillbarer

I
Ideal, Sehnsucht nach dem
Idealisierungen (Ich bin gut, wenn ich ...):
... originell, sensibel, erstklassig und
kultiviert bin!
Identifikation mit Gefühlen
Indirekt
Individualist, außergewöhnlicher
Inspirierend
Intuitiver Stil: Trifft die Stimmungen anderer

Ignoranz
Individualist
Intensität von Gefühlen
Intuition, intuitiv

J
Japan
Jesus Christus-Aspekt: Jesus` Blick auf die Schönheiten der Natur wie die berühmten „Lilien auf dem Felde", die prächtiger gekleidet sind als König Salomo! (siehe Mt 6, 28)

K
Kernproblematik: Neid / Schwermut / Melancholie
Kernressourcen (als Rettungsanker!): Selbsterforschung
Klagelied
Klagend
Kleiner Finger - ganze Hand
Kletterpflanze
Knoten, emotionaler
Komplimenten, süchtig nach
Kompliziert, emotional
Konflikt, unlösbarer
Kontrolle über andere
Koordinaten, vertauschte
Krampf, emotionaler
Kreativ
Krise
Krisenpunkt
Kritisiert, fühlt sich schnell
Kummer, Sehnsucht nach
Kummer, zutiefst berührt durch
Künstler
Künstlerisch veranlagt

L
Labil
Länder: Frankreich, Japan
Launenhaftigkeit als Schattenseite der Seele
Launisch
Lebensunfähig
Leere, innere
Leidenschaft: Neid
Leitfigur

Licht (größte Glücksgefühle!) versus Finsternis (=fürchterlichste Zweifel!)
Liebe, Sehnsucht nach der großen
Liebe, unglückliche
Liebe, zutiefst berührt durch

M
Mangelernährung, seelische
Mangelgefühl
Märchenprinz
Mars-Prinzip (Mars als 4. Planet, der auf der 4. Planetenbahn die Sonne umkreist!)
Maßlos
Melancholie, Neigung zu
Melancholie, Sehnsucht nach
Merkwürdig
„**Mich** versteht keiner!"
Mimosenhaft
Missgunst, Neid
Muttertag

N
Nabel-Chakra
Nachtragend
Natur, liebt die
Negatives betonen
Neid, Missgunst
Neidisch
Nervenzusammenbruch
Normale Haltung: ästhetisch, romantisch, stillvoll

O
Orientierungslosigkeit
Originalität

P
Paradoxien
Phantasien, blühende
Phantasien und Ideale, Flucht in
Polaritäten: analytisch - desorientiert; sensibel - launisch

Q
Qualitäten: Individualisten (empfindsam, kreative, neue Möglichkeiten, Kontakt mit

Gefühlen, empathisch (Mitgefühl), intensiv, romantisch, schätzt Einzigartiges, Besonderes, leidenschaftlich, idealistisch!)

R
Rahmen, äußerer
Rassepferd
Rebellische Ader
Redestil: Klagelied
Richtung, falsche
Romantiker, tragischer
Romy Schneider
Rückfall
Rückwärts statt vorwärts

S
Samen, bitterer
Scham
Schein
Scheu (emotional)
Schicklichkeit
Schmerz, Sehnsucht nach
Schmerz, zutiefst berührt durch
Schönheit, Sehnsucht nach
Schönheit, zutiefst berührt von
Schuldbewusst
Schuldgefühle
Schwer erreichbar
Schwierigkeiten, unvorhergesehene
Sehnen
Sehnsucht nach dem Hier-und-Jetzt
Sehnsucht nach dem Leben
Sehnsucht nach nicht Vorhandenem
Seinsgefühl („Ich"- Gefühl) ist verankert im: Emotionalkörper, in den Gefühlen (Herz - Gefühl - Image)
Selbstachtung
Selbstausdruck
Selbstbild (Ich ...): ... bin anders als andere, sensibel und einzigartig!
Selbstdefinition: „Ich bin etwas Besonderes!"
Selbstdisziplin, Mangel an
Selbstgefühl: „Ich bin sensibel!"
Selbstgespräche, ausufernde
Selbsthass
Selbstorientiert

Sensibilität
Sentimentalität als Schattenanteil der Seele
Spannungen, innere
Stagnation
Stress, emotionaler
Stress, lang anhaltender
Stresspunkt 2: Träume platzen. Das eigene innere Mangelgefühl wird spürbarer. Kränkung durch Zurückweisung und Nichtverstehen: Verletzung durch Fürsorglichkeit kompensieren, „klammern", abhängig werden
Sturm im Wasserglas
Suche nach dem Glück („Es wird mir gut gehen, wenn ..."): ... ich den richtigen Partner finde oder die richtigen Erfahrungen mache!
Suche nach dem wahren Selbst
Suchen
Sucht nach: Echtheit (Authentizität), elitären Ansprüchen
Süchtig nach Komplimenten

T
Theater
Theatralik
Tiefsinnig
Tierentsprechungen: Basset (Hunderasse), Taube, Auster, schwarzes Pferd
Tod von Angehörigen oder Freunden
Todesverliebtheit
Topf, zerbrochener
Tragisch
Tränen, Neigung zu
Trauerarbeit
Trauern
Träume versus Realität
Traumschloss
Triade des Enneagramms: Herz - Gefühl - Image
Typ, äußerst emotionaler

U
Überheblich, arrogant
Übertreiben Gefühle
Umgang mit Angst: „Ich freunde mich mit der Dunkelheit/meinem eigenen Schmerz an!"
Umgang mit Zeit: „Nein" zum Hier-und-Jetzt!
Unbehaglichkeit, Gefühl von

Unberechenbar
Unerklärlich
Unerlöste Haltung: wehleidig, dekadent, todesverliebt
Unerreichbare, liebt das
Unfähigkeit, eigene
Unlogisch
Unnahbarkeit
Unnormal
Untertypen: a) Selbsterhaltung - unerschrocken b) sozial - Scham c) sexuell - Rivalität
Untröstlich
Unüberlegtheiten, spontane
Unverstanden
Unzufriedenheit, chronische
Ursprung als heilige Idee
Ursprung, Suche nach dem

V

Verdrängung/Verleugnung eigener Bedürfnisse
Verdreht
Vergangenheit, Leben in der
Vergangenheit versus Hier-und-Jetzt
Verhungern
Verkehrt
Verknotet
Verletzt, schnell
Verletzung durch kleinste Geringschätzung
Verliebt, unglücklich
Verlorenheitsgefühl
Verlust
Verlust des Glücks
Verlust von Angehörigen oder Freunden
Verlustgefühl
Vermeidung: Durchschnittlichkeit/Gewöhnlichkeit/"sich verloren fühlen"
Verrückt
Verschlossenheit (emotional)
Verspannungen auf allen Ebenen
Versprengung, emotionale

Verstanden zu werden, Gefühl nicht
Verstrickung, familiäre
Verwünscht
Verwurzelung, Mangel an
Verzweiflung
Vielfalt
Vorlieben: Authentizität, Tiefgang, Sensibilität

W
Wahrnehmung in Bezug auf die Welt: „Ich bin kleiner als die Welt!" (unterdrückt)
Warmherzigkeit
Warten auf den Beginn des Lebens
Was andere lästig finden: Gefühlsschwankungen, Schwermut, unrealistische Erwartungen
Wechselhaft
Wehleidigkeit
Welt bricht zusammen
Widersinnigkeit
Widerspruch, Neigung zum
Widerstände, starke innere
Wünsche, verkehrte
Wutausbrüche, plötzliche

X

Y

Z
Zeit, gefühlsintensive
Zeitempfinden: Zeit wird je nach Intensität der Gefühle erlebt; lebt oft in Gedanken an vergangene Zeiten
Zeiten, trübe
Zickig
Ziel, verkehrtes
Zu bearbeitende Themen: Erdung, Abweisung und Verlangen, Scham, Melancholie und Depression, Introjektion
Zurückfallen
Zurückweisung, Gefühl von

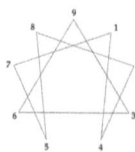

4.5 Der Patient des Enneagrammtyps 5

A
Abgehoben
Abgelehnte Elemente: Innere Leere
Abhandlung
Abneigungen: Wirres Denken, Chaos, emotionale Reaktionen, Mangel an Struktur, zu viele Erwartungen
Absonderung
Abstraktion, Hang zur
Abwarten, tatenloses
Abwehrmechanismus: Isolation/Abkapselung/Rückzug/Segmentierung/Analyse
Allwissen, heiliges
Allwissenheit als heilige Idee
Alma Mater (= „nährende, gütige Mutter", dt. Bez. für eine Universität!)
Analyse
Analytisches Denken
Angst vor emotionaler Verwicklung
Angst vor Gefühlen
Angst vor innerer Leere
Anspruch: Wissen/Erkenntnis
Archetypen: Beobachter, Denker, Forscher, Analytiker
Armut, innere
Aufmerksamkeit (Energierichtung auf): Anforderungen
Aufmerksamkeitsschwerpunkt: Möchte die Privatsphäre wahren, ist sensibel für die Erwartungen anderer! Was will oder erwartet man von mir, wer oder was dringt in meine Privatsphäre ein, verschlingt meine Zeit und Energie, kann oder will ich anderen etwas geben?
Augenkontakt, meidet
Äußerungen zum Enneagramm: „Es ist strukturiert, passt genau zusammen und bringt Weisheit!"
Autonomie

B
Bedürfnis: Die Welt verstehen
Befreiung (durch Entwicklung folgender Tugenden!): Weisheit
Beobachter des Lebens

Beobachter, objektiver
Berufung: Weisheit
Besondere Reaktionen: Geiz
Blindheit (eingeschränkte Wahrnehmung für): Bedürfnisse
Britisch
Brüten
Brust, leere
Buddha

C
„**Cogito** ergo sum - Ich denke, also bin ich!"

D
Denken
Denken, negatives
Denker
Denker, tiefgründiger
Denker, zurückgezogener
Denkstärke versus Handlungsschwäche
Devolution (= negative Entwicklung!): Richtung Belladonna (Punkt 7)
Diskussion
Distanz, nüchterne
Distanz zur Umwelt
Durchblick
„**Durchblicken**"

E
Ego-Geiz
Einstellung (Verhältnis) zu den Eltern: Ambivalenz gegenüber beiden Eltern
Einzelgänger, gut informierter
Einzulassen, unfähig sich emotional
Elfenbeinturm
Emotionslos
Energiepunkt: Der nach innen gerichtete Angst-Punkt
Entfremdung, Gefühl der
Entsprechungen nach C.G. Jung: Introvertierter Denktyp
Entsprechungen nach Claudio Naranjo: Pathologische Zurückgezogenheit

Entsprechungen nach dem DSM (= Diagnostic and statistical Manual of Mental Disorders!): Schizoid = krankhafte Distanziertheit in sozialen Kontakten

Entsprechungen nach der Millon-Skala: apathisch, sensibel

Entsprechungen nach der Myers-Briggs-Skala: introvertiert, denkend

Erkenntnisse

Erkenntnisorientiert

Erlöste Haltung: erfinderisch, weise, tatkräftig

Erwachsen werden, will nicht

Essenz, innere: reines, leeres Gewahrsein

Eule (Symboltier der Klugheit!)

Evolution (= positive Entwicklung!): Richtung Veratrum (Punkt 8)

Exzentrisch

F

Falle: Alles analysieren wollen

Fixierung: Geiz, Zurückhaltung

Folteropfer

Frieden als Eigenschaft der Essenz

Fuchs (scheu und klug!)

G

Gefühle sind gefährlich

Gefühlsausdruck, mangelnder

Gefühlsmensch, distanzierter

Gehemmt

Gesellschaft, Gewalttätigkeit der

Gewalttätigkeit, maskierte

Gewaltausbruch

Gleichgültigkeit, Mantel der

Gleichgültigkeit, vorgetäuschte

Grenze des Wahnsinns

Großbritannien

Grundangst: Unbegreiflichkeit, davor, überwältigt zu werden

Grundenergie: überentwickelte Kopfenergie

Grundfixierung: Angst und Zweifel! Kopf (selbsterhaltend, zurückgezogen)

H

Habgier aufgrund des inneren Mangelgefühls

Hamster („ansammeln von Wissen und Informationen")

Handeln ist gefährlich

Handlungsgehemmt

Hauptmerkmal: Zurückgezogenheit

Heiliger Weg: Nicht-Anhaften

Herz-Chakra

Horror

Humor, britischer

Humor, subtiler

I

„**Ich** denke, also bin ich!"

Idealisierungen (Ich bin gut, wenn ich ...): ... weise, klug, wissend und rezeptiv bin

Informativ

Inkompetenz, Furcht vor

Innere Leere wird mit Wissen gefüllt

Intellekt verdeckt Gefühle

Intellektuelle Sichtweise der Welt

Introvertiert

Intuitiver Stil: Koppelt die Aufmerksamkeit ab, um zu beobachten

Isolation bei Bedrohung

Isolation, Gefühl der

J

Jesus Christus-Aspekt: Jesus als Sohn, der sich von seiner Mutter und den Brüdern abgrenzt und seine Jünger als „Mutter und Brüder" bezeichnet! (Mt 12, 46)

Jupiter-Prinzip (Jupiter als 5. Planet, der auf der 5. Planetenbahn die Sonne umkreist!)

K

Kauzig, eigen

Kernproblematik: Habsucht / Geiz

Kernressourcen (als Rettungsanker!): Beobachtungsgabe

Klugheit versus scheuem Rückzug

Komplexität der Welt

Kontrollverlust, Furcht vor

Kopffüßler

L
Landschaft, öde, innere
Länder: Großbritannien, das klassische China, Norwegen
Lebensbedrohung
Lehrer, guter
Leidenschaft: Habgier, Habsucht
Logik

M
Macht, bedrohliche
Meister
Morgenstern

N
Nicht-Anhaften als heiliger Weg
Normale Haltung: analytisch, distanziert, abstrakt

O
Organisationstalent
Orientierung auf das Ziel hin, klare
Outsider

P
Passiv-aggressives Verhalten
Philosoph, einsamer
Philosoph, mystischer
Polaritäten: gesellig - ungesellig; objektiv - snobistisch
Professor, zerstreuter
Programmierungen, negative

Q
Qualitäten: Beobachter (gelehrt / lerneifrig, wissend, nachdenklich, objektiv (ruhig in der Krise), respektvoll, bewahrt Geheimnisse, schätzt das Einfache, zuverlässig, asketisch!)

R
Rand der Gesellschaft, am
Randgebiet
Ratio
Rationalität
Realitätsverschiebung
Redestil: Abhandlung

Resignation, Gefühl von
Rückzug als Schattenanteil der Seele
Rückzug als wichtigste Strategie im Leben
Rückzug vom Leben
Ruhepol in einer hysterisch aufgeladenen Welt

S
Schärfe, analytische
Scheu (mental)
Schwächling
Schwarzer Mann
„Second-Hand-Leben"
Seinsgefühl („Ich"- Gefühl) ist verankert im: Mentalkörper, in den Gedanken (Kopf - Handlung - Angst)
Selbstbeobachtung, objektive
Selbstbild (Ich ...): ... erkenne und erkläre meine Umwelt durch Beobachten und Nachdenken!
Selbstdefinition: „Ich bin klug!"
Selbstgefühl: „Ich bin klug!"
Selbstgenügsamkeit
Selbstversorger
Sinnlosigkeit der Welt, leidet unter der
Sonderling
Spezialist, einsamer
Stille Abwendung vom Leben
Stresspunkt 7: Erfahrungen von innerer Leere, existentieller Angst, besonders, wenn intensiver Kontakt möglich wäre: gedanklich in optimistische Phantasien / Pläne ausweichen, hektische Aktivitäten, um innere Leere zu füllen
Suche nach dem Glück („Es wird mir gut gehen, wenn ..."): ... ich genug Wissen und Weisheit angesammelt habe!
Sucht nach: Wissen und Weisheit
Synthese
Systeme, liebt
Systeme vermitteln Sicherheit

T
Tierentsprechungen: Hamster, Fuchs, Eule
Tollwut
Transparenz, heilige

Triade des Enneagramms: Kopf - Handlung - Angst
Triebe, hervorbrechende
Trieben, hervorbrechen von
Trocken

U
Überlebenskampf
Übernormal
Umgang mit Angst: „Ich versuche, die Komplexität der Welt zu erfassen!"
Umgang mit Zeit: Zeitgeist heißt Zeitgeiz
Unbeholfen
Unerlöste Haltung: isoliert, nihilistisch, exzentrisch
Unerreichbarkeit
Universität
Unsensible Übergriffe der Mutter
Unsichtbar, fühlt sich
Unterhaltung, angenehme
Untertypen: a) Selbsterhaltung - Heim b) sozial - Totem c) sexuell - Zutrauen
Unverbundenheit mit anderen

V
Verbundenheitsgefühl, fehlendes
Verkehrt, sieht Dinge
Verlierer, ewiger
Vermeidung: Leere
Vernachlässigung, vernachlässigt
Verschlossenheit (mental)
Verstecken sich selbst
Vorlieben: Intelligenz, Respekt vor dem Raum des anderen, sorgfältiger Sprachgebrauch

W
Wahnsinn
Wahnsinns, Grenze des

Wahrnehmung in Bezug auf die Welt: „Ich bin größer als die Welt!" (unterdrückt)
Was andere lästig finden: Distanziertheit, für sich sein wollen, übermäßiges Fragen und Analysieren, schwer in Kontakt zu kommen
Wildnis
Willensstärke
Wissbegierig
Wissen als vorherrschendes psychisches Programm
Wissen, einseitiges
Wissen ist Macht
Wissen = Sicherheit
Wissen überlagert Gefühle
Wissen, verinnerlichtes
Wissen versus Handlungsunfähigkeit
Wissen viel, handeln wenig
Wissen wird innerlich verarbeitet
Wissen, zurückhalten von
Wissensausrichtung, extreme
Wissensdurst
Wissensdurstig
Wünsche, ungelebte
Wut, gewaltige

X

Y

Z
Zeit für sich allein, braucht viel
Zeitempfinden: Zeit wird in Abschnitte geteilt erlebt; Erlebtes wird laufend reflektiert und eingeordnet
Zerstörungswut
Ziel, erwünschtes
Zu bearbeitende Themen: das emotionale Innenleben als eine andere Form erkunden, Isolation
Zurückgezogen
Zurückhaltend

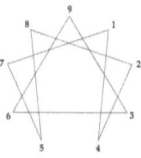

4.6 Der Patient des Enneagrammtyps 6

A
Abgelehnte Elemente: Fehlverhalten, Ursprünglichkeit
Abhängiges Kleinkind in lebensbedrohlicher Lage
Abneigungen: Unzuverlässigkeit, Zweideutigkeit, nicht wissen, woran man ist
Abwehrmechanismus: Projektion
Advokat des Teufels
Alarmbereitschaft
Allmächtig
Angepasst
Angst
Abwesenheit der Mutter
Angst und Zweifel als Schattenanteil der Seele
Ängstlich
Anhängerschaft, blinde
Anspruch: Sicherheit
Anweisungen befolgen
Archetypen: Loyale Skeptiker, Fragensteller, „Advocatus Diaboli"
Argwohn
Aufblähung
Aufmerksamkeit (Energierichtung auf): Absichten
Aufschieben von Entscheidungen
Äußerungen zum Enneagramm: „Es bietet Sicherheit, es ist ein klares Modell und ein zuverlässiges System!"
Autoritätshörig
Autoritätsperson, Verlangen nach

B
Beamter, treuer
Bedrohung, Gefühl von
Bedürfnis: Geborgenheit
Befehle ausführen
Befreiung (durch Entwicklung folgender Tugenden!): Vertrauen
Beigebraun
Berufung: Vertrauen
Besondere Reaktionen: Zweifel
Blindheit (eingeschränkte Wahrnehmung für): Motive

Boden Mangel an
Böses, erwartet
Buchhaltung
Bürokratie

C

D
Devolution (= negative Entwicklung!): Richtung Tarentula (Punkt 3)
Diener, treuer
Distanz, emotionale

E
Ego-Feigheit
Einstellung (Verhältnis) zu den Eltern: Positive Einstellung zum Vater
Empfindungslosigkeit
Energiepunkt: Der zentrale Angst-Punkt
Entscheidungen, Probleme mit eigenen
Entsprechungen nach C.G. Jung: Introvertierter Fühltypus
Entsprechungen nach Claudio Naranjo: Paranoid
Entsprechungen nach dem DSM (= Diagnostic and statistical Manual of Mental Disorders!): Paranoid = unter Verfolgungswahn leidend
Entsprechungen nach der Millon-Skala: kooperativ, sensibel, apathisch
Entsprechungen nach der Myers-Briggs-Skala: introvertiert
Erlöste Haltung: treu, mutig, vertrauensvoll
Erregung versus Depression
Essenz, innere: reines, leeres Gewahrsein
Euphorie
Evolution (= positive Entwicklung!): Richtung Cannabis (Punkt 9)
Exzessen, Furcht vor

F
Falle: Sich in Abhängigkeit begeben
Fata Morgana
Fehlverhalten, Vermeidung von

Feigheit
Fixierung: Feigheit oder Waghalsigkeit
Flucht in Illusion
Flüchtling, hofft woanders auf eine bessere Welt
Fragwürdigkeit
Fürsorge, Mangel an

G
Gefahr, körperliche
Gefährdung, Gefühl von
Gefühle, negative
Gehorsam, totaler
Genitales Loch (= Abwesenheitsgefühl dort, wo man seine Genitalien weiß!)
Größenwahn
Grundangst: Verrat, vor dem Preisgegeben-werden
Grundenergie: blockierte, verdrängte Kopfenergie
Grundfixierung: Angst und Zweifel! Kopf (selbsterhaltend, zurückgezogen)

H
Haltung, paranoide
Handlung, zögerliche
Hauptmerkmal: Paranoia
Heilige Kraft
Heiliger Glaube
Held
Heiliger Weg: Mut
Heimlichtuerei, Neigung zu
Herrschende Meinung, vertritt
Herz-Chakra
Hypnose

I
Idealisierungen (Ich bin gut, wenn ich ...):
... treu, gehorsam und loyal bin!
Idee, sich einer Idee völlig verschreiben
Instabilität
Intuitiver Stil: Benutzt die Phantasie als Werkzeug, um zu sehen, was verborgen ist

J
Jesus Christus-Aspekt: Jesus als loyaler Staatsbürger, der politischen Fangfragen klug ausweicht. „So gebt dem Kaiser, was des Kaisers ist (gehört), und Gott, was Gottes ist!" (Mk 12, 17)

K
Kälte, eisige
Kampfbereitschaft
Kaninchen, ängstliches
Kastrationsangst
Kernproblematik: Ängstlichkeit/Feigheit/Waghalsigkeit
Kernressourcen (als Rettungsanker!): Beziehungsfähigkeit
Kindheitstrauma
Kooperativ
Kraftlos

L
Länder: Deutschland, Israel, Afghanistan
Lebenskampf, untauglich für den
Leidenschaft: Angst/Zweifel
Loyal (6)
Loyaler Skeptiker

M
Machtphantasien, versteckte
Maus
Mensch, ängstlicher
Mensch, zweifelnder
Mickrig
Missbrauch
Misstrauen
Mitstreiter
Mittelmaß, langweiliges
Morpheus
Mut als heiliger Weg
Mut versus Feigheit

N
Narkose
Negativität
Neuerungen, nicht offen für
Normale Haltung: pflichtbewusst, vorsichtig, (anti-) autoritär

O
Objektivität
Organisation, große

P
Paranoiker des Enneagramms
Penetranz in eigener Sache
Pessimistische Grundhaltung, eher
Pflichtbewusstsein über alles
Pflichterfüllung, biedere
Phantasien, lebhafte
Phobisch versus kontraphobisch
Polaritäten: bestimmend - sich unter-
werfend; ehrlich - überkritisch
Projektion als Abwehrmechanismus

Q
Qualität, stotternde
Qualitäten: Loyale Skeptiker
(nachdenklich, warm, beschützend, Hingabe
an andere, vertrauensvoll nach einer gewissen
Zeit, intuitiv, viel gute Ideen, scharfe Wahr-
nehmung, treu, ehrlich, humorvoll!)
Ratschläge einholen
Reaktionsmangel
Realität, undurchschaubare
Reden im Konjunktiv (Möglichkeitsform!)
Redestil: Grenzen setzen
Reh, scheues
Reine Intelligenz und Leere als
Eigenschaften der Essenz

S
Sabotage
Saturn-Prinzip (Saturn als 6. Planet, der auf
der 6. Planetenbahn die Sonne umkreist!)
Scheinparadies
Schmerzen, Vermeidung von
Schockerlebnis
Schockpunkt, bewusster
Schreck, Erstarrung im
Schritt vor, Schritt zurück
Schwäche, innere
Schwächling, ewiger
Schwanken

Seinsgefühl („Ich"- Gefühl) ist verankert
im: Mentalkörper, in den Gedanken (Kopf -
Handlung - Angst)
Selbstbehinderung
Selbstbild (Ich ...): ... bin treu und tue meine
Pflicht!
Selbstdefinition: „Ich bin zuverlässig und
liebenswert!"
Selbstgefühl: „Ich bin liebenswert!"
Selbstkastration, psychologische und spirituelle
Selbstkritik
Sich nicht auf andere verlassen zu können,
Gefühl
Sich selbst in Frage stellen
Sicherheit
Sicherheit als vorherrschendes psychisches
Programm
Sicherheit versus ängstlichem Zweifel
Sicherheitsorientiert
Skepsis
Sorge, ständige
Standhalten versus Flucht
Stottern
Stresspunkt 3: Bewusstsein von Unsicherheit
und Zweifel. Unterlegenheitsgefühle und
Verlust von Selbstvertrauen: Größenphantasien,
unrealistisch übersteigertes Selbstvertrauen,
gesteigerte Produktivität
Subalternes Verhalten
Suche nach dem Glück („Es wird mir gut
gehen, wenn ..."): ... ich keine Angst mehr
habe und genügend Sicherheiten!
Sucht
Sucht nach: Sicherheit
Sündenbock

T
Territorium, sicheres
Thanatos
Tiefe
Tierentsprechungen: Hase, Reh, Maus,
Schäferhund, Ratte, Wolf
Treibsand
Treue
Triade des Enneagramms: Kopf - Handlung -
Angst

U

Überleben, Angst ums
Umgang mit Angst: „Ich bin auf der Hut und suche nach vertrauensvollen Verbündeten!"
Umgang mit Zeit: „Sei auf der Hut vor der Zeit!"
Unbeteiligt
Unentschiedenheit
Unentschlossenheit
Unerlöste Haltung: abhängig, aggressiv, feige
Ungewissheit, Zustand der
Unklarheit
Unsicherheit versus Sicherheit
Untauglichkeitsgefühl
Untertypen: a) Selbsterhaltung - Wärme b) sozial - Pflicht c) sexuell - Stärke, Schönheit
Unterwürfiges Verhalten

V

Verarmung
Verlust der Mutterfigur (als kindliche Versorgung, Liebesobjekt!)
Vermeidung: Normabweichung / Fehlverhalten / abweichendes Verhalten
Verschwommenheit
Verstandeshaltung, starre
Vertrauen ins Leben, Mangel an
Vertrauen und Kraft als heilige Ideen
Verwaltung
Verzerrung
Vorlieben: Loyalität, Klarheit, Offenheit
Vorsicht, aufmerksame
Vorsicht, besorgte
Vorsichtig
Vorstellungsvermögen, gesteigertes

W

Wachsam
Wahrnehmung in Bezug auf die Welt: „Ich muss mich der Welt anpassen!" (abhängig)
Wankelmut
Was andere lästig finden: Misstrauen, Befürchtungen, zu viel Vorsicht und Bedenken, das Gefühl, getestet zu werden
Wechsel, plötzlicher, ins Gegenteil
Wehrlos
Widerborstigkeit, Tendenz zur
Wunderarznei

X

Y

Z

Zaudern
Zeitempfinden: Zeit dient als Maß für die Pflichterfüllung; pünktliche Aufgabenerfüllung gibt Sicherheit
Zickzackkurs
Zielstrebig
Zögerlichkeit
Zu bearbeitende Themen: Erdung im Körper, Atmung, Verständnis für Angst, mit Wut arbeiten, Projektion
Zyniker
Zynisch, Zynismus
Zweifel
Zweifler, misstrauischer

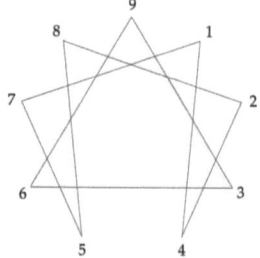

A

Abgelehnte Elemente: Schmerz

Abneigungen: Limitierungen, Routine, alles, was keinen Spaß macht/wehtut

Abwehrmechanismus: Rationalisierung

Affe, unsteter

Anspruch: Idealismus

Archetypen: Optimisten, Epikureer/Genießer, Visionär, Generalist, Planer

Auffassungsgabe, schnelle

Aufmerksamkeit (Energierichtung auf): Ideale

Aufmerksamkeitsschwerpunkt: Plant optimistisch für die Zukunft! Welche Optionen und Möglichkeiten bieten sich, was ist angenehm, was nicht, wer oder was begrenzt mich, wie behalte ich meine Freiheit, meinen Raum?

Äußerungen zum Enneagramm: „Es ist eine faszinierende Methode mit vielen Möglichkeiten, Menschen zu betrachten!"

B

Bedürfnis: Befriedigung

Befreiung (durch Entwicklung folgender Tugenden!): Dankbarkeit

Berufung: Realismus

Besondere Reaktionen: Pläne machen

Bilder, überwältigt durch

Blindheit (eingeschränkte Wahrnehmung für): Notwendigkeiten

Blut, kochendes

C

D

Devolution (= negative Entwicklung!): Richtung Platin (Punkt 1)

Don-Juan-Syndrom (= Gier nach sexueller Erfahrung!)

„**Don`t** worry, be happy" als Lebensmotto

E

Ego-Planen

Einstellung (Verhältnis) zu den Eltern: Negative Einstellung zur Mutter

Energiepunkt: Der nach außen gerichtete Angst-Punkt

Entscheidungsfreude

Entsprechungen nach C.G. Jung: Extravertierter Empfindungstypus

Entsprechungen nach Claudio Naranjo: narzisstisch

Entsprechungen nach dem DSM (= Diagnostic and statistical Manual of Mental Disorders!): Narzisstisch = egomanisch, ichbezogen

Entsprechungen nach der Millon-Skala: soziabel, selbstsicher, durchsetzend

Entsprechungen nach der Myers-Briggs-Skala: extravertiert, intuitiv

Epikureer

Erhitzung, vorzeitige

Erlöste Haltung: fröhlich, vielseitig, nüchtern

Erotik, körperliche

Erregung, sexuelle

Essenz, innere: reines, leeres Gewahrsein

Evolution (= positive Entwicklung!): Richtung Stramonium (Punkt 5)

F

Falle: Alles haben wollen

Fieber

Fixierung: Planung

Forschungen, fortwährende

Flucht, ständig auf der

Flucht vor sich selbst, ständig auf der

Frau, schöne

G

Galgen

Geheimhalten, Neigung zum

Gehetzt

Generalist

Geschwindigkeit, hohe

Getrieben

Gier

Gieriges Kind

Glückskind

Glühen

TYP
7

Grundangst: Langeweile, vor Deprivation (= Entbehrung, Entzug, Verlust, Isolation mit dem Gefühl der Benachteiligung)
Grundenergie: umfunktionierte, umgewandelte Kopfenergie
Grundfixierung: Angst und Zweifel! Kopf (selbsterhaltend, zurückgezogen)

H
Halbschatten
Hans Dampf in allen Gassen
Hauptmerkmal: Planen
Heiliger Weg: Nüchternheit
Hexe, junge
Hitzestau

I
Idealisierungen (Ich bin gut, wenn ich ...): ... optimistisch, fröhlich und nett und okay bin
Intellektualität, bewegliche
Intuitiver Stil: Weiß, wie Assoziationen zusammenpassen

J
Jesus Christus-Aspekt: Jesus war kein Asket, sondern feierte gern und fastete im Unterschied zu dem Jünger Johannes nicht! (Mt 9, 15)

K
Kehl-Chakra
Kernproblematik: Unmäßigkeit / Planung
Kernressourcen (als Rettungsanker!): Lebensfreude
Kommunikation

L
Länder: Irland, Brasilien
Leben auf der Überholspur
Leidenschaft: Unersättlichkeit
Leidenschaft, unterdrückte
„Life is easy"
Lustbetonter Macher
Lustorientiert

M
Magie, Welt der

Magische Welt
Magisches Kind
Maßlosigkeit

N
Nervöse Aktivität als Schattenanteil der Seele
Normale Haltung: überaktiv, genießerisch, oberflächlich
Nüchternheit als heiliger Weg

O
Oberfläche, Leben an der
Optimismus als vorherrschendes psychisches Programm
Optimismus, unbekümmerter versus Aktivität, nervöse
Optimist, oberflächlicher
Optimist, vielseitiger

P
Polaritäten: unterlegen - überlegen; Leichtigkeit des Seins - narzisstisch
Problemen, Vermeidung von
Puer aeternus (= das ewige Kind!)
Pupille, weite

Q
Qualitäten: Optimisten (spielerisch, fröhlich, fantasievoll, energisch, optimistisch, Liebe zum Leben, Möglichkeiten erkennen, inspirierend, begeisternd!)
Quantität statt Qualität

R
Rasend
Redestil: Geschichten
Röte

S
Schicksalsgöttin Atropos
Schönheit, wilde
Seinsgefühl („Ich"- Gefühl) ist verankert im: Mentalkörper, in den Gedanken (Kopf - Handlung - Angst)
Selbstbild (Ich ...): ... bin aktiv, fröhlich und optimistisch!

Selbstdefinition: „Ich genieße das Leben!"
Selbstgefühl: „Ich bin glücklich!"
Sexualität, kindliche
Spiele, wilde
Sprechwerkzeuge
Stresspunkt 1: Fähigkeit, sich positive Optionen offenzuhalten, droht, z.B. durch äußere Umstände, verlorenzugehen: rechthaberisch, starr werden, zornig einen Plan um jeden Preis realisieren wollen / müssen
Suche nach dem Glück („Es wird mir gut gehen, wenn ..."): ... ich genügend Spaß Lebensfreunde und Vergnügen gefunden habe!
Sucht nach: Idealismus, unbekümmertem Optimismus

T
Tempo
„**Tiefsinn** ist Neurose"
Tierentsprechungen: Affe, Otter, Schmetterling
Tierisch, verhält sich
Toll
Tollhaus
Tollheit
Tomate
Traum und Wirklichkeit
Träumer
Triade des Enneagramms: Kopf - Handlung - Angst

U
Überaktiv
Umgang mit Angst: „Die Angst besiegen durch Spaß und Vergnügen!"
Umgang mit Zeit: „Was wird die Zukunft mir alles bringen!"
Unerlöste Haltung: exzessiv, dilettantisch, rechthaberisch

Untertypen: a) Selbsterhaltung - erweiterte Familie b) sozial - Märtyrer c) sexuell - Beeinflussbarkeit
Uranus-Prinzip (Uranus als 7. Planet, der auf der 7. Planetenbahn die Sonne umkreist!)

V
Vergnügen nur durch laszive Gedanken
Verhexen
Vermeidung: Schmerz
Versunken
Versunkenheit als Eigenschaft der Essenz
Vielseitig
Vielseitige, der
Vielseitigkeit versus Tiefe
Vorlieben: Optimismus, Abwechslungsreichtum, Möglichkeiten

W
Wahrnehmung in Bezug auf die Welt: „Ich bin kleiner als die Welt!" (abhängig)
Was andere lästig finden: Selbstbezogenheit, alles schönreden, in Kommunikation vor allem senden, aber nicht empfangen
Wasserscheu
Weisheit als heilige Idee

X

Y

Z
Zeitempfinden: Zeit ist fast unbegrenzt verfügbar; verweilt durch Pläne oft in der Zukunft
Zu bearbeitende Themen: Verständnis für Angst und den Affengeist, (negative und schmerzliche) Gefühle, Rationalisierung, Empathie
Zukunftsorientiert

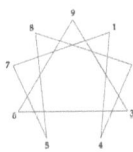

A

Abgelehnte Elemente: Schwäche
Abneigungen: Mangelnder Respekt, Ungerechtigkeit, sich unterordnen müssen
Abwehrmechanismus: Leugnung/Ablehnung
Aggression
Angriffslustig
Anspruch: Gerechtigkeit
Archetypen: Bosse/Beschützer, Kämpfer, Anführer, Herausforderer
Arroganz als Schattenanteil der Seele
Aufmerksamkeit (Energierichtung auf): Kontrolle
Aufmerksamkeitsschwerpunkt: Sucht nach Hinweisen auf Kontroll- und Machtverlust! Was ist wahr und was nicht, wer oder was ist ungerecht, was braucht (meinen) Schutz? Respekt, Macht, Kraft und Kontrolle haben!
Äußerungen zum Enneagramm: „Es zeigt die Wahrheit über Menschen und ist eine kraftvolle Wachstumsmethode!"

B

Bedürfnis: Selbständigkeit
Befreiung (durch Entwicklung folgender Tugenden!): Großmut
Begrenzungen unerträglich
Berufung: Wahrheit, Erbarmen
Beschützer
Besondere Reaktionen: Rache
Blindheit (eingeschränkte Wahrnehmung für): Freiheit
Boss

C

Chef, idealer

D

Devolution (= negative Entwicklung!): Richtung Stramonium (Punkt 5)
„**Divide** et impera"! (= Teile und herrsche!)
Durchsetzungsvermögen

E

Ego-Rache
Einstellung (Verhältnis) zu den Eltern: Ambivalenz gegenüber der Mutter
Energiepunkt: Der nach außen gerichtete Zorn-Punkt
Entsprechungen nach C.G. Jung: Extravertierter, intuitiver Typus
Entsprechungen nach Claudio Naranjo: Sadistisch
Entsprechungen nach dem DSM (= Diagnostic and statistical Manual of Mental Disorders!): Antisoziale Persönlichkeitsstörung
Entsprechungen nach der Millon-Skala: soziabel, selbstsicher, durchsetzend
Entsprechungen nach der Myers-Briggs-Skala: extravertiert, intuitiv, denkend, sinnlich wahrnehmend
Erlöste Haltung: großzügig, führungsstark, beschützend
Essenz, innere: unsterbliches Sein/Gewahrsein
Evolution (= positive Entwicklung!): Richtung Hyoscyamus (Punkt 2)

F

Falle: Egozentrismus
Fixierung: Rache, Vergeltung
Führer

G

Gerechtigkeit als vorherrschendes psychisches Programm
Grundangst: Unterliegen, davor, verletzt zu werden
Grundenergie: überentwickelte Bauchenergie
Grundfixierung: Zorn! Bauch (sexuell, feindselig)

H

Handlungen von taktischen Überlegungen geprägt
Hauptmerkmal: Vergeltung
Heiliger Weg: Unschuld
Hochmütig in der Schwangerschaft

I
Idealisierungen (Ich bin gut, wenn ich ...):
... gerecht, stark, kompetent und überlegen bin!
Intuitiver Stil: Erspürt den Grad der Macht

J
Jesus Christus-Aspekt: Jesus als entschiedener Prediger, der mit seinen Aktionen provozieren konnte, etwa bei der Vertreibung der Händler aus dem Tempel! (Mt 21, 12)

K
Kämpfer
Kernproblematik: Aggression / Vergeltung
Kernressourcen (als Rettungsanker!):
Selbstsicherheit
Klapperschlange
Kontrolle
Krieger

L
Länder: Spanien, unterdrückte Nationen, Irak, Iran
Leichen, geht über
Leidenschaft: Wollust

M
Machtorientiert
Machtspiele
Manipulation
Meinung, feste

N
Neptun-Prinzip (Neptun als 8. Planet, der auf der 8. und vorletzten Planetenbahn die Sonne umkreist!)
Neutrale Haltung
Normale Haltung: kontrollierend, konkurrierend, direkt

O

P
Polaritäten: Puritaner - Hedonist; selbstbewusst - machtbesessen

Q
Qualitäten: Bosse / Beobachter (stark, kraftvoll, erregend, intensiv, entschlossen, mutig, durchsetzungsfähig, beschützt andere, gerecht, aufrichtig, ehrlich, klar, direkt, fest!)

R
Redestil: Bevormundung

S
Schamlos während der Entbindung
Schwäche vermeiden
Schwächen der anderen sofort erkennen
Schwarz und weiß
Seinsgefühl („Ich"- Gefühl) ist verankert im: physischen Körper, in den Empfindungen (Bauch - Beziehung - Zorn)
Selbstbewusstsein
Selbstbild (Ich ...): ... bin mächtig, stark und unbesiegbar
Selbstdefinition: „Ich bin stark und autonom!"
Selbstgefühl: „Ich bin stark!"
Selbstgerechtigkeit, Arroganz versus sozialer Haltung und Einstellung
Selbstsicherheit
Sexualität als Machtspiel
Sicherheit und Stärke
Stärke und Macht als Eigenschaften der Essenz
Stier
Stresspunkt 5: Bewusstsein, sich tatsächlich viele Feinde geschaffen zu haben. Übergroße Erfahrungen von Ablehnung durch andere: Rückzug aus sozialen Kontakten, Einsamkeit, Isolation und Angst
Suche nach dem Glück („Es wird mir gut gehen, wenn ..."): ... ich genug Macht habe!
Sucht nach: arroganter Anmaßung

T
Taubheit, vorgetäuschte
Tierentsprechungen: Stier, Nashorn, Klapperschlange, Tiger
Triade des Enneagramms: Bauch - Beziehung - Zorn

U

Umgang mit Angst: „Andere beherrschen und einschüchtern gibt Sicherheit!"
Umgang mit Zeit: „Die Zeit bin ich!"
Unerlöste Haltung: tyrannisch, machtbesessen, gewalttätig
Unschuld als heiliger Weg
Unterdrückte Wut versus offener Kampf
Untertypen: a) Selbsterhaltung - befriedigendes Überleben b) sozial - Freundschaft c) sexuell - Besitz / Hingabe

V

Vermeidung: Schwäche
Vermittler
Verschwenderisch mit Geld
Vorlieben: Direktheit, Empowerment, Gerechtigkeit
Vorteile nutzen

W

Wahrheit als heilige Idee
Wahrheitsliebend
Wahrnehmung in Bezug auf die Welt: „Ich bin größer als die Welt!" (aggressiv)
Was andere lästig finden: Kontrolle, Respektlosigkeit, Wahrheiten und Interessen nicht wahrnehmen

X

Y

Z

Zeitempfinden: Zeit erscheint ausgedehnt und muss sich dem eigenen Willen beugen
Zu bearbeitende Themen: Verletzlichkeit und Schutz, Rache, Verleugnung

4.9 Der Patient des Enneagrammtyps 9

A

Abgedreht
Abgelehnte Elemente: Konflikt!
Abneigungen: Uneinigkeit, Diskussion, Veränderungen, Spannungen
Abwehrmechanismus: (Selbst-) Betäubung / zwanghaftes Denken
Aggressionsgehemmt
Alkoholismus der Eltern oder eines Elternteils
Amsterdam
Anspruch: Selbstvergessenheit
Archetypen: Vermittler, Networker, Friedensstifter, Unterhändler
Aufmerksamkeit (Energierichtung auf): Komplexität
Aufmerksamkeitsschwerpunkt: Versucht die Einstellung anderer zu ermitteln! Wer oder was bedroht die Harmonie? Disharmonie vermeiden; was will der andere, was kann ich tun, damit Du weiterhin glücklich und nett bist?
Äußerungen zum Enneagramm: „Es bringt Harmonie in mir und zwischen den Menschen!"

B

Bedürfnis: Einheit und Harmonie
Befreiung (durch Entwicklung folgender Tugenden!): Geduld
Berufung: Liebe
Besondere Reaktionen: Selbstvergessenheit
Bewahrend
Blindheit (eingeschränkte Wahrnehmung für): Das Wesentliche

C

D

Devolution (= negative Entwicklung!): Richtung Opium (Punkt 6)

E

Ego-Trägheit
Einstellung (Verhältnis) zu den Eltern: Positive Einstellung zu beiden Eltern
Energiepunkt: Der zentrale Zorn-Punkt

Entsprechungen nach C.G. Jung:
Introvertierter Empfindungstypus
Entsprechungen nach Claudio Naranjo:
Überangepasst
Entsprechungen nach dem DSM (= Diagnostic
and statistical Manual of Mental Disorders!):
Zwangsstörung mit Schwerpunkt auf Zwangs-
verhalten, aber auch vermeidende / auswei-
chende und abhängige Persönlichkeit
Entsprechungen nach der Millon-Skala:
apathisch, sensibel, kooperativ
Entsprechungen nach der Myers-Briggs-
Skala: intuitiv, sinnlich wahrnehmend
Erlöste Haltung: annehmend, friedfertig,
zielorientiert
Ertrinken, Angst vor dem
Erwachsen werden, Abneigung gegen
Esoterische Literatur lesen
Essenz, innere: unsterbliches Sein / Ge-
wahrsein
Evolution (= positive Entwicklung!):
Richtung Tarentula (Punkt 3)

F
Falle: Harmonie um jeden Preis
Faulheit als Schattenanteil der Seele
Fixierung: Bequemlichkeit, Trägheit
Friedfertigkeit als vorherrschendes
psychisches Programm
Friedliebend

G
Grundangst: vor Trennung
Grundenergie: blockierte, verdrängte
Bauchenergie
Grundfixierung: Zorn! Bauch (sexuell,
feindselig)

H
Harmonieorientiert
Hauptmerkmal: Trägheit
Heiliger
Heiliger Weg: rechtes Handeln

I
Idealisierungen (Ich bin gut, wenn ich ...):

... gelassen, harmonisch und ausgeglichen
bin und mich wohl fühle!
Intuitiver Stil: Verschmilzt (vermischt sich)

J
Jesus Christus-Aspekt: Jesus als Schlafender
inmitten des Sturms (Mk 4, 36) sowie als
Friedensstifter, der die Mühseligen und
Beladenen zu sich ruft und ihnen Mut
macht: „Meine Last ist leicht!" (Mt 11, 30)
Jugend, ewige
Jung zu bleiben, Verlangen

K
Kernproblematik: Trägheit / Bequemlichkeit
Kernressourcen (als Rettungsanker!):
Interesse an Menschen
Kontakt zur Wirklichkeit, Mangel an

L
Länder: Österreich, Indien, Mexiko, Nepal,
Niederlande, Tibet
Lao Tse
Leidenschaft: Trägheit / Bequemlichkeit
Liebe (göttliche Liebe) als heilige Idee

M
Manie, esoterische
Meditation

N
Normale Haltung: angepasst, pflegeleicht,
unentschlossen

O

P
Pluto-Prinzip (Pluto als 9. Planet, der auf
der 9. und letzten Planetenbahn die Sonne
umkreist!)
Polaritäten: gläubig - zweifelnd; gelassen -
phlegmatisch
Pubertierend, ewig

TYP
9

Q

Qualitäten: Vermittler (sorgfältig, Auge für andere, empathisch, Anpassungsvermögen, akzeptierend, unterstützend, berechenbar, zuverlässig, empfindsam, stabil, ruhig, empfänglich, nicht urteilend!)

R

Rechtes Handeln als heiliger Weg
Redestil: Roman
Richtung, Mangel an

S

Sein und Gewahrsein als Eigenschaften der Essenz
Seinsgefühl („Ich"- Gefühl) ist verankert im: physischen Körper, in den Empfindungen (Bauch - Beziehung - Zorn)
Selbstbild (Ich ...): ... bin zufrieden und umgänglich!
Selbstdefinition: „Ich bin friedvoll!"
Selbstgefühl: „Ich bin friedliebend!"
Spiritualität, angelesene
Spirituelle Gefühle
Stresspunkt 6: Bewusstsein, dass es unausweichlich ist, dass eigene „Ich" zu behaupten und z.B. einen Konflikt zu riskieren: Unsicherheit, Angst und Selbstzweifel, vor allem Zweifel am eigenen Wert
Suche nach dem Glück („Es wird mir gut gehen, wenn ..."): ... ich Harmonie und inneren Frieden finde!
Sucht nach: Sich-Herabsetzen, Unschlüssigkeit, Untätigkeit

T

Theorien, entwirft nicht verifizierbare
Tierentsprechungen: Faultier, Elefant, Delphin
Triade des Enneagramms: Bauch - Beziehung - Zorn

U

Umgang mit Angst: „Ich halte mir alle Strategien offen, sicher ist sicher!"
Umgang mit Zeit: „Gemach, gemach!"
Unerlöste Haltung: fatalistisch, desorientiert, stur
Untertypen: a) Selbsterhaltung - Appetit b) sozial - Teilnahme c) sexuell - Vereinigung

V

Verirrt sich in bekannten Straßen
Vermeidung: Konflikte / Konfrontation
Vermittler
Vernachlässigen sich
Vorlieben: Harmonie, Stabilität, Ruhe

W

Wahnsinn, spiritueller
Wahrnehmung in Bezug auf die Welt: „Ich muss mich der Welt anpassen!" (unterdrückt)
Was andere lästig finden: Aufschieben oder Vermeiden von Problemen / Konflikten, mangelnde Klarheit
Wirklichkeit, Kontakt verloren zur
Wortspiele, macht

X

Y

Z

Zeitempfinden: Zeit vergeht gleichmäßig; alles hat gleiche Bedeutung; Zeit wird mit Routine und Alltäglichem ausgefüllt
Zu bearbeitende Themen: (Traurigkeit) fühlen lernen, Wut erkennen und ausdrücken lernen, Betäubung bewusst machen

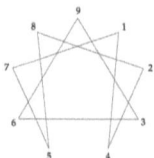

5. Patientenbeispiele aus der lebendigen Praxis der Enneagramm-Homöopathie

5.1 Patient vom Enneagrammtyp 1: Chronisch-entzündliche Darmerkrankung

Patient, 51 Jahre, leidet seit zwei Jahren an einer chronischen Darmerkrankung mit blutigen Durchfällen (sog. Colitis ulcerosa). Er kommt auf Empfehlung einer guten Freundin zu mir in die Praxis. Aufgrund der zunehmenden, fortschreitenden Symptomatik steht der Patient kurz vor einer Operation, geplant ist die teilweise Entfernung der besonders stark beteiligten entzündlichen Dickdarmanteilen. Vor diesem Hintergrund möchte er es doch noch einmal mit einer alternativen Heilmethode versuchen, auch wenn er sich an sich nicht mehr viel davon verspricht. Im Rahmen der homöopathischen Patientenbefragung klagt er ferner über sexuelle Unlust und zahlreiche Allergien. Schnell wird dabei deutlich, um welchen Enneagrammtyp es sich bei diesem Patienten handelt. Er besitzt hohe Prinzipien, neigt zum Perfektionismus und auch wohl zur Rechthaberei, möchte immer der Beste auf seinem Gebiet sein, hat also auch hohe Ansprüche an sich selbst, denen er oft nicht gerecht werden kann. Beruflich legt er viel Wert auf perfekte Arbeitsergebnisse. In Bezug auf seine Darmerkrankung ist er sehr besorgt und versucht alles nur erdenklich Mögliche, um die bevorstehende Operation doch noch vermeiden zu können. Sein Gesichtsausdruck ist aristokratisch, er hat schmale Lippen, ist vom Erscheinungstyp und Körperbau eine eher hagere Erscheinung, wirkt deutlich angespannt, als ob sein gesamter Organismus physisch und psychisch unter ständiger Spannung steht. Mit ernst-kritischen Blick schaut er mich an, wirkt insgesamt auch kritisch-distanziert. Letztlich bestätigt mir - neben vielen anderen Merkmalen seines ihm innewohnenden Menschseins - seine Blickqualität die Diagnose des Typs 1 des Enneagramms. Sein Blick ist insgesamt kritisch, kalkulierend, kühl, distanziert und präzise. Innerhalb von Wochen nach der Einnahme seines typspezifischen homöopathischen Heilmittels Platinum metallicum in der für diese Krankheit und in diesem Stadium angezeigten Dosierung verringern sich seine schleimig-blutigen Durchfälle immer mehr von Tag zu Tag, bis der Darm schließlich vollständig ausgeheilt ist. Eine Operation mit den entsprechenden Folgen für den Patienten konnte damit glücklicherweise abgewendet werden. Sogar der Fußpilz, von dem der Patient zunächst nicht berichtet hatte, heilt zwei Monate nach Beginn der Therapie vollständig ab. Darüber hinaus fühlt sich der Patient schon wenige Tage nach der ersten Mittelgabe lebendiger, souveräner und insgesamt gelassener und geduldiger. Auch das Bedürfnis nach Sexualität kehrt schon einige Tage nach der ersten Mitteleinnahme zum Erstaunen des Patienten wieder. Nach ca. einem Jahr seit Behandlungsbeginn ist er nahezu beschwerdefrei, jedenfalls was das doch schwere Krankheitsbild der chronisch-entzündlichen Darmerkrankung angeht, gab es seitdem keinen Rückfall in die Symptomatik mehr. Nur seine Allergie gegen Haselnüsse und Milchprodukte besteht weiterhin, aber damit kann er im Vergleich zu der Zeit vor der homöopathischen Therapie nach eigenen Angaben „gut leben". Der Patient ist sehr dankbar, dass durch die Anwendung der Enneagramm-Homöopathie eine aus rein schulmedizinischer Sichtweise vermeintlich notwendige Operation dauerhaft vermieden werden konnte. Auch im zwischenmenschlichen Bereich klappt es nun besser und seine Mitarbeiter nehmen ihn nun fröhlicher, gelassener und insgesamt menschlicher wahr.

Man kann hier durchaus feststellen, dass die eigentliche Ursache der chronischen Darmerkrankung in dem aus dem Gleichgewicht geratenen Enneagramm-Muster des Typs 1 lag, nämlich dem unbewussten Zorn, der sich eben unterbewusst in Form der körperlichen Erkrankung „ausgelebt" und dadurch die spezifischen Symptome hervorgerufen hatte. Dieser Zorn stellt eine umfunktionierte, einseitig gelebte Aggressionsenergie dar, die in der Folge zu den Entzündungen im Darm und da-

Ü
10
13
15
22
24
29
30
120
121
122
123
124
125
126
127
128
129
130
131
132

mit zu den täglichen schleimig-blutigen Durchfällen geführt hatten. Diese einseitig unbewusst ge-lebte Grundleidenschaft des Zorns als Hauptleidenschaft dieses Patienten führte also letztlich zur chronischen Erkrankung und das entsprechende homöopathische Heilmittel für Typ 1 (metalli-sches Platin in homöopathischer Dosierung) mit genau dieser tieferliegenden ursächlichen Thema-tik führte gesetzmäßig zur homöopathischen Heilung der verstimmten Lebenskraft im Innersten des Patienten. Bestimmte Themen, wie hier z.B. die Allergien, lösen sich trotz passender Mittelgabe oft erst im Laufe der Zeit, also unter Umständen auch erst nach vielen Monaten oder gar Jahren vollständig auf. Doch die eigentliche, schwerwiegende Symptomatik, also das Hauptproblem des Patienten in Form der chronisch-entzündlichen Darmerkrankung, konnte hier in wenigen Monaten dank der Enneagramm-Homöopathie mit ihrer ganzheitlichen Sichtweise auf den Menschen und seine Erkrankung zur vollständigen Ausheilung gelangen.

5.2 Patientin vom Enneagrammtyp 2: Unerfüllter Kinderwunsch

Patientin, 37 Jahre alt, kommt mit dem Wunsch schwanger zu werden zu mir in die Praxis. Seit ca. drei Jahren strebt sie eine Schwangerschaft an, bisher jedoch vergeblich. Durch die ganzheitliche Methode der Enneagramm-Homöopathie hofft sie, dass ihr größter Wunsch, ein Kind zu bekom-men, in Erfüllung geht. Daneben leidet sie seit ihrer Jugend immer wieder unter Phasen von Buli-mie (Ess-Brechsucht) und unter ständig wiederkehrenden Harnwegsinfekten. Das in der Praxis von ihr vorgetragene Hauptproblem ist für sie ihre Unfruchtbarkeit, die sie gerade psychisch stark be-lastet. Oft weint sie daher stundenlang abends bis zum Einschlafen und trotz großem sexuellen Ver-langen ändert auch häufiger Geschlechtsverkehr nichts am Zustand der ungewollten Kinderlosig-keit. Während der homöopathischen Erstanamnese sitzt mir eine sehr freundlich-gefällige, emotio-nal sehr offene und selbstbewusste Frau gegenüber, doch als das Thema ihrer Sterilität angespro-chen wird, senkt sich ihr Blick schlagartig, sie wird traurig und ihre blauen Augen füllen sich lang-sam mit Tränen. Nach den Erkenntnissen der Enneagramm-Homöopathie entspricht die Patientin dem Enneagrammtyp 2, also dem Geber oder Helfer des Enneagramms. Sämtliche verbale sowie nonverbale Patientenäußerungen sind liebesorientiert, manchmal ein wenig theatralisch im Aus-druck ihrer Äußerungen gepaart mit einer gesunden Portion Stolz. Dennoch trotz allem ist die Pa-tientin emotional sehr sensibel, mitfühlend, verständnisvoll und denkt im Zweifel mehr an andere als an sich. Sie stellt sich als freigiebig, hilfsbereit und großzügig dar und würde für eine erfolg-reiche Schwangerschaft einfach alles unternehmen. Die Untersuchungen bei verschiedenen Ärzten haben zweifelsfrei ergeben, dass bei ihrem Partner alles in Ordnung sei und das Problem wohl bei ihr läge. Traurig berichtet sie, dass sie bestimmt eine wunderbare Mutter wäre; die Verzweiflung steht ihr ins Gesicht geschrieben. Ihr allgemeines Verhalten, ihre Lebenssituation, ihre bisheriges Motivations- und Handlungsmuster sowie vor allem auch ihre Blickqualität sprechen eine eindeu-tige Sprache für den gut ausgebildeten Enneagramm-Homöopathen. Während sie im Rahmen der Patientenbefragung viel über sich selbst und ihre Gefühle erzählt, versucht sie - Typ 2-typisch - die Gegenwart bestmöglich vor allem auf emotionale Art und Weise auszudehnen. Man hat das Ge-fühl, sie wolle nie mehr gehen, sondern das emotionale Band zwischen Therapeut und Patientin möglichst lange aufrechtzuerhalten; ich habe als Behandler das starke Bedürfnis, ihr auch den be-nötigten zeitlichen und emotionalen Raum zur Verfügung zu stellen und verordne ihr schließlich das im Rahmen der Enneagramm-Homöopathie erforderliche homöopathische Heilmittel für den Typ 2, Hyoscyamus niger, das schwarze Bilsenkraut. Danach höre ich über zwei Monate nichts von ihr. Erst dann ruft sie mich eines Tages an und beginnt das Telefonat mit der freudigen Botschaft: „Überraschung - ich bin endlich schwanger und mir geht es wunderbar!"

Das Thema bei Patienten vom Typ 2 ist mehr oder weniger immer eine Form der enttäuschten, unerwiderten Liebe bzw. von enttäuschten Gefühlen oder sonstigen Enttäuschungen in Liebesdingen. Denn Enneatyp 2 ist bewusst oder in den meisten Fällen mehr unbewusst auf der Suche nach Liebe und Geliebtwerden. Die Schwangerschaft ist dabei ein ganz besonderer natürlicher Ausdruck der Liebe, des Geliebtseins, bei der Zeugung eines Kindes im besten Fall zwischen den Liebenden, aber auch während der Schwangerschaft und danach als Ausdruck der mütterlichen oder elterlichen Liebe. Nach der Einnahme des entsprechenden Enneagramm-Heilmittels wurde der Gesamtorganismus der Patientin empfänglich für diesen bislang erfolglos angestrebten Zustand der Schwangerschaft, weil das homöopathische Heilmittel auf einer tieferen Ebene die verstimmte Lebenskraft der Patientin wieder ins energetische Gleichgewicht bringen konnte.

5.3 Patient vom Enneagrammtyp 3: Burnout-Syndrom & Restless-Legs-Syndrom

Patient, 46 Jahre alt, kommt zu mir in die Praxis wegen eines Burnouts und ruhelosen Beinen mit Gefühlsstörungen darin (sog. Restless-Legs-Syndrom). Diese Erkrankung wurde bereits in der 2. Hälfte des 17. Jahrhunderts von dem englischen Arzt und Neurologen Thomas Willis beschrieben. Dieses Krankheitsbild tritt heutzutage immer deutlicher und häufiger in Erscheinung als neurologische Erkrankung mit willkürlichem und mitunter unwillkürlichem Bewegungsdrang in den Beinen und Füßen, seltener in den Armen. Damit einhergehend leidet der Patient aufgrund seiner beruflichen Überbelastung als Koch unter dem sog. Burnout-Syndrom („Ausgebranntsein"), einem Zustand ausgesprochener emotionaler Erschöpfung mit deutlich reduzierter Leistungsfähigkeit. Sein Hausarzt hat ihn bereits drei Wochen krankgeschrieben, nun sitzt er vor mir und bittet um eine ganzheitliche homöopathische Behandlung, damit er auf Dauer wieder arbeitsfähig wird. Auf psychischer Ebene dominieren bei ihm starke Verzweiflung, ein fortschreitendes Gefühl der Wertlosigkeit, damit einhergehend starke Existenzängste sowie Phasen von Gleichgültigkeit und Hoffnungslosigkeit. In seiner Arbeit als Koch fühlt er sich permanent unter Zeitdruck, darüber hinaus von seinem Chef nicht respektvoll genug behandelt und leidet auch unter der Unsicherheit seines Arbeitsplatzes aufgrund des Rückgangs der Restaurantbesucher in den letzten Jahren. Vor mir sitzt ein gehetzt wirkender, unruhiger und total überlasteter Mann, der auf mich sehr distanziert und emotional leer wirkt. Dahinter steckt beim Enneagrammtyp 3 in aller Regel die energetische Dynamik der sog. blockierten Gefühlsenergie. Der Patient scheint von seinen eigenen Gefühlen total abgeschnitten und dementsprechend ist sein Blick leer, gefühlskalt und hohl, sein Gesicht wirkt versteinert. In den letzten Jahren hat der Patient nach eigenen Angaben unermüdlich gearbeitet, denn er brauche immer dieses Gefühl, dass er auch seine volle Leistung erbringt. Seine Frau würde ihn als „Workaholic" bezeichnen, er hingegen sieht sein Arbeitsverhalten als ganz normal an. Natürlich brauche er auch das zusätzliche Einkommen durch seine zahlreichen Überstunden, die er trotz seiner familiären Verpflichtungen mit Ehefrau und drei Kindern immer mitgenommen habe, vor allem auch zur Finanzierung seiner kostenintensiven Hobbys (Sportwagen, Motorrad, Drachenfliegen). Er habe hohe Erwartungen an das Leben, die er stets zu erfüllen versuchen würde. Schon früh lernte er als kleiner Junge, Erwartungen und Träume seines Vaters zu erfüllen. Anerkennung in Bezug auf Aufgaben und Leistungen war ihm immer sehr wichtig und er suchte stets den Weg des geringsten Widerstandes, um äußerlich erfolgreich zu sein. Es sei ihm sehr wichtig, sein Image als erfolgreicher und dynamischer Mensch aufrechtzuerhalten, alles andere würde er diesem Wunsch unterordnen. Doch nun habe das Leben ihm einen Strich durch die Rechnung gemacht, sein ganzes erfolgreiches Selbstbild würde durch seine Erkrankung langsam aber sicher immer mehr zerstört. Der Patient erhält am Ende der Anamnese auch aufgrund seiner nach außen gerichteten, unnahbaren Blick-

qualität und seines gefühllos wirkenden Gesichtsausdrucks die Diagnose: Typ 3 des Enneagramms. Er bekommt daraufhin das diesem Typus von Mensch entsprechende Heilmittel aus der Enneagramm-Homöopathie. Zwei Wochen nach Mittelgabe berichtet der Patient in der homöopathischen Folgeanamnese über eine leichte Stimmungsaufhellung, ansonsten hat sich aber die Symptomatik des Patienten nicht deutlich verbessert.

Im Laufe der folgenden Monate verordne ich - weil ich mir der Diagnose sicher bin - dem Patienten in größeren Abständen das Heilmittel Tarentula hispanica in unterschiedlicher Dosierung, bis schließlich allmählich nach ca. vier Monaten endlich der spürbare Durchbruch gelingt. Seitdem sind seine unruhigen Beine Vergangenheit und er arbeitet wieder mit Freude in seinem Beruf als Koch, allerdings ohne die früher üblichen Überstunden, sodass auch seine Familie nun von seiner Gesundung profitieren kann.

Dem Patienten ist im Laufe von Monaten auch durch die Behandlung mit der Enneagramm-Homöopathie bewusst geworden, dass er nicht immer nur als Ersatz für echte Gefühle den äußeren materiellen Verlockungen dieser Welt verfallen muss. Seitdem ist er sich der Möglichkeit des Scheiterns durch das einseitige unbewusste Streben nach äußerem Erfolg bewusst und zieht eine deutliche Grenze zwischen der Arbeitswelt und seinen privaten Lebensumständen. Nach eigener Aussage kann er durch die Hilfe des homöopathischen Heilmittels besser abschalten, bevor er wie früher wieder in den Sog eines umtriebigen, rastlosen Tätigwerdens kommt, welches letztlich auch nicht sehr effektiv ist, aber eben eine Menge Energie benötigt und ihn wieder in die Richtung eines Burnouts führen kann. Gefördert wurde diese gesunde Entwicklung des Patienten auch durch seine intensive Beschäftigung mit dem Typ 3 des Enneagramms. Er wurde sich dadurch der Prinzipien seines eigenen Enneagrammtyps bewusster und kann sich selbst und sein Antriebsmuster bzw. seine eigenen psychologischen Abwehrmechanismen in Krisenzeiten schneller erkennen und ihnen dann zeitnah erfolgreich entgegenwirken. Denn die unbewusst ausagierte Enneagrammfixierung ist eben nur ein Abwehrmechanismus, der bewusst erkannt und dadurch auch gebannt werden kann. So erkennt der Patient heute diese seine charakterlichen Strukturen sehr deutlich und kann immer mehr jenseits von diesen ein wirklich authentisches und in seinem Fall besonders auch ein gefühlsreiches Leben führen, ohne sich immer gleich unbewusst von seinen tieferen Gefühlen abtrennen zu müssen.

5.4 Patientin vom Enneagrammtyp 4: Alkoholsucht & Depression

Patientin, 44 Jahre alt, sitzt vor mir, blond gesträhnte Haare, gepflegte Erscheinung, dunkler Teint, übereinander geschlagene Beine, geschmackvolle, farblich gut abgestimmte Kleidung, tiefbraune Augen. Vor drei Jahren hat sie ihren Mann verlassen, aber befindet sich seitdem wieder in häufig wechselnden Partnerschaften. Kein Mann genügt ihren hohen Ansprüchen und schon während ihrer Ehe war sie ständig unglücklich und mit ihren Lebensumständen nie ganz einverstanden. Sie hält sich - ihren eigenen Angaben nach - immer irgendwie für etwas Besseres und findet dennoch (oder gerade deshalb) keine wahre Erfüllung in ihrem Leben. Seit 15 Jahren trinkt sie regelmäßig größere Mengen Alkohol, was sich auch in immer wiederkehrenden Magenschleimhautentzündungen widerspiegelt. Aufgrund ihrer Depression ist sie in ständiger psychologischer Behandlung und bekommt 20 mg Citalopram ® (= chemisch wirkender selektiver Serotonin-Wiederaufnahmehemmer als Antidepressivum im Rahmen der Behandlung von Depressionen) täglich. Schon durch die Bildanalyse eines Fotos, welches mir die Patientin bereits vor der Anamnese per E-Mail zuge-

schickt hatte, damit ich einen ersten Eindruck von ihr erhalten könnte, konnte ich darauf ihre Blickqualität studieren und erkannte dabei bereits erste deutliche Hinweise auf den Enneagrammtyp 4 - eine Hypothese, die sich dann während der weiteren Anamnese bestätigte. Dieser Fall gestaltete sich zunächst schwierig, denn erst durch eine langwierige Behandlung mit ansteigenden homöopathischen Potenzen (= verschiedene Dosierungen des homöopathischen Heilmittels) gab es langsam aber immer deutlicher erkennbar Verbesserungen ihres Gesundheitszustandes. Nur durch die hohe Treffsicherheit der Enneagramm-Homöopathie war ich mir des Heilmittels gerade in diesem Fall sehr sicher. Wahrscheinlich hätte ich durch die ausschließliche Anwendung der sog. Klassischen Homöopathie zu schnell das Mittel gewechselt, weil es in diesem Fall nur mithilfe homöopathischer Anhaltspunkte nicht klar erkennbar gewesen wäre. Ein solches Patientenschicksal ereilt relativ viele Patienten, die bei einem Homöopathen Hilfe bei der Heilung ihrer Beschwerden suchen. Läuft ein Fall anfänglich nicht so reibungslos, gibt der „normale" Homöopath dann relativ schnell weitere, scheinbar passendere Homöopathika und dann erfolgt nicht selten die Verordnung eine ganze Serie verschiedenster homöopathischer Mittel, die nachfolgend gegeben werden, weil weitere Mittel noch deutlicher angezeigt zu sein scheinen. Doch häufig verliert der Homöopath dabei den konkreten Faden und auch den Bezug zum Patienten, weil er zunehmend den Wald vor lauter Bäumen nicht mehr sieht; ich spreche in diesem Zusammenhang durchaus auch aus eigener leidvoller Erfahrung als Therapeut, der ehemals viele Jahre nach den reinen Grundsätzen der Klassischen Homöopathie behandelt hat. Der große Vorteil bei der Enneagramm-Homöopathie liegt hier vor allem darin, dass man als Enneagramm-Homöopath ohnehin nur 9 Heilmittel zur Verfügung hat. Selbst wenn man sich anfangs vor allem in Hinblick auf die Typbestimmung des Patienten geirrt haben sollte und Heilungsprozesse demnach ausbleiben, wird die Wahrscheinlichkeit, dass man das passendste homöopathische Heilmittel, das Simillimum mit weiteren darauf folgenden Heilmitteln findet, zunehmend größer. Natürlich wird der Patient nach einigen Versuchen ähnlich wie bei anderen Homöopathen tendenziell frustrierter, wenn er keine Linderung bzw. Heilung seiner Beschwerden auch nach dem dritten oder vierten homöopathischen Mittel findet, aber der Enneagramm-Homöopath weiß aus seiner Erfahrung, dass er nun selbst in solchen Fällen, in denen mehrere Mittel nicht tiefgreifend helfen konnten, sich sehr nahe am wahren Heilmittel befindet. Denn manchmal ist die Behandlung vor allem in komplexen Fällen eben ein Prozess der Heilung, der eine Zeitlang dauern kann, gerade in den Fällen, in denen man den Typ des Patienten aus den im 4. Kapitel geschilderten Schwierigkeiten bei der Typbestimmung nicht auf Anhieb findet. Das Enneagrammwissen sowie viele homöopathisch erkennbare Strukturen haben mir in diesem Fall die Möglichkeit gegeben, die Behandlung erfolgreich abschließen zu können. Die Menge und Häufigkeit des Alkoholkonsums der Patientin reduzierte sich im Laufe von Monaten zunehmend, auch die depressiven Phasen in diesen Monaten nach der Erstkonsultation verminderten sich subjektiv spürbar und objektiv nachweisbar. Nach vier Monaten konnte das Citalopram ® schließlich vollständig abgesetzt werden. Gelegentlich trinkt diese Patientin täglich noch ca. ein bis zwei Gläser Rotwein, sie ist sich aber dessen bewusst, dass das nicht der Regelfall sein darf und muss ihren Konsum tendenziell auch nicht steigern. Die Eigenwahrnehmung, sie sei „die Prinzessin auf der Erbse" und etwas ganz Besonderes, hatte in der letzten Konsultation sechs Monate nach Behandlungsbeginn merklich abgenommen. Sie wirkte deutlich geerdeter, weniger abgehoben und insgesamt authentischer, pragmatischer, lebensfroher und vor allem zufriedener. Etwa ein Jahr später berichtete mir die Patientin, dass sie mit ihrem Ex-Ehemann einen gemütlichen Abend verbracht habe und eine Annäherung stattgefunden hätte. Die Patientin wird in größeren zeitlichen Abständen weiter von mir behandelt und weitere Heilungs- und Bewusstseinsprozesse werden sicher noch folgen.

5.5 Patient vom Enneagrammtyp 5: Hüftschmerzen mit der Aussicht auf eine Hüft-Operation

Patient, 51 Jahre alt, Mathelehrer an einem Gymnasium, kommt zu mir in die Naturheilpraxis und klagt über Hüftschmerzen (sog. Coxalgie). Er humpelt, war bei mehreren Orthopäden, physiotherapeutische Behandlungen sind bislang wenig erfolgreich verlaufen. Er ist sehr frustriert, da er bislang relativ viel Sport gemacht hatte. Volleyball und Joggen waren seine bevorzugten Sportarten, die er nun wegen der starken Schmerzen nicht mehr ausüben kann. Aufgrund der dauerhaften Schmerzsymptomatik und dem Befund „Coxarthrose mit starkem Gelenkverschleiß" rieten ihm die behandelnden Fachärzte über kurz oder lang zu einem künstlichen Hüftgelenk. Der Patient war diesbezüglich jedoch skeptisch, ob er für einen so gravierenden Eingriff in seinen Körper nicht noch zu jung sei und schaute deshalb nach alternativen Therapieformen. Nun sitzt er in meiner Praxis und hat sich schon sehr ausführlich, geradezu wissenschaftlich mit seinem eigenen Krankheitsbild auseinandergesetzt, sein Wissen über die Erkrankung wirkt sehr fundiert und sachkundig. Im Laufe der Patientenbefragung kommt weiterhin zum Vorschein, dass der Patient seit einigen Jahren auch unter fortgeschrittener Parodontose und Potenzstörungen (erektile Dysfunktion) leidet. Seine horizontal verlaufenden Stirnfalten, sein zustimmendes Nicken und seine insgesamt emotional zurückhaltende Art geben mir einen ersten Hinweis auf den Enneagrammtyp 5. Auf die Frage, wie seine Umgebung ihn beschreiben würde, antwortet er spontan: „Sparsam und klug". Sein Leben verlaufe insgesamt sehr strukturiert und zurückgezogen. Er wirkt auf mich distanziert und sehr nachdenklich, objektiv und manchmal gar scheu. Die Wahl des passendsten homöopathischen Heilmittels nach der Enneagramm-Homöopathie (Stramonium, der Stechapfel als Heilmittel für Typ 5) gestaltet sich in diesem Fall relativ leicht. Nach der Mittelgabe nahmen seine Hüftschmerzen deutlich ab, die Bewegungsfähigkeit wurde schrittweise wiederhergestellt und binnen eines Jahres konnte er seine geliebten Sportarten in gemäßigter, altersentsprechender Form weiter ausüben. Auf die Frage nach der Potenz lächelt der Patient nur verschmitzt, auch der Zahnfleischbefund habe sich ca. 3 Monate nach der Erstanamnese merklich gebessert. Der zuletzt behandelnde Orthopäde sei sehr erstaunt über den deutlichen Schmerzrückgang; eine Operation wurde auf Wunsch des Patienten auf unbestimmte Zeit verschoben, er befindet sich weiter bei mir in Behandlung und bekommt gelegentlich alle paar Monate sein Enneagramm-Heilmittel zur Stärkung seiner Lebenskraft in entsprechender Dosierung.

Bei diesem Fall sieht man sehr schön, dass man selbst scheinbar aussichtslose Krankheitsgeschehen, die vermeintlich nur mit einer Operation behoben werden können, durch die Stärkung der Lebenskraft eines Menschen mithilfe des entsprechenden Enneagramm-Heilmittels in homöopathischer Dosierung ganzheitlich hervorragend und vor allem auch effektiv behandeln kann. Mit Sicherheit besteht in diesem Fall weiterhin der Gelenkverschleiß, der aber ab einem gewissen Alter in gewissem Rahmen ohnehin physiologisch ist. So erklärt sich auch, dass manche Menschen trotz diagnostizierbarer Verschleißerscheinungen überhaupt keine Beschwerden haben, während andere mit ähnlichen Abnutzungserscheinungen wie in diesem Patientenfall eine überaus starke Schmerzsymptomatik entwickeln. Hierbei spielt die immer wieder erwähnte weil für die Homöopathie so zentral wichtige vis vitalis, also die energetische Lebenskraft eines Menschen, eine entscheidende Rolle. Befindet sich der Mensch diesbezüglich energetisch in einem guten Gleichgewicht, kann er selbst, wenn der Körper degenerative Veränderungen zeigt, wie in diesem Beispiel durchaus ein beschwerdefreies Leben führen.

5.6 Patient vom Enneagrammtyp 6: Versagensängste

Der Vorgesetzte des eben beschriebenen Patienten kommt auf Empfehlung zu mir in die homöopathische Praxis. Der 53-jährige Schulleiter an einem Gymnasium leidet unter Versagensängsten. Die Angst zu versagen hat zahlreiche Auswirkungen auf unser Denken, Fühlen und Handeln und sie wirkt sich auch negativ auf unseren Beruf und unsere Beziehungen aus. So auch bei diesem Patienten, der darüber klagt, dass er ständig unter Druck und Erfolgszwang stehe, nervös und reizbar sei, sich über sich selbst und seine Angst ärgern würde und einfach in vielen Situationen nach außen hin nicht selbstbewusst genug auftreten könne. Er bekommt seine in den letzten Jahren zunehmende Angst und sein mangelndes Selbstwertgefühl einfach nicht mehr in den Griff. Darüber hinaus leide er in diesem Zusammenhang auch unter gelegentlichen Denkblockaden, Konzentrationsstörungen und körperlichen Reaktionen darauf wie z.B. starkes Schwitzen unter den Armen bei wichtigen Schulkonferenzen sowie ständiger Anspannung und Wortfindungsstörungen. Auch privat hat er ständig Sorge, im Bett zu versagen, zumal er auch gerade in stressigen Lebenssituationen an vorzeitigem Samenerguss (Ejaculatio praecox) leide, was die Beziehung zu seiner Frau auch nicht gerade einfacher machen würde. Aus diesem Grunde hätte er eigentlich schon gar keine Lust mehr an der Sexualität und würde sich stattdessen lieber in seine Arbeit stürzen. Durch seine ständige Angst und Unsicherheit fehle ihm auch die in seiner Funktion als Schulleiter notwendige Souveränität; dies führe dazu, dass er mit immer mehr Regularien und Kontrollmechanismen versuche, die Führung der Schule zu gewährleisten, was ihm kurzfristig ein sichereres Gefühl verschaffe, aber längerfristig genau das Gegenteil seine inneren Versagensängste noch anfachen würde. Oft hat er das Gefühl, seine an ihn gestellten Aufgaben einfach nicht mehr erfüllen zu können, er steht innerlich oft an einer gefühlten Grenze, an der nichts mehr geht. Dieses Gefühl lähmt ihn im Alltag und kostet ihn seine gesamte Energie. Die Mitarbeiter, Kollegen halten sein oft rigides Verhalten ihnen gegenüber für übertrieben und überzogen und entziehen sich immer mehr seinem Einflussbereich, was seine Symptomatik noch verstärkt. Er selbst würde dabei gegenüber den anderen Lehrern immer misstrauischer und skeptischer. In diesem Zustand ständiger innerer Anspannung versucht er die Ordnung in seiner Schule aufrechtzuerhalten, würde dabei allerdings immer argwöhnischer und auch herrischer gegenüber seinen Kollegen und auch den zu unterrichtenden Schülern reagieren. Durch diese ständige Angst kann er sein Potenzial einfach nicht ausschöpfen und befürchtet stets durch Fehler zur Rechenschaft gezogen zu werden. Durch die Schilderung dieser und weiterer Verhaltensweisen im Rahmen der Anamnese bestätigte sich die hinter diesem Verhalten befindliche aus dem Gleichgewicht geratene Enneagrammfixierung und Grundleidenschaft des Typs 6. Auch seine Blickqualität unterstrich und bestätigte die Sechser-Diagnose, denn aus seinen Augen sprachen Unsicherheit, Anspannung und Angst. Ich habe diesen Patienten in einem Zeitraum von ca. zwei Jahren therapeutisch begleitet und ihn auch für die Arbeit mit dem Enneagramm sensibilisiert, was auch dazu führte, dass er eine bessere Eigenwahrnehmung entwickelte und seinen Kollegen in der Folge auch unvoreingenommener und weniger misstrauisch und unsicher entgegentreten konnte. Er kann jetzt deutlich gelassener mit Situationen umgehen Die Spannungen in ihm und im zwischenmenschlichen Bereich haben sich merklich verbessert und er wird seiner Aufgabe als Schulleiter wieder vollumfänglich und zu seiner eigenen Zufriedenheit gerecht. Auch das Schwitzen während der Konferenzen gehört der Vergangenheit an, er bewältigt seinen Alltag heute souverän und selbstbewusst und fühlt sich gerade auch durch die mehrmaligen Mittelgaben seines homöopathischen Heilmittels Opium, dem Schlafmohn innerlich sicherer und kompetenter.

Auch in diesem Fall erkennt man sehr schön eindrücklich, wie durch die Behandlung der tiefliegenden Grundleidenschaft der Angst ein kranker Patient vom Typ 6 mit starkem psychischen Ungleichgewicht wieder in einen Zustand psychischer Ausgeglichenheit und weitestgehender Angstfreiheit gesunden kann, ohne dass man ihm chemisch wirkende Psychopharmaka verordnen müsste, die ihn allenfalls ruhigstellen würden, aber an der Ursache seiner Erkrankung nichts ändern könnten. Die Enneagramm-Homöopathie liefert hier einen überzeugenden Schlüssel gerade im Bereich psychischer Erkrankungen, um den psychisch aus dem Gleichgewicht geratenen Menschen wieder innere Stabilität und Heilung im wahrsten Sinne dieses Wortes zu geben. Hier wurde die Grundleidenschaft der Angst durch das entsprechende homöopathische Enneagramm-Heilmittel nach dem Ähnlichkeitsgrundsatz in der Homöopathie „Ähnliches heilt Ähnliches" erfolgreich an der typspezifischen Wurzel des Menschseins/Krankseins therapiert.

5.7 Patientin vom Enneagrammtyp 7: Starke, migräneartige Kopfschmerzen

Patientin, 27 Jahre alt, Verkäuferin in einem Lebensmittel-Discounter, berichtet im Rahmen der Erstanamnese über folgende Beschwerden: Seit der Jugend leidet sie unter migräneartigen Kopfschmerzen, darüber hinaus seit einigen Monaten auch an sehr schmerzhaften Gallensteinkoliken (Gallensteinleiden oder Cholelithiasis). Ihr Ehemann ist sehr besorgt um sie und ihren hohen Schmerzmittelkonsum und hatte deshalb im Vorfeld einen Termin für sie in meiner Praxis vereinbart. Da sie also regelmäßig unter starken Migräneanfällen leidet, nimmt sie immer höhere Dosen an Analgetika (Schmerzmitteln) zu sich, die allerdings zunehmend immer weniger Wirkung zeigen. Sie selbst nimmt diese Tatsache relativ gelassen hin, ihr Arbeitgeber jedoch ist durch die vermehrten Fehltage aufgrund ihrer Krankheit bereits wegen eines zuverlässigen Arbeitseinsatzes in großer Sorge. Allgemeinmedizinische Behandlungen brachten bislang keinen Erfolg, ein kürzlich gemachtes MRT (Magnetresonanztomographie) ihres Kopfbereiches war unauffällig. Der Schmerz breitet sich plötzlich vom Schulter-Nacken-Bereich über den Hinterkopf auf den gesamten Kopf aus, was dann letztlich auch in Sehstörungen mündet (Einschränkung des Sehfeldes, Flimmern vor den Augen). Zu ihrer Vorgeschichte ist zu erwähnen, dass sie als Kind an Scharlach erkrankt war und der Blinddarm (Wurmfortsatz, Appendix vermiformis) im Alter von 13 Jahren entfernt wurde. Seit ihrer ersten Regelblutung (Menarche) leidet sie bis heute an verstärkten und verlängerten Monatsblutungen (Menorrhagie). Auch die Gallensteinkoliken werden bei der Patientin von besonders heftigen Schmerzattacken begleitet. Vor mir sitzt eine gut gelaunte, lebendige und optimistisch wirkende Frau voller Lebensfreude und lacht mich immer wieder an, während sie über ihre Symptomatik berichtet. Auffallend sind ihre roten Wangen und ihr warmer, fröhlicher Blick, ihre Gesichtszüge sind entspannt, milde, denn momentan ist sie schmerzfrei. Aufgrund dieser und vieler weiterer Indizien habe ich diese Patientin als Typ 7 des Enneagramms eingestuft und ihr das entsprechende homöopathische Heilmittel Belladonna, die Tollkirsche verschrieben. Zunächst änderte sich am Gesundheitszustand der Patientin nur sehr wenig, sodass ich anfänglich der Meinung war, dass ich mit meiner Typbestimmung nach dem Enneagramm daneben gelegen habe. Dann aber nach ca. vier Wochen und einer Mittelwiederholung nach drei Wochen kam es in großen Schritten zu einer Entspannung und Gesundung des angeschlagenen Gesamtorganismus. Insbesondere die Kopfschmerzproblematik verschwand zusehends. Es folgte eine sehr heftige Gallensteinkolik ca. eine Woche nach der erneuten zweiten Mittelgabe, danach traten an diesem Organ keine vergleichbaren Beschwerden mehr auf. Sechs Monate nach der Erstanamnese ist die Patientin in jeder Hinsicht beschwerdefrei und berichtet stolz, dass sie seit Beginn des Monats auch keinerlei Schmerzmittel mehr einnehmen müsste und würde.

Heilung verläuft, wie wir an diesem Beispiel gut erkennen können, nach den eigenen Regeln der Natur jedes Individuums ab und erfolgt nicht linear, unterliegt also den Rhythmen der Natur. Im Rahmen der Heilung erfolgt häufig zunächst eine psychische Besserung im Gemüt des Patienten, er fühlt sich psychisch schon oft nach wenigen Tagen stabiler, souveräner und ausgeglichener. Erst in der Folge, oft spätestens nach zwei bis drei Wochen, manchmal aber auch erst wie in diesem Fall nach vier Wochen kommt es dann zu sichtbaren Veränderungen der körperlichen Symptomatik und dabei durchaus auch zu einem Auf und Ab der Heilung. In diesen Heilungszyklen schreitet dann die Heilung des Gesamtorganismus fort, bis es zur vollständigen Ausheilung - sprich zu einem lebendigen Ausgleich der energetischen Lebenskraft des Patienten - gekommen ist. Mitunter benötigen sowohl Patient als auch Therapeut eine gewisse Geduld, die man aber durchaus aufbringen kann, wenn sich zum einen die Psyche des Patienten nach Mittelgabe schon einmal deutlich verbessert und zum anderen der Therapeut sich des Mittels bzw. Enneagrammtyps sicher ist.

5.8 Patient vom Enneagrammtyp 8: Manische Depression

Patient, 44 Jahre alt, sucht mich auf, weil er seit ca. 10 Jahren unter manischer Depression (heute besser bekannt als bipolare affektive Störung) leidet. Dieses Krankheitsbild zeigt sich bei den Betroffenen durch episodische, willentlich nicht kontrollierbare und extreme zweipolig entgegengesetzte (bipolare) Auslenkungen des Antriebs, der Aktivität und der Stimmung, die weit über dem Normalniveau abwechselnd in Richtung Depression oder Manie reichen. So auch bei diesem Patienten, der in Phasen der Manie seine Freunde anrief und ihnen mitteilte, er sei der Nachfolger von Jesus Christus und sie hätten das Glück, mit ihm befreundet zu sein; in Zeiten der Depression verfiel er zunehmend selbstzerstörerischen Gedanken an Selbstmord. Der Patient fühlt sich in diesem depressiven Phasen seiner Erkrankung immer wieder zum Suizid genötigt und getrieben, aber letztlich hatte er bislang immer mehr Angst vor dessen Folgen für seine Familie und Freunde. So hatte der Patient schon einige längere Aufenthalte in psychiatrischen Klinken hinter sich, als er zu mir in die Behandlung kam.

Derartige Fälle sind mit Sicherheit nicht ganz leicht zu behandeln, weder mit den gängigen schulmedizinischen (psychiatrischen) Therapieformen noch durch die Anwendung der Homöopathie. Während aber bei der rein psychiatrischen Therapie versucht wird, den Patienten bzw. dessen Symptome durch chemisch wirkende Medikamente zu behandeln (Neuroleptika in manischen Phasen, Antidepressiva in depressiven Episoden der Erkrankung), versucht man im Rahmen der Homöopathie, auf anderer Ebene den Menschen in seiner Gesamtheit einzuschätzen und ein individuelles homöopathisches Heilmittel zu finden, welches eben die Gesamtheit des menschlichen Verhaltens in der Krankheit widerspiegelt. Im Rahmen der Enneagramm-Homöopathie gehen wir, wie schon des öfteren dargestellt, noch einen Schritt tiefer und fahnden nach der Grundleidenschaft des Patienten, die letztlich für alle seine Lebensäußerungen und auch dem entsprechenden Patientenverhalten in seiner Krankheit in der Tiefe ursächlich ist, um diese wieder ins Gleichgewicht zu bringen. Im Rahmen der Patientenbefragung kam heraus, dass bereits die Kindheit des Patienten von allen möglichen Formen der Gewalt durch seinen alkoholkranken Vater überlagert war. Die damals in der Kindheit vorherrschende physische als auch psychische Gewalt führte bei dem Patienten schon sehr früh zu dem starken Wunsch nach Selbstständigkeit und Unabhängigkeit. Schon im Alter von 15 Jahren zog er von zu Hause aus und begann eine Ausbildung zum Garten- und Landschaftsbauer, nur um der Gewalt zu entfliehen. Bis heute übt er seinen Beruf mit großer Leidenschaft aus.

Ferner wird während der Anamnese deutlich, dass er stark dazu neigt, seine Mitmenschen zu kontrollieren und er in zwischenmenschlichen Beziehungen oft sehr rücksichtslos agiert und im Zweifel immer den Ton angeben möchte. Er nimmt in Beziehungen selbst sehr viel Raum ein, besitzt eine starke körperliche Präsenz, verfügt über immense Energie und eine besondere energetische Intensität, spricht immer das aus, was er denkt. Mitunter kann er dabei aber auch konfrontierend und fordernd auftreten, gerade wenn es nicht in seinem Sinne verläuft. Alles in allem besitzt er ein lautes Verhalten an sich und möchte immer gesehen und gehört werden, gerade von seinen Beziehungspartnerinnen. Er ist stark selbstbezogen und verfügt tendenziell über wenig empathische Qualitäten im zwischenmenschlichen Umgang, denkt häufig nur an sich und seinen Vorteil und empfindet sich selbst als Zentrum des Universums. Aufgrund dieser und vieler weiterer Indizien wird mir am Ende der Erstanamnese deutlich, dass der Patient dem Enneagrammtyp 8 entspricht. Ich verordne ihm daraufhin das seiner Charakterfixierung entsprechende homöopathische Enneagramm-Heilmittel Veratrum album, den weißen Germer. Durch die Mittelgabe sowie die Beschäftigung mit seinem Enneagrammtyp der Acht lernt der Patient im Laufe der darauffolgenden Monate, seine sanfteren Züge an sich zu entwickeln und die eigene Verletzlichkeit und Unzulänglichkeit zu zeigen. Immer mehr erkennt er, wie er bislang eigene Schwächen und Fehler geleugnet und durch Projektion auf andere diesen das Leben schwer gemacht hat. Er erkennt also in diesen Monaten der homöopathischen Therapie, wie er den Abwehrmechanismus der Leugnung von eigener Schwäche und Bedürftigkeit, der typisch für Typ 8 des Enneagramms ist, aufgibt und lernt, sich anzupassen, auch an die Herausforderungen des Lebens selbst, ohne immer sofort rebellieren zu müssen. Ca. ein Jahr nach der ersten Mittelverordnung hat der Patient seine schulmedizinischen Medikamente auf ein Mindestmaß reduzieren können. Dabei geht es ihm trotzdem deutlich besser als vor der homöopathischen Behandlung, er fühlt sich zunehmend insgesamt lebendiger und ausgeglichener und kann nach und nach immer aktiver am Leben teilnehmen. Seitdem gab es noch keinen weiteren Anlass für eine Einweisung in die Psychiatrie oder sonstige stark von der Norm abweichende psychische Ausfallerscheinungen oder sonstige gravierende Auffälligkeiten. Seine geliebte Arbeit im Garten- und Landschaftsbau kann er seit einem Jahr ohne große Unterbrechungen durchgehend ausüben.

Dieser Fall ist mit Sicherheit schon aufgrund der Art der Erkrankung noch längst nicht endgültig abgeschlossen. Er zeigt aber überaus deutlich, dass man auch begleitend zu einer psychiatrischen Therapie durchaus auch mit der Homöopathie, therapeutischen Gesprächen und weiterführenden anschließenden Selbsterkenntnisprozessen im Rahmen der Enneagrammlehre großartige Verbesserungen des gesundheitlichen Gleichgewichtes bei einem Patienten erreichen kann. Man muss sich also nicht immer nur für einen Weg der Therapie und Heilung entscheiden, sondern es können durchaus auch mehrere Wege nach Rom führen. Die Enneagramm-Homöopathie stellt in diesem Rahmen einen sehr effektiven ganzheitlichen Heilungsweg dar, der mit vielen anderen Therapieformen wunderbar kombiniert werden kann und sollte. Gerade in vielen aussichtslosen Krankheitsfällen kann mithilfe der Enneagramm-Homöopathie eine ungeahnte Wende in Richtung Gesundheit und Heilung erfolgen.

5.9 Patient vom Enneagrammtyp 9: Rezidivierende Hämorrhoidalblutungen

Beim letzten in diesem Buch geschilderten Patientenfall geht es um einen 53-jährigen Mann, der mich wegen immer wiederkehrenden (rezidivierenden) Hämorrhoidalblutungen und Adipositas (Fettleibigkeit) in meiner homöopathischen Praxis aufsucht. Sein Hauptproblem sei, dass er fast bei jedem Stuhlgang hellrotes Blut in der Toilette vorfinde, ein Umstand, der ihn immer sehr beunruhigen würde. Vor einem Monat sei er zur Abklärung ins Krankenhaus gegangen. Eine Darmspiegelung (Koloskopie) hätte zum Glück nur den Befund „Hämorrhoidalleiden, Stadium II" ergeben. Darüber hinaus hätten die Ärzte im Krankenhaus zudem noch bei ihm eine Fettleber (Steatosis hepatis) aufgrund von Überernährung diagnostiziert. Der Patient leidet an Adipositas Grad I mit einem BMI (Body-Mass-Index) von 31. Er arbeitet bei der Arbeitsagentur in ausschließlich sitzender Tätigkeit und ist nach eigenen Angaben viel zu träge, um sich in seiner Freizeit ausgleichend Bewegung zu verschaffen. Erschwerend kommt noch hinzu, dass sich der Patient häufig von Fertigprodukten und Fastfood ernährt und wenig auf eine gesunde Ernährung achtet. Auch nach der Arbeit sitzt er oft vor dem Computer oder Fernseher und isst dabei gern Süßigkeiten. Weiterhin hat der Patient einen erhöhten Schlafbedarf von täglich ca. 9-10 Stunden. Der Patient ist seit 10 Jahren geschieden und lebt seitdem allein. Im Rahmen der Anamnese wird schnell deutlich, dass es sich bei ihm um den sog. selbsterhaltenden Typ 9 nach den Grundsätzen des Enneagrammsystems handelt. Das sind Menschen, die übermäßig an das Physische (Essen, Schlafen, Besitz und Einverleibung von Materiellem in jeglicher Form) gebunden sind als Ersatz für Liebe und Zuneigung. Es sind häufig übergewichtige Menschen mit einem voluminösen Bauchansatz. Der Wunsch nach Liebe ist hierbei sozusagen in den Körper gegangen. Es handelt sich meistens um sehr freundliche, liebende Menschen, aber tief im Inneren haben sie das Gefühl, selbst nicht geliebt zu werden. Fröhlichkeit und Güte füllen hierbei die innere Resignation aus und die Befriedigung mit vom Wesentlichen ablenkenden Dingen aller Art führt zu Selbstvergessenheit/-betäubung gegenüber dem, was wirklich wichtig ist. Nach der Gabe des entsprechenden homöopathischen Heilmittels im Rahmen der Enneagramm-Homöopathie geschieht zunächst wenig. Erst durch wiederholte Gaben des Mittels in aufsteigenden Dosierungen ergeben sich im Laufe von Monaten die ersten Zeichen der Verbesserung seines Gesundheitszustandes. Zunächst bleiben die Blutungen aus dem After für einige Wochen aus, kehren dann aber kurzzeitig wieder. Nach weiteren homöopathischen Mittelverordnungen von Cannabis, dem Hanf, ist der Patient von seinem Hauptproblem, den rezidivierenden Hämorrhoidalblutungen gänzlich befreit, die Erkrankung ist vollständig ausgeheilt, die krankhaften hämorrhoidalen Gefäßerweiterungen am Anus dauerhaft verschwunden. Nach und nach nimmt der Patient im Laufe weiterer Monate deutlich an Gewicht ab. Zu Beginn der homöopathischen Behandlung wog er bei einer Körpergröße von 1,76 m 96 kg und sein BMI lag bei 31. Vier Monate später wiegt er noch 90 kg und sein BMI ist auf 29,1 gesunken. Der Patient ist weiterhin wegen seines noch bestehenden Übergewichtes in Behandlung, allerdings hat er während der letzten Monate erkannt, dass er mehr auf sich und seinen Körper achten sollte. Er macht nun moderate, aber regelmäßige Spaziergänge von ca. 30 Minuten täglich und hat die Menge der täglichen Nahrungszufuhr deutlich reduzieren können, weil ihm immer bewusster wurde, dass die Einverleibung von Nahrung kein Ersatz für Liebesgefühle sein kann. Der Patient hat nach eigenen Aussagen durch erste Erfolge bei seiner Gewichtsreduktion merklich an Lebensfreude gewonnen, trifft sich auch immer häufiger mit alten Freunden und ist auf einem guten Weg zu einem immer besseren gesundheitlichen Gleichgewicht.

Das homöopathische Enneagramm-Heilmittel hat hier seine innere Grundleidenschaft der Trägheit, die für Typ 9 ja typisch ist, von Grund auf in ein neues lebendiges Gleichgewicht bringen können. Solche Prozesse erfolgen natürlich nicht immer von heute auf morgen, aber innerhalb von einigen oft wenigen Monaten sind spürbare Veränderungen zum Positiven im Rahmen des Möglichen erkennbar.

Die drei Grundenergien des Enneagramms

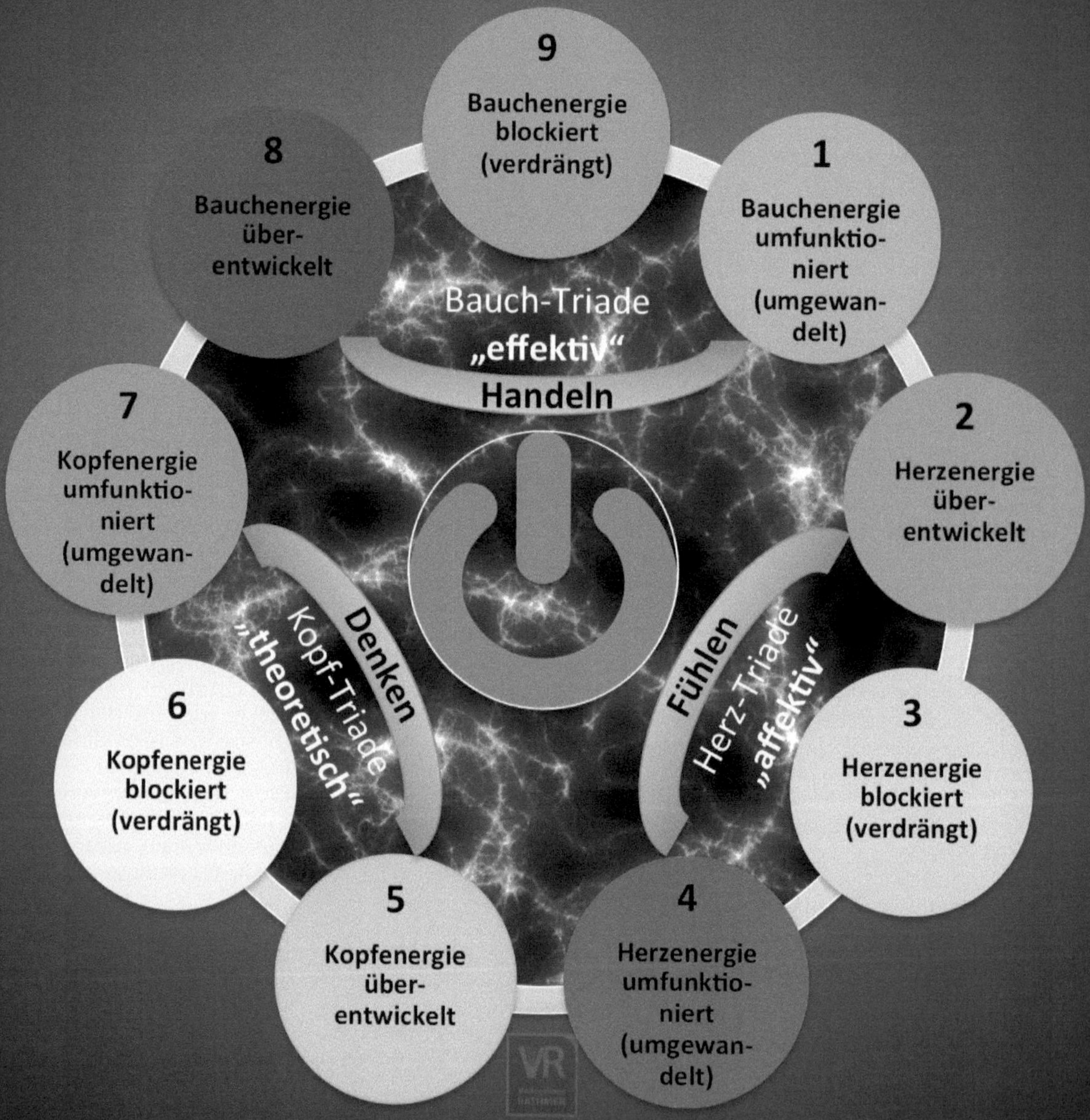

9
Bauchenergie
blockiert
(verdrängt)

8
Bauchenergie
über-
entwickelt

1
Bauchenergie
umfunktio-
niert
(umgewan-
delt)

Bauch-Triade
„effektiv"
Handeln

7
Kopfenergie
umfunktio-
niert
(umgewan-
delt)

2
Herzenergie
über-
entwickelt

Denken
Kopf-Triade
„theoretisch"

Fühlen
Herz-Triade
„affektiv"

6
Kopfenergie
blockiert
(verdrängt)

3
Herzenergie
blockiert
(verdrängt)

5
Kopfenergie
über-
entwickelt

4
Herzenergie
umfunktio-
niert
(umgewan-
delt)

Erklärungen zu den drei Grundenergien

Die Grundenergie wird in der spezifischen Ausformung des einzelnen Enneagramm-Musters entweder

a) **überentwickelt:** Die Grundenergie „besetzt" in einseitig übertriebener Weise das „innere Feld" und führt allein die Regie. Dies ist eine Möglichkeit dieser Enneatypen, die innere Not nicht mehr zu spüren: **Bauchenergie** (siehe Typ 8), **Herzenergie** (siehe Typ 2) und **Kopfenergie** (siehe Typ 5)

b) **blockiert** (verdrängt): Hier sind die Lebensimpulse des Menschen (mehr oder weniger) abgeschaltet, damit die jeweilige zentrale Not aus dem Bewusstsein verschwinden kann: **Bauchenergie** (siehe Typ 9), **Herzenergie** (siehe Typ 3) und **Kopfenergie** (siehe Typ 6)

c) **umfunktioniert** (umgewandelt): Die Grundenergie wird in ihrer Richtung umgedreht und auf die eigene Person gewendet. Aus selbstbehauptender Aggression (**Bauchenergie**) wird Aggression gegen die eigene Person (siehe Typ 1), aus der auf andere gerichteten **Herzenergie** wird „Selbstverliebtheit" (siehe Typ 4) und die Wahrnehmungs- und Denkfunktion des Kopfes (**Kopfenergie**) wird umfunktioniert zum Zweck positiver Selbststimulation (siehe Typ 7). Die Umwandlung der Grundenergien dient ebenfalls dazu, das zentrale Dilemma jeweils erträglicher zu machen bzw. aus dem Bewusstsein fernzuhalten.

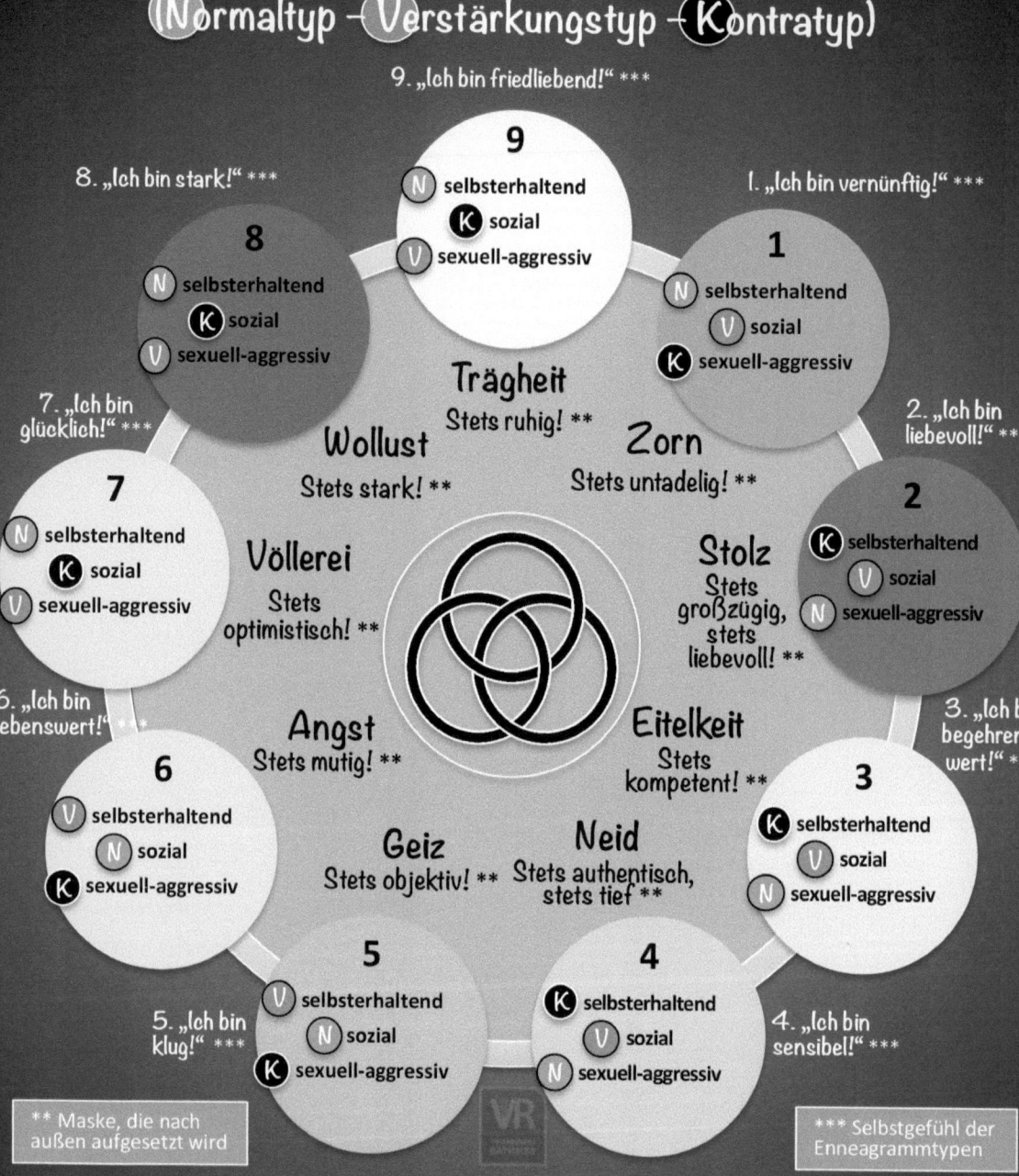

8. Übersicht:
Die 27 Untertypen *
(Normaltyp – Verstärkungstyp – Kontratyp)

9. „Ich bin friedliebend!" ***

9
- N selbsterhaltend
- K sozial
- V sexuell-aggressiv

8. „Ich bin stark!" ***

8
- N selbsterhaltend
- K sozial
- V sexuell-aggressiv

1. „Ich bin vernünftig!" ***

1
- N selbsterhaltend
- V sozial
- K sexuell-aggressiv

2. „Ich bin liebevoll!" ***

2
- K selbsterhaltend
- V sozial
- N sexuell-aggressiv

7. „Ich bin glücklich!" ***

7
- N selbsterhaltend
- K sozial
- V sexuell-aggressiv

3. „Ich bin begehrens-wert!" ***

3
- K selbsterhaltend
- V sozial
- N sexuell-aggressiv

6. „Ich bin liebenswert!" ***

6
- V selbsterhaltend
- N sozial
- K sexuell-aggressiv

4. „Ich bin sensibel!" ***

4
- K selbsterhaltend
- V sozial
- N sexuell-aggressiv

5. „Ich bin klug!" ***

5
- V selbsterhaltend
- N sozial
- K sexuell-aggressiv

Trägheit
Stets ruhig! **

Zorn
Stets untadelig! **

Wollust
Stets stark! **

Stolz
Stets großzügig, stets liebevoll! **

Völlerei
Stets optimistisch! **

Angst
Stets mutig! **

Eitelkeit
Stets kompetent! **

Geiz
Stets objektiv! **

Neid
Stets authentisch, stets tief **

** Maske, die nach außen aufgesetzt wird

*** Selbstgefühl der Enneagrammtypen

* Bei den jeweiligen **drei Untertypen** jeder Enneagrammfixierung unterscheiden wir einen sog. **Normaltyp**, der seine typspezifische Leidenschaft auf „normale" Weise auslebt, einen sog. **Verstärkungstyp**, der seine entsprechende Leidenschaft auf „**verstärkte**" Weise lebt und einen sog. **Kontratyp** (Gegentyp), der seine jeweilige Leidenschaft **negiert**, also möglichst gar nicht lebt und vermeidet. Den Normaltyp und den Verstärkungstyp erkennt man für gewöhnlich am ehesten, der Kontratyp hingegen ist oft nicht so leicht zu erkennen, da er seine Leidenschaft nach außen nicht lebt, sondern (unbewusst) versteckt oder negiert.

Definitionen der Leidenschaften und Charakterfixierung *

* Pseudo-genital (überangepasst): Psycho-spirituelle Trägheit und Veranlagung zu übertriebener Anpassung

* Oral-aggressiv (sadistisch): Sadistischer Charakter und die Wollust

* Anal-fixiert (fordernd): Zorn und Perfektionismus

9
TRÄGHEIT
Das Bestreben von physikalischen Körpern, in ihrem Bewegungs-zustand zu verharren.

8
BEGIERDE
Zügelloses, leidenschaftliches, unkontrolliertes Verlangen.

1
ZORN
Starkes & hefti-ges Gefühl, das negativ gegen etwas oder jeden gerichtet ist.

Bauchtriade
(8 – 9 – 1)
Bauch – Beziehung – Zorn
Ich-Bewusstsein im physischen Körper verankert

* Oral-rezeptiv (intellektuell): Völlerei, Betrügerei und die narzisstische Persönlichkeits-störung

* Oral-rezeptiv (emotional): Stolz und histrionische Persönlichkeit

7
MAßLOSIG-KEIT
Eigenschaft, kein Maß halten zu können, maßlos zu sein.

2
STOLZ
Unangemessene Selbstzufrieden-heit, aufgeblase-nes Selbst-wertgefühl.

Kopf – Handlung – Angst
Ich-Bewusstsein im Mentalkörper verankert
Kopftriade
(7 – 6 – 5)

Herz – Gefühl – Image
Ich-Bewusstsein im Emotionalkörper verankert
Herztriade
(4 – 3 – 2)

6
ANGST
Gefühl der (existenziellen) Furcht oder Sorge, etwa bei einer Bedrohung.

3
EITELKEIT
Übertriebene Sorge um den äußeren Schein & die eigene Voll-kommenheit.

5
GEIZ
Heftiger Unwille etwas abzugeben.

4
NEID
Negativer Gefühls-zustand in Bezug auf den Besitz & das Glück anderer, Missgunst.

* Phallisch (intellektuell): Feigheit, paranoider Charakter und Anschuldigung

* Phallisch (emotional): Eitelkeit, Unechtheit und die „marketingorientierte" Persönlichkeit

* Anal-fixiert (zurückhaltend): Habsucht und pathologische Absonderung

* Oral-aggressiv (masochistisch): Neid und der depressiv-masochistische Charakter

Anmerkung: Typisch für die **Kontratypen** ist, dass sie stark zwischen ihrem jeweiligen Stress- und Entspannungspunkt schwanken, da sie ihr eigenes ihnen innewohnende Prinzip ja **ablehnen/negieren** und sich daher selten genau in ihrem wahren Enneagrammpunkt zentrieren.

Kontratypen sind die

sexuellen Untertypen **1, 5, 6**

selbsterhaltenden Untertypen **2, 3, 4**

sozialen Untertypen **7, 8, 9**

9
Sozialer Untertyp kämpft gegen Trägheit/ Bequemlichkeit/ Faulheit an

8
Sozialer Untertyp kämpft gegen Schamlosigkeit/ Wollust/ Unkeuschheit an

1
Sexueller Untertyp kämpft gegen Wut/ Ärger/Zorn an

Die 9 wirkt dann eher wie Typ 2 oder Typ 3

Die weibliche 8 wirkt dann eher wie Typ 2, die männliche 8 eher wie Typ 9

Die 1 wirkt dann eher wie Typ 8

7
Sozialer Untertyp kämpft gegen Völlerei/ Unersättlichkeit/ Unmäßigkeit/ an

Die 7 wirkt dann eher wie Typ 1 oder Typ 2 oder auch wie Typ 5

Die 2 wirkt dann eher wie Typ 6 oder Typ 4

2
Selbsterhaltender Untertyp kämpft gegen Stolz/ Einbildung/ Selbstgefälligkeit an

Kontratyp

Die 6 wirkt dann eher wie Typ 8 oder Typ 3

Die 3 wirkt dann eher wie Typ 1 oder Typ 6 oder auch Typ 9

6
Sexueller Untertyp kämpft gegen Angst/ Furcht/Zweifel an (= kontraphobischer Typ)

Die 5 wirkt dann eher wie Typ 4

Die 4 wirkt dann eher wie Typ 3 oder Typ 1 oder auch wie Typ 7

3
Selbsterhaltender Untertyp kämpft gegen Täuschung/ Lüge/Eitelkeit an

5
Sexueller Untertyp kämpft gegen Habsucht/ Habgier/Distanz an

4
Selbsterhaltender Untertyp kämpft gegen Neid/ Melancholie/ Trauer an

Ferner neigen alle Kontratypen dazu, sowohl die positiven als auch die negativen Eigenschaften ihres jeweiligen Entspannungspunktes besonders auszuleben.

* Es gibt innerhalb jeder der 9 Typenstrukturen des Enneagramms einen Untertypen, der seiner spezifischen Leidenschaft (Fehlhaltung) *nicht nachgeht*, sondern sie versucht zu bekämpfen, oft unbewusst. Dieser **sog. Kontra- oder Gegentyp** neigt dazu, die **Grundenergien innerhalb der Triaden** in Verbindung mit den **spezifischen Leidenschaften** *nicht wahrzunehmen, zu negieren oder auszublenden*. Bedingt durch diese beiden Faktoren kommt es unweigerlich zu einer *verzerrten, verstärkten und mitunter unkontrollierbaren Reaktion*, die eine klare Typisierung in der Praxis häufig deutlich erschwert. Die einzelnen Kontratypen gehen zudem immer sehr stark in ihre jeweiligen **Stress- oder Entspannungspunkte** und werden daher damit häufig zusätzlich verwechselt.

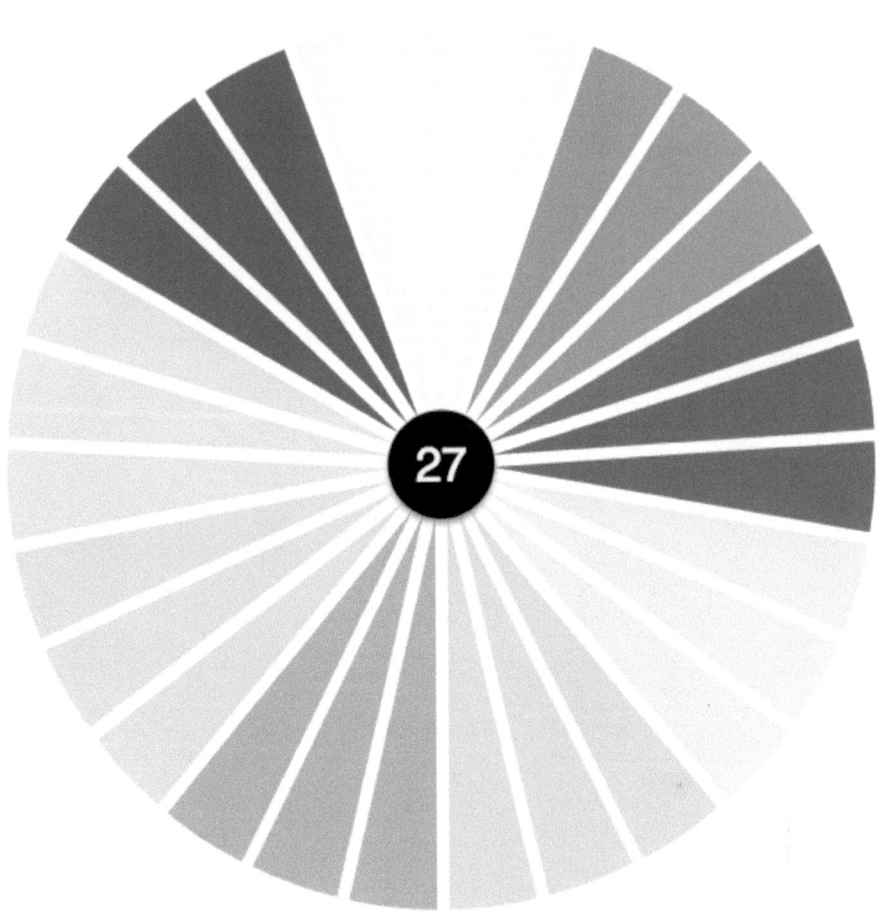

Typ 9 Der Bequeme	Typ 9 Der Mitarbeiter (KT)	Typ 9 Der Mystiker
Typ 1 Der Perfektionist	Typ 1 Der Gesetzgeber	Typ 1 Der Eroberer (KT)
Typ 2 Die Matriarchin (KT)	Typ 2 Der Diplomat	Typ 2 Der Romantiker
Typ 3 Der Pragmatiker (KT)	Typ 3 Der Politiker	Typ 3 Der Superstar
Typ 4 Der Kunsthandwerker (KT)	Typ 4 Der Kritiker	Typ 4 Der Dramatiker
Typ 5 Der Sammle	Typ 5 Der Professor	Typ 5 Der Zauberer (KT)
Typ 6 Der Familienmensch	Typ 6 Der Beschützer	Typ 6 Der Mutige (KT)
Typ 7 Der Genussmensch	Typ 7 Der Visionär (KT)	Typ 7 Der Gauner
Typ 8 Der Gewichtheber	Typ 8 Der Führer (KT)	Typ 8 Der Ritter

(KT) = Kontratyp

Die Hauptabhängigkeiten (Abwehrmechanismen, Leidenschaften) * der 27 Untertypen

Animalische Grundtriebe (Instinkte):

1. Selbsterhaltungstrieb (Überlebensmodus)
2. Sozialtrieb (Gruppenzugehörigkeit)
3. Sexualtrieb (Fortpflanzung)

SE = Selbsterhaltender Untertyp
SO = Sozialer Untertyp
S = Sexueller Untertyp
kp = kontraphobischer 6er-Typ
KT = Kontra- oder Gegentyp

9

SE-UT: Trägheit in Bezug auf die Selbsterhaltung

SO-UT (KT): Trägheit in Bezug auf das soziale Miteinander

S-UT: Trägheit in Bezug auf Beziehungen/ Sexualität

8

SE-UT: Begierde in Bezug auf die Selbsterhaltung

SO-UT (KT): Begierde in Bezug auf das soziale Miteinander

S-UT: Begierde in Bezug auf Beziehungen/ Sexualität

1

SE-UT: Zorn in Bezug auf die Selbsterhaltung

SO-UT: Zorn in Bezug auf das soziale Miteinander

S-UT (KT): Zorn in Bezug auf Beziehungen/ Sexualität

7

SE-UT: Maßlosigkeit in Bezug auf die Selbsterhaltung

SO-UT (KT): Maßlosigkeit in Bezug auf das soziale Miteinander

S-UT: Maßlosigkeit in Bezug auf Beziehungen/ Sexualität

2

SE-UT (KT): Hochmut in Bezug auf die Selbsterhaltung

SO-UT: Hochmut in Bezug auf das soziale Miteinander

S-UT: Hochmut in Bezug auf Beziehungen/ Sexualität

Einer der **drei Grundtriebe** (Instinkte) des Menschen *(1. Selbsterhaltungsinstinkt, 2. sozialer Instinkt, 3. sexuellaggressiver Instinkt)* verbindet („koppelt") sich mit einer der ...

6

SE-UT: Angst in Bezug auf die Selbsterhaltung

SO-UT: Angst in Bezug auf das soziale Miteinander

S-UT (KT) (kp): Angst in Bezug auf Beziehungen/ Sexualität

3

SE-UT (KT): Täuschung in Bezug auf die Selbsterhaltung

SO-UT: Täuschung in Bezug auf das soziale Miteinander

S-UT: Täuschung in Bezug auf Beziehungen/ Sexualität

... 9 Hauptabhängigkeiten *Zorn, Stolz, Eitelkeit, Neid, Geiz, Angst, Maßlosigkeit, Begierde, Trägheit*, so entstehen die **wesentlichen Charakterzüge** eines Menschen.

5

SE-UT: Geiz in Bezug auf die Selbsterhaltung

SO-UT: Geiz in Bezug auf das soziale Miteinander

S-UT (KT): Geiz in Bezug auf Beziehungen/ Sexualität

4

SE-UT (KT): Missgunst in Bezug auf die Selbsterhaltung

SO-UT: Missgunst in Bezug auf das soziale Miteinander

S-UT: Missgunst in Bezug auf Beziehungen/Sexualität

* Die dem einzelnen Enneatypen in aller Regel nicht bewussten **Hauptabhängigkeiten oder Hauptlaster des Menschen** lassen sich je nach Besonderheit der einzelnen 27 Untertypen konkret als das **unbewusste Hauptproblem** oder Hauptthema des jeweiligen Untertypen formulieren. Je unbewusster und kränker der Mensch ist, desto intensiver lebt er diese einseitige Charakterfixierung zum Nachteil seiner Umgebung und sich selbst.

Krankheitsverhalten

9
Wird ängstlich wie eine ungesunde 6 (= Stresspunkt)

8
Neigt zum Rückzug von Menschen wie eine ungesunde 5 (= Stresspunkt)

1
Wird melancholisch, traurig, neidisch wie eine ungesunde 4 (= Stresspunkt)

7
Wird perfektionistisch wie eine ungesunde 1 (= Stresspunkt)

2
Wird ausfallend, beleidigend und dominant wie eine ungesunde 8 (= Stresspunkt)

6
Wird aktiv handelnd, ruhelos und umtriebig wie eine ungesunde 3 (= Stresspunkt)

3
Wird träge, ziellos und desorientiert wie eine ungesunde 9 (= Stresspunkt)

5
Verdrängt seine Krankheit, flieht vor Leid wie eine ungesunde 7 (= Stresspunkt)

4
Wird bedürftig und abhängig wie eine ungesunde 2 (= Stresspunkt)

Der Umgang mit Krankheit

9

Gibt gern die Verantwortung in die Hände anderer, passiv-diffuse träge Haltung gegenüber den Symptomen, betont Nebensächlichkeiten der Erkrankung.

8

Lässt sich von der Krankheit nicht unterkriegen, macht alles, um schnell wieder stark und gesund zu werden.

1

Sucht erst Hilfe auf, wenn er selbst nicht mehr weiter weiß. Kritisch-distanziert in Bezug auf die Therapie.

7

Häufig heftige Symptome, greift schnell zu Schmerzmitteln, Aspirin etc., damit er wieder feiern kann.

2

Sucht das persönliche Gespräch und Trost und Zuspruch, misstrauisch bezüglich Folgen der Therapie, offenherzige Darstellung der Symptome.

6

Hat Angst, dass die Symptome sich verschlimmern können, sucht verzweifelt nach Lösungen, vorsichtig und ängstlich in Bezug auf eine Behandlung.

3

Möchte sobald wie möglich wieder einsatzfähig sein, um seine Arbeit wieder aufnehmen zu können.

5

Möchte den Grund und die Hintergründe der Erkrankung wissen, um sich diese erklären zu können.

4

Steigert sich leicht hysterisch in seine Symptomatik hinein, fragt sich „warum gerade ich?" Betont sein Leid und seinen Schmerz.

15. Übersicht:
Psychologische Muster, Fallen *, Blindheit ** & Lösungen ***

9. Harmonie um jeden Preis, Bequemlichkeit, „Narkose" *

Für das wirklich Wesentliche **

8. Egozentrismus, Vergeltung *

Für die eigene Freiheit und die der anderen **

1. Seine Pflicht erfüllen, Empfindlichkeit *

Für emotionale Zwischentöne **

9 Individuelle eigene Gefühle werden unterdrückt und ins Unbewusste verdrängt

8 Nicht zu sich selbst stehen, Selbstverrat!

1 Aus Verletzung sich über andere erheben, um unantastbar zu sein

7. Alles haben wollen, Planung *

Für die wirklichen Notwendigkeiten **

2. Gute Absichten, Schmeichelei, Gefälligkeit *

Für die Würde anderer **

*** Nimm deine Intuition und dein Gefühl als wichtig an!

*** Bleib dir treu, auch wenn es manchmal nicht einfach ist!

*** Zeige deine Verletzung und ertrage Nähe!

7 Aus gestauter, unterdrückter Lebenskraft wird Zorn!

2 Sich um sein Leben betrogen fühlen

*** Du hast das Recht, dein Potenzial zu leben!

*** Löse dich aus äußerer und innerer Abhängigkeit!

*** Öffne dich dem Unbewussten und entdecke dein brachliegendes Potenzial!

*** Nimm die Unterdrückung wahr und habe den Mut, sie aufzulösen!

6 Konflikte werden ins Unbewusste verdrängt!

3 In Überaktivität sich selbst vernichten

*** Hilf dir selbst und werde aktiv für dich!

*** Zeige deine wirklichen Gefühle und Verletzungen!

5 Das eigene Potenzial wird zurückgehalten

4 Emotionen werden ins Gegenteil verkehrt und unterdrückt

6. Sich in Abhängigkeit begeben, Feigheit, Waghalsigkeit *

Für eigene und Motive der anderen **

3. Konkurrieren, Eitelkeit, Äußerlichkeit *

Für eigene Eigenschaften und die der anderen **

5. Alles analysieren wollen, Geiz *

Für die eigenen wahren Bedürfnisse und die der anderen **

4. In Phantasien flüchten, Missgunst, Schwermut *

Für das Gute im Vorhandenen **

Die energetische Ausstrahlung von Angehörigen der Experten-Triade*, Optimisten-Triade**, Intensitäts-Triade***

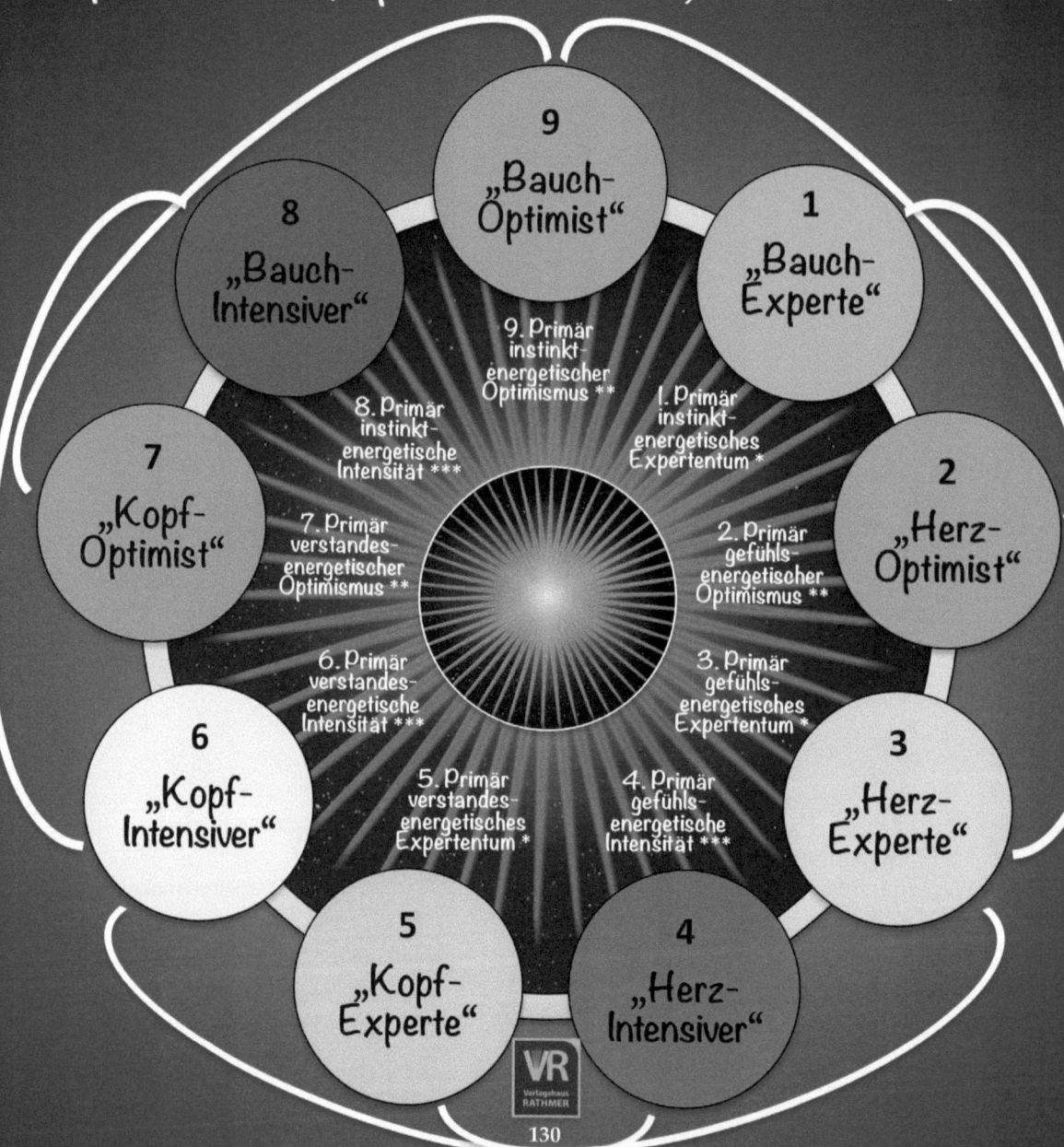

9 „Bauch-Optimist"

8 „Bauch-Intensiver"

1 „Bauch-Experte"

7 „Kopf-Optimist"

2 „Herz-Optimist"

6 „Kopf-Intensiver"

3 „Herz-Experte"

5 „Kopf-Experte"

4 „Herz-Intensiver"

9. Primär instinkt-energetischer Optimismus **

8. Primär instinkt-energetische Intensität ***

1. Primär instinkt-energetisches Expertentum *

7. Primär verstandes-energetischer Optimismus **

2. Primär gefühls-energetischer Optimismus **

6. Primär verstandes-energetische Intensität ***

3. Primär gefühls-energetisches Expertentum *

5. Primär verstandes-energetisches Expertentum *

4. Primär gefühls-energetische Intensität ***

* Die **Experten-Triade** umfasst die *Typen 1 – 3 – 5*. Ob sie es wollen oder nicht haben diese Typen auf ihre Mitmenschen eine gewisse „Experten-Ausstrahlung", man empfindet bei ihnen eine bestimmte Fachkompetenz auf ihrem Gebiet.

** Die **Optimisten-Triade** umfasst die *Typen 2 – 7 – 9*. Sie betrachten die Wirklichkeit tendenziell (nicht immer!) mehr positiv-optimistisch.

*** Die **Intensitäts-Triade** umfasst die *Typen 4 - 6 - 8*. Diese drei Intensiv-Typen des Enneagramms besitzen eine gewisse intensive Ausstrahlung, wobei jeder Typ auf sehr unterschiedliche Art und Weise je nach seiner Zugehörigkeit zu den ursprünglichen Triaden Kopf, Herz und Bauch sein Thema ausstrahlt.

Entwicklung vom reinen Sein zur Ego-Persönlichkeit *, Erziehungserfahrungen **, familiäre Defizite ***

9. Mangel an Harmonie und Frieden ***

9 Halt durch Glätten, so als wäre alles gut und leben auf mechanische Weise

8. Konflikte oder Verwirrung in Bezug auf Macht ***

1. Liebe ist bedingt, ein Tauschgeschäft, ein Handel ***

8 Halt durch Zorn, Kampf, Gerechtigkeit und Rache

1 Halt durch Selbst- und Fremdver- besserung

7. Begrenzte Sichtweise, enge Perspektive ***

9. Unsichtbare Bedürfnislosigkeit **

2. Keine Liebe zwischen den Eltern ***

7 Halt durch Planung, alles wieder gutzu- machen (Rückkehr ins verlorene Paradies)

8. Gewalterfahrung **

1. Bestrafung – Belohnung **

2 Halt durch, Manipulation und Verfüh- rung der Umgebung

7. Aufmerksam- keits-Defizit **

2. Liebeskampf **

6. Elterliche Inkompetenz **

3. Erfüllung von Erwartungen **

6 Halt durch Angst, Miss- trauen sowie defensives und para- noides Ver- halten

5. Aufdringliche Erziehung **

4. Liebesverlust **

3 Halt durch Selbst- und Fremdtäu- schung, es allein zu können

6. Fehlende Sicherheit und Unterstützung ***

3. Keine Bindung zwischen den Familien- mitgliedern ***

5 Halt durch Nichtfühlen, Rückzug, Isolation und Vermeidung

4 Halt durch Leugnung der Trennung vom Sein und Selbst- und Fremdkon- trolle

5. Keine Führung, kein wirkliches Verständnis ***

4. Mangelndes Selbst (wert)-gefühl ***

* In der frühen Kindheit verlieren wir allmählich den Kontakt mit dem Urgrund des Seins durch die Entwicklung von einem rein wahrnehmenden Bewusstsein hin zu einer Persönlichkeit mit einem spezifischen Abwehrmechanismus. Die neun Enneatypen entstehen aus der Reaktion auf den Verlust ihres Urvertrauens und die ihn begleitende Trennung vom Sein. Das Ego beinhaltet implizit das fundamentale Misstrauen gegenüber der Realität. Durch das Versagen der haltenden Umwelt fehlt es dem Kind an Urvertrauen, was zur Abtrennung von Sein und zu vermehrter Ego-Aktivität führt. Das Enneagramm zeigt die verschiedenen Möglichkeiten auf, wie sich das Ego entwickelt, um mit der Abwesenheit, den Erschütterungen, Brüchen und Unterbrechungen des Haltens der Umwelt umzugehen.

Die spirituelle Aufgabe und Befreiung durch ... *

Stoppen der Bemühung, ...

9. Liebe dich zuerst einmal selbst! **

8. Gib die Kontrolle auf und sei schwach und sanft! **

1. Sei vollkommen unvollkommen (Nobody is perfect)! **

9
... Harmonie aufrecht zu erhalten und sich friedlich zu verhalten.

8
... immer nur zu kämpfen und sich durchsetzen zu müssen.

1
... immer alles perfekt und genau machen zu müssen.

7. Erfahre die gesamte Polarität des Lebens, die positiven *und* die negativen Seiten! **

2. Kümmere dich erst einmal um dich selbst! **

* ... Aktivität in Bezug auf das Wesentliche & Tat, Liebe, Handlung

7
... alles immer nur optimistisch zu sehen und wegzulaufen vor dem Leid.

* ... Großmut & Großzügigkeit, Unschuld, wahre Größe & Stärke

* ... heitere Gelassenheit & Geduld

2
... den Mitmenschen immer helfen zu müssen und zu geben.

* ... Dankbarkeit, Nüchternheit & nüchterne Freude

* ... wahre Liebe & Demut

* ... Vertrauen & Glaube, Mut, Heldenhaftigkeit und Furchtlosigkeit

* ... Aufrichtigkeit, Wahrhaftigkeit & Ehrlichkeit

6
... alles ängstlich, skeptisch, zweifelnd zu betrachten.

* ... Weisheit, Objektivität & tiefes Wissen

* ... Ausgeglichenheit, Balance & Freude

3
... sich immerzu geistig und körperlich in Bewegung zu halten.

5
... alles analytisch mit dem Verstand erfassen zu müssen.

4
... alles emotional erleben zu müssen.

6. Lebe dein großes Potenzial, gehe das Risiko ein! **

3. Du musst nichts erreichen, du bist schon so gut, wie du bist! **

VR

5. Beobachte nicht nur, sondern wirf dich hinein ins Leben! **   4. Es fehlt dir überhaupt nichts – vertraue! **

** Erlösende Aufforderungen an die einzelnen Typen

19. Weiterführende und ergänzende Literatur des Autors aus dem Verlagshaus Rathmer

- **Wer du wirklich bist** - *Enneagramm-Wissen in farbigen Schaubildern* (Mit Enneagramm-Diagnose-Test), 300 Seiten, Taschenbuch, broschiert, Verlagshaus Rathmer, Billerbeck, März 2015

- **Die 27 Persönlichkeiten des Enneagramms** - *Erkenne deinen Persönlichkeitstyp im Spiegel des Enneagramms!* (27 Charakterprofile als Ausdruck der menschlichen Natur), 88 Seiten, broschiertes Taschenbuch, E-Book, Verlagshaus Rathmer, Billerbeck, 2. Auflage, August 2018

- **Rathmer`s Enneagramm-Typentest** - *Kompakter Persönlichkeitstest zur Bestimmung des eigenen Enneagrammtyps (Enneatyps/Untertyps/Trityps)* 52 Seiten, broschiertes Taschenbuch, E-Book, Verlagshaus Rathmer, Billerbeck, Dezember 2017

- **Die Praxis der Typbestimmung** (Sämtliche 36 Typen-Vergleiche zur präzisen und zuverlässigen Bestimmung des Enneagrammtyps unter Berücksichtigung der 27 Untertypen des Enneagramms), 168 Seiten, wahlweise gebundene Ausgabe mit Lesebändchen oder broschiertes Taschenbuch oder E-Book, Verlagshaus Rathmer, Billerbeck, September 2018

- **Rathmer`s großes Enneagramm-Lexikon von A-Z** (Ein Nachschlagewerk über die 9 Enneatypen inklusive der 27 Untertypen und der 27 Tritypen), 356 Seiten, wahlweise gebundene Ausgabe mit Lesebändchen oder broschiertes Taschenbuch oder E-Book, Verlagshaus Rathmer, Billerbeck, Mai 2017

- **Die ewige Suche nach Vollkommenheit, Liebe, Erfolg, Individualität, Wissen, Sicherheit, Lebensfreude, Macht, Harmonie** - *Enneagramm-Kalenderreihe: Für jeden Enneagrammtyp einen speziellen sog. ewigen Kalender, der zeitlos schön jeden Monat die wichtigsten Themen ästhetisch und tiefgründig in lebendigen Bildern darstellt, denn ein Bild sagt mehr als tausend Worte, 12 stimmungsvolle Kalenderseiten & eindrucksvolles Deckblatt, A4-Querformat, matt, 21 x 30 cm, Spiralbindung mit Aufhänger, künstlerische Gestaltung: Detlef Rathmer, Verlagshaus Rathmer, April 2019

- **Die weltweit erste Enneagramm-Wandkalender (auch in englischer Sprache)/Tischkalender/Küchenkalender** - *Enneagramm-Kalenderreihe: 13 universelle Enneagrammthemen werden hier ästhetisch anspruchsvoll, lehrreich und ausdrucksstark dargestellt, 12 lehrreiche Kalenderseiten & eindrucksvolles Deckblatt, welche die wichtigsten Prinzipien des Enneagramms übersichtlich darstellen, verschiedene Formate: 1. Wandkalender A4-Hochformat, matt, 21 x 30 cm 2. Wandkalender A3-Hochformat, matt, 42 x 30 cm 3. Tischkalender quadratisches Format, matt, 14 x 14 cm 4. Küchenkalender A4-Hochformat, matt, 13 x 30 cm 5. Wandkalender A4-Hochformat in englischer Sprache: „The Eternal Enneagram Calendar", matt, 21 x 30 cm; Spiralbindung mit Aufhänger, künstlerische Gestaltung: Detlef Rathmer, Verlagshaus Rathmer, April 2019

- **Der ewige Kalender der Naturwunder** - *Spektakuläre, stimmungsvoll grandiose Naturaufnahmen, die auf einzigartige Weise die Schönheiten der Natur unseres Planeten imposant in einer ästhetisch formvollendeten Weise mit darstellen, qualitativ hochwertiges Druckverfahren, ein immerwährender Wandkalender, 21 x 30 cm, matt, Spiralbindung mit Aufhänger, künstlerische Gestaltung: Detlef Rathmer, Verlagshaus Rathmer, März 2019

- **Der ewige Kalender der Liebe** - *Stilvoll und ausdrucksstark, abwechslungsreich auf die Jahreszeiten abgestimmt enthält dieser „Liebes-Kalender" jahrtausendealte Weisheiten um das große Thema der menschlichen Liebe mit eindrucksvollen Fotografien, ein wunderschönes Geschenk für einen geliebten Menschen, einen anderen oder sich selbst, qualitativ hochwertiges Druckverfahren, immerwährender Wandkalender, 21 x 30 cm, matt, Spiralbindung mit Aufhänger, künstlerische Gestaltung: Detlef Rathmer, Verlagshaus Rathmer, März 2019

- **Der ewige Kalender der Selbsterkenntnis** - *Jahrtausendealte zeitlose Lebensweisheiten in gelungener Komposition mit dazu passenden stimmungsvollen Fotografien, die täglich zu tiefgreifender Selbsterkenntnis führen, qualitativ hochwertiges Druckverfahren, immerwährender Wandkalen-*

der, 21 x 30 cm, matt, Spiralbindung mit Aufhänger, künstlerische Gestaltung: Detlef Rathmer, Verlagshaus Rathmer, April 2019

- **7 Wege zu dir selbst** - *Lebenskunst für den Alltag*, 115 Seiten, Taschenbuch, broschiert, Mankau-Verlag, Murnau a. Staffelsee, November 2008

- **Sei still und wisse - Ich bin GOTT!** - *Finde die heilsame Stille in Dir*, 76 Seiten, Taschenbuch, broschiert, Verlagshaus Rathmer, Billerbeck, Juli 2009

- **Rathmer`s Repertorium** - *Das große Repertorium der Geist-/Gemütsrubriken und deren Bedeutung in der Homöopathie*, 1568 Seiten, gebunden, Ledereinband, 5 Lesebändchen, Verlagshaus Rathmer, Billerbeck, Mai 2011 (auch als EBook Edition lizenziert im pdf-Format erhältlich)

- **Das große Enneagramm-Homöopathie Repertorium von A-Z** - *Eine facettenreiche Darstellung der Enneagramm-Homöopathie in Form von Gemüts-, Symbol- und Themenrubriken*, 392 Seiten, gebunden, 1 Lesebändchen, Verlagshaus Rathmer, Billerbeck, Oktober 2014 (auch als EBook Edition lizenziert im pdf-Format erhältlich)

- **Repertorium der hervorstechenden Gemütsrubriken** - *Differenzierung der 9 Enneagramm-Heilmittel in der Homöopathie*, 256 Seiten, gebunden, 1 Lesebändchen, Verlagshaus Rathmer, Billerbeck, September 2014 (auch als EBook Edition lizenziert im pdf-Format erhältlich)

- **Die Dynamik der 9 Enneagramm-Heilmittel** - *Die dynamischen Beziehungen zwischen den einzelnen Heilmitteln der Enneagramm-Homöopathie*, 280 Seiten, gebunden, 1 Lesebändchen, Verlagshaus Rathmer, Billerbeck, Oktober 2014 (auch als EBook Edition lizenziert im pdf-Format erhältlich)

- **Lehrbuch der Enneagramm-Homöopathie** in drei Bänden: **Band 1: Arzneimittellehre Typen I - IV**, 348 Seiten, Taschenbuch, broschiert, Verlagshaus Rathmer, Billerbeck, Februar 2013 (auch als EBook Edition lizenziert im pdf-Format erhältlich) **Band 2: Arzneimittellehre Typen V - IX**, 420 Seiten, Taschenbuch, broschiert, Verlagshaus Rathmer, Billerbeck, Februar 2013 (auch als EBook Edition lizenziert im pdf-Format erhältlich), **Band 3: Enneagramm-Homöopathie Repertorium**, 376 Seiten, Taschenbuch, broschiert, Verlagshaus Rathmer, Billerbeck, Februar 2013 (auch als EBook Edition lizenziert im pdf-Format erhältlich)

- **Der Kern der Heilmittel** - *Die zentralen Geist-/Gemütsrubriken der homöopathischen Arzneimittel/ The central mind rubrics of the homoeopathic medicines*, homöopathische Arzneimittellehre, zweisprachig deutsch/englisch, 526 Seiten, gebunden, 1 Lesebändchen, Verlagshaus Rathmer, Billerbeck, Dezember 2011 (auch als EBook Edition lizenziert im pdf-Format erhältlich)

- **Homöopathische Arzneimittellehre der Single-Rubriken aus dem Geist-/Gemütsbereich** - *Das geistige Wesen der 500 wichtigsten Heilmittel in der Homöopathie*, 348 Seiten, Taschenbuch, broschiert, Verlagshaus Rathmer, Billerbeck, Juli 2009

- **Fallanalyse in der Homöopathie nach Sehgal** - *Autodidaktisches Lern- und Arbeitsbuch anhand von 36 Fällen aus der homöopathischen Praxis*, 320 Seiten, Taschenbuch, broschiert, Eva-Lang-Verlag, Worpswede, März 2008

- **Enneagramm-Homöopathie - Unterrichtsmaterial** - *20 Unterrichtseinheiten für das Selbststudium der Enneagramm-Homöopathie*, 376 Seiten, EBook Edition im pdf-Format, Verlagshaus Rathmer, 2016 (lfd. aktualisiert)

- **Das Unterrichtsskript zur Sehgal-Ausbildung** - *Unterrichtsmaterialien aus der Sehgal-Schule für das Eigenstudium der Sehgal-Methode*, 500 Seiten, EBook im pdf-Format, Verlagshaus Rathmer, 2012 (lfd. aktualisiert)

- **Gesetzeskunde für Heilpraktiker** *zur Vorbereitung auf die amtsärztliche Überprüfung beim Gesundheitsamt*, 208 Seiten, EBook Edition im pdf-Format, Verlagshaus Rathmer, August 2015.

20. Weiterführende YouTube-Videos des Autors

- **Gemeinsamkeiten & Unterschiede der Enneagrammtypen - 36-teilige Lernvideo-Reihe** *(Differenzierende Betrachtungen sämtlicher 36 Vergleichskombinationen der 9 Enneagrammtypen, begleitend und vertiefend dazu dient das kompakte Typbestimmungsbuch „**Die Praxis der Typbestimmung**")*

- **Enneagramm in 3 Minuten - Lernvideos** *(In nur 3 Minuten plus max. 59 Sekunden erklärt Enneagramm-Experte und Heilpraktiker Detlef Rathmer ein zentrales Lebensthema aller 9 Enneatypen anhand eines ausgewählten Schaubildes aus seinem Buch „**Wer du wirklich bist - Enneagramm-Wissen in farbigen Schaubildern**" oder eines Schaubildes aus seinem Unterricht)*

- **Die 27 Untertypen des Enneagramms - 27-teilige Lernvideo-Reihe** *(Enneagramm-Experte und Heilpraktiker Detlef Rathmer erklärt kurz und prägnant das Grundthema der jeweiligen 27 Untertypen anhand eines Schaubildes aus seinem Enneagramm-Unterricht oder seiner Enneagramm-Bücher, begleitend und vertiefend dazu dient das Buch „**Die 27 Persönlichkeiten des Enneagramms - 27 Charakterprofile als Ausdruck der menschlichen Natur - Erkenne deinen Persönlichkeitstyp im Spiegel des Enneagramms!**")*

- *Enneagramm - Weiterentwicklung & Transformation - Lernvideo-Reihe (Hier werden notwendige und hilfreiche Entwicklungsschritte und -möglichkeiten der einzelnen 9 Enneagrammtypen anschaulich dargestellt, momentan noch im fortlaufenden Aufbau)*

- *Enneagramm-Homöopathie - mehrteilige Videoreihe (Hier werden interessante Themen rund um das Enneagramm, die Homöopathie und die Enneagramm-Homöopathie dargestellt, wird regelmäßig erweitert)*

- **Tipp:** *Abonnieren Sie den Youtube-Kanal von Detlef Rathmer, damit Sie kein zukünftiges Video mehr verpassen!*

*„Gesundheit ist gewiss nicht alles,
aber ohne Gesundheit ist alles nichts!"*

(Arthur Schopenhauer, 1788 - 1860)

NATURHEILPRAXIS RATHMER

Praxis für Klassische Homöopathie

Detlef Rathmer
Heilpraktiker

*Klassischer Homöopath
Dozent für Klassische Homöopathie*
Prüfer beim Gesundheitsamt Recklinghausen
20-jährige Berufserfahrung (Stand: 2019)

Telefon: **02543 / 931 85 07**

E-Mail: 9Rathmer@gmail.com

skype-Name: detlef.rathmer

Homepage:
www.psychologische-homoeopathie.de

**Molkereiweg 9
48727 Billerbeck**